本书受到"2017年度青岛市社会科学规划研究项目（QDSKL1701052）"

"青岛大学人文社会科学学术著作出版基金"资助

语言濒危状态个案研究
以梁河阿昌语为例

时 建 著

中国社会科学出版社

图书在版编目（CIP）数据

语言濒危状态个案研究：以梁河阿昌语为例 / 时建著 . —北京：中国社会科学出版社，2020.11
ISBN 978 - 7 - 5203 - 7078 - 3

Ⅰ.①语… Ⅱ.①时… Ⅲ.①阿昌语—研究 Ⅳ.①H262

中国版本图书馆 CIP 数据核字（2020）第 164068 号

出 版 人	赵剑英
责任编辑	顾世宝
责任校对	朱妍洁
责任印制	戴 宽

出　　版	中国社会科学出版社
社　　址	北京鼓楼西大街甲 158 号
邮　　编	100720
网　　址	http://www.csspw.cn
发 行 部	010 - 84083685
门 市 部	010 - 84029450
经　　销	新华书店及其他书店
印　　刷	北京明恒达印务有限公司
装　　订	廊坊市广阳区广增装订厂
版　　次	2020 年 11 月第 1 版
印　　次	2020 年 11 月第 1 次印刷
开　　本	710×1000　1/16
印　　张	14
插　　页	2
字　　数	220 千字
定　　价	86.00 元

凡购买中国社会科学出版社图书，如有质量问题请与本社营销中心联系调换
电话：010 - 84083683
版权所有　侵权必究

目　　录

第一章　濒危语言与语言的濒危状态 ………………………………（1）
　第一节　濒危语言 ……………………………………………………（1）
　　一　濒危语言概述 …………………………………………………（1）
　　二　濒危语言的判定标准与研究方法 ……………………………（5）
　　三　梁河阿昌语是一种已显露出濒危特征的语言 ………………（10）
　第二节　语言的濒危状态 ……………………………………………（11）
　　一　语言濒危状态的界定 …………………………………………（12）
　　二　语言濒危状态的表现 …………………………………………（12）

第二章　民族简况与语言使用概况 …………………………………（14）
　第一节　民族简况 ……………………………………………………（14）
　　一　人口与地理 ……………………………………………………（14）
　　二　农业与手工业 …………………………………………………（15）
　　三　村寨与房舍 ……………………………………………………（15）
　　四　饮食与着装 ……………………………………………………（16）
　　五　婚恋与丧葬 ……………………………………………………（17）
　　六　传统节日 ………………………………………………………（17）
　　七　原始宗教 ………………………………………………………（18）
　　八　口传文学 ………………………………………………………（19）
　　九　民族迁徙 ………………………………………………………（20）
　第二节　语言使用概况 ………………………………………………（20）

第三章　梁河阿昌语本体结构概览 (22)

第一节　音系 (22)
　　一　声母 (22)
　　二　韵母 (24)
　　三　声调 (28)

第二节　构词法 (28)
　　一　复合构词法 (28)
　　二　形态构词法 (30)

第三节　名词短语：结构及成分 (32)
　　一　名词 (32)
　　二　代词 (34)
　　三　数词和量词 (36)
　　四　名词短语的修饰性语序 (43)

第四节　动词短语：结构及成分 (45)
　　一　动词 (45)
　　二　形容词 (54)
　　三　动词短语的类别 (56)

第五节　副词及其他封闭性词类 (57)
　　一　副词 (57)
　　二　其他封闭性词类 (60)

第六节　简单结构 (67)
　　一　句类 (67)
　　二　句型 (69)
　　三　句式 (71)

第七节　复杂结构 (79)
　　一　并列结构 (79)
　　二　主从结构 (81)

第八节　话语分析 (88)
　　一　话语标记 (89)
　　二　话语结构 (92)

第四章　梁河阿昌语的濒危状态 (93)
第一节　汉语影响背景下梁河阿昌语本体结构的衰变 (93)
　　一　汉语的影响 (94)
　　二　梁河阿昌语本体结构的衰变 (133)
第二节　语言转用背景下梁河阿昌语语言功能的衰退 (145)
　　一　梁河阿昌族的语言转用 (146)
　　二　梁河阿昌语语言功能的衰退 (156)

第五章　梁河阿昌语的保护与传承 (175)
第一节　政府部门的决策与主导 (175)
　　一　强化落实梁河阿昌语的传承与保护工作 (175)
　　二　探索实施母语人入职与就业的倾斜政策 (176)
　　三　全力提升梁河阿昌族的文化知识水平 (176)
　　四　积极推动"幼小初"阶段的双语教育 (177)
　　五　定期举办社区语言与文化的传习活动 (179)
　　六　着力弘扬民族文化助推语言的传承与保护 (180)
　　七　全力打造"双语双文化示范区"与"双语双文化生态区" (181)
　　八　探讨推进母语标准化测试工作与双语人才联合培养模式 (183)
第二节　语言社区的认识与行动 (183)
　　一　强化语言社区的认识 (183)
　　二　落实语言社区的行动 (186)
第三节　语言学者的任务与担当 (188)
　　一　重视有声资源的记录与保存 (188)
　　二　注重调查团队的建设与分工协作 (189)
　　三　关注惠及语言族群的教育培训工作 (191)
第四节　民间组织的沟通与引领 (193)
　　一　做好地方政府与语言社区的沟通桥梁 (193)
　　二　发挥自身语言传承与保护的引领作用 (194)

附录一　缩略用语 …………………………………………（196）

附录二　梁河县阿昌族村寨一览表 ………………………（199）

附录三　斯瓦迪士核心词对照表 …………………………（200）

附录四　梁河阿昌族的汉语方言语音系统 ………………（207）

附录五　梁河阿昌语的拼写符号 …………………………（211）

参考文献 ……………………………………………………（216）

后　　记 ……………………………………………………（218）

第 一 章

濒危语言与语言的濒危状态

第一节　濒危语言

本节对濒危语言的界定、世界范围内濒危语言的状况、濒危语言的判定标准与研究方法等进行讨论，指出梁河阿昌语是一种已经显露出濒危特征的语言。

一　濒危语言概述

关于濒危语言（endangered language）的界定，学术界目前尚未取得完全一致的意见。通常认为，所谓濒危语言，主要指的是那些使用人数较少，语言的传承已近乎中止或完全中止，语言活力低下，语言交际功能匮乏，正在走向消亡的语言。

随着全球经济一体化与现代化进程的不断加快，世界上有越来越多的语言，使用人数逐渐减少，交际功能不断丧失，正日益走向语言的濒危。目前，在全球范围内的 6700—10000 种"现存语言"（living language）中，40% 以上的语言已被联合国教科文组织认定为濒危语言，在这些濒危语言中，有半数以上的语言仅有不到 1 万名的使用者，约 1/4 的语言只有不到 1000 名的使用者，而有的语言有据可查的使用者已不足 10 人，甚至只有 1 人。专家认为，假若不采取积极有效的抢救与保护措施，那么，到 21 世纪末，全球范围内大约将会有 3000 多种语言走向濒危。美国萨摩语言学研究所在 1999 年 2 月发布的一项调查中指出："全世界只有一个人会讲的语言共有 51 种，使用者不到 100 人的语言有近 500 种，使用者不到 1000 人的语言有 1500 种，使用者不到 1 万人的语言有 3500

种，使用者不到十万人的语言有 5000 种。今天人类语言的消亡速度是哺乳动物濒临灭绝速度的两倍，鸟类濒临灭绝速度的四倍。"[1]

我国少数民族语言的衰变及濒危状况也不容乐观。据悉，在现存的 130 多种语言中，有近半数的语言已经出现了严重的衰变，语言转用的速度不断加快，母语的使用人数持续下降，语言濒危的特征日趋明显。目前，学界较为认可的我国少数民族濒危语言或临近濒危的语言（含混合语及性质未定的语言）有四十余种，其中，有十余种语言（满语、赫哲语、畲语等）的语言功能已严重衰退，语言的绝对使用人口数量严重不足，语言代际传承呈断崖式的下降态势甚至出现"断层"，语言已经濒危或严重濒危。比如，满族有 10423303 人（第七次全国人口普查）[2]，但现今能够使用该语言进行交际的只有 1000 人左右，具有完全母语能力的使用者已不足 100 人。赫哲族有 5373 人（第七次全国人口普查），而具有完全母语能力的赫哲语使用者已不足 20 人。此外，在我国，还有一些少数民族的语言仅存在于民间祭司人员的唱词、故事和古歌中，不再用于日常交际，也有一些语言仅以单词或短语的形式存在，已无法用于日常生活中的话语交际，显然，这些语言也都处于濒危的境地。

濒危语言涉及世界多元文化的维持与保护、人类文化生态的综合平衡以及人类语言发展演变的总体趋势，因此，自 20 世纪 80 年代以来，学术界就已开始关注语言濒危的问题。总体而言，学界对于语言濒危的研究肇始于对个体语言的考察与濒危语言事实的发掘，而随着世界范围内濒危语言数量的不断增加，语言濒危程度的持续加深，濒危语言的研究也进入了一个全面深化的阶段。到 20 世纪 90 年代，致力于濒危语言研究的专家学者在对具体的语言及其濒危状况考察的基础上，开始注重对更大范围内的濒危语言以及濒危语言的发展变化规律进行探讨，重视濒危语言研究团队的组建与协作。其间，一系列国际性专题会议先后召开，就如何更为有效地应对全球日趋严重的语言濒危问题展开讨论。1992 年 8

---

[1] 戴维·克里斯特尔：《新千年的重要信息：语言的消亡》，英国《展望》月刊，1999 年第 11 期。

[2] 本书中"第七次全国人口普查"材料均出自"中华人民共和国国家统计局"（http://www.stats.gov.cn/）。

月，加拿大魁北克举办了第 15 届世界语言学家大会（International Congress of Linguists），濒危语言问题成为此次大会最主要的议题之一，来自世界各国的语言学家对濒危语言进行了深入研讨。1993 年，联合国教科文组织将该年度定为"抢救濒危语言年"。1995 年 11 月，在日本东京召开了濒危语言研究的国际会议，专门成立了国际濒危语言情报交流中心与亚太地区语言学研究部，以广泛协调濒危语言研究中的各项工作。1996 年，西班牙巴塞罗那举办了语言政策国际会议，就濒危语言问题进行了专题性讨论。进入 21 世纪，世界濒危语言的研究进入了一个快速发展的新阶段。语言学者在以往濒危语言抢救与保护的基础上，积极倡导文本记录与音频视频采录相结合的研究手段，致力于全球语言档案的编制、数字化音视频档案的创建以及语言学者的组织与培训等方面的工作，注重将科技发展的前沿成果与语言的抢救与保护加以深度融合，重视世界语言多样性的维护与保持。2003 年 3 月，联合国教科文组织在法国巴黎举办濒危语言国际专家特别会议，积极倡导濒危语言的抢救、保护与恢复工作，经过广泛交流，一致通过了《语言活力与语言濒危》报告。2010 年，联合国教科文组织官方网站①公布英语、法语、西班牙语等版本的《世界濒危语言地图》（Atlas of the World's Languages in Danger），旨在进一步提高语言政策制定者、语言族群及社会公众对濒危语言的正确认识与重视程度。该地图同时也是对全球一级濒危语言状况及语言发展变化多样性趋势进行有效监测的重要工具之一。2016 年，联合国大会将 2019 年确定为"国际本土语言年"（International Year of Indeigenous Languages），着力强调保护、弘扬、复兴濒危语言的紧迫性。2018 年 9 月 19 日，由联合国教科文组织、中国教育部、湖南省人民政府等联合主办的首届世界语言资源保护大会在湖南长沙开幕。大会以"语言多样性对于构建人类命运共同体的作用：语言资源保护、应用与推广"为主题，来自 40 多个国家和地区的官员、专家学者齐聚一堂，共同商讨语言资源保护、应用与推广的问题。大会对濒危语言保护的新进展、文化传承与语言资源、世界语言地图绘制的规范标准、2019 国际本土语言年亚太地区实施方案、语言资源管理和运营以及语言资源保护新工具和新技术等多

---

① http：//www.unesco.org.

项议题进行了重点的探讨。2019年1月18日，联合国教科文组正式公布了旨在保护语言多样性的《岳麓宣言》（*Yuelu Proclamation*），向全世界发出倡议，号召国际社会、各国、各地区、政府与非政府组织等，就进一步保护与促进世界语言的多样性早日达成共识。

我国语言学者的濒危语言研究与国际上基本同步，20世纪80—90年代，语言学者开始着手在一个较大的范围内对国内衰变语言以及濒危语言进行系统性的描写与分析，通过广泛的田野调查与深度的交流探讨，对国内语言衰变及语言濒危的总体状况达成了基本共识。进入21世纪，面对濒危语言出现的新情况、新特点，民族语言学界对语言濒危及其保护的认识进一步深化。2000年10月，中国民族语言学会与《民族语文》杂志社联合召开了"我国濒危语言问题研讨会"，专门针对国内少数民族语言尤其是衰变语言、濒危语言的安全问题进行了深入的讨论，并就语言的抢救与保护提出了若干积极、有效的对策与建议。在此次研讨会上，国内民族语言学界首次引入"濒危语言"的概念。这次会议也是我国濒危语言研究正式进入语言学术研究前沿领域的一个重要标志，引起了国内语言学界尤其是民族语言学界对濒危语言的广泛关注与高度重视。自此，我国民族语言学界的濒危语言研究进入了一个新的阶段。2002年，联合国教科文组织、国家相关部委等分别为我国境内部分少数民族濒危语言的调查与记录提供了数额不等的资助，中国社会科学院及国内高校的一批语言学者先后对满语、赫哲语、畲语、土家语等少数民族濒危语言进行了重点调研。2004年11月，国家社科基金重点项目成果《中国濒危语言个案研究》[1]出版，该项目成果运用个案研究的方法，对土家语、仙岛语、仡佬语、赫哲语和满语5种濒危语言的使用状况、濒危成因以及语言本体结构变化等进行了详细的梳理与深入的分析，对濒危语言的发展演变趋势做出了科学的预测。2005年12月，广西壮族自治区南宁市举办濒危语言国际研讨会，这是我国第一次以濒危语言为主题召开的国际性会议。来自我国、日本以及欧美等国家和地区相关领域的专家学者对濒危语言及濒危方言的抢救与保护问题进行了深入的研讨。此次会议还集中展示了一段时间以来濒危语言调查与研究的最新成果，首次提出

---

[1] 参见戴庆厦主编《中国濒危语言个案研究》，民族出版社2004年版。

了濒危语言文献记录的方法论问题。此外，大会还就濒危语言数据库的建设进行了广泛讨论。2009 年 7 月，第 16 届"国际人类学与民族学联合会"在昆明召开，"濒危语言问题"是此次大会的一个重要议题，来自包括我国在内的亚洲、非洲、美洲以及欧洲的五十多位语言学者就世界范围内语言濒危的现状、成因、发展趋势以及濒危语言材料的科学记录与典藏等多项专题进行了探讨。在此次专题讨论会上，我国濒危语言研究专家与国外同行进行了充分、深入的交流，这次会议是我国濒危语言的研究在国际学术界的一次重要的、集中的展示。2014 年 10 月，"第三届语言濒危社会语言学国际学术研讨会"在昆明召开，来自国内以及澳大利亚、美国、俄罗斯、日本、德国、印度、韩国、法国等国家和地区的语言学者共计一百余人参加了会议。大会就濒危语言的保存、抢救与传承以及世界文化多样性的保护等多项议题进行了全面的研讨。2015 年，在"中国语言资源有声数据库"的建设基础上，我国政府正式启动了"中国语言资源保护工程"。这是继 1956 年开展全国汉语方言与少数民族语言普查以来，我国语言文字领域又一个由政府组织实施的国家重大语言文化工程，也是目前世界范围内最大的一项语言工程，受到国际社会的高度重视。截至 2018 年 12 月，该工程已按原计划完成了 81 个少数民族语言（含濒危语言）调查点、53 个汉语方言（含濒危方言）调查点和 32 个语言文化调查点的工作任务。目前，一期工程已告收尾，二期工程将以深化濒危语言文化调查、集中整理转写调查语料等为重点，目前该项工作已处于积极、有序的筹划中。

二 濒危语言的判定标准与研究方法

（一）濒危语言的判定标准

濒危语言的研究是一个全球性的热点问题，受到语言学界的普遍关注。然而，如何科学地判定濒危语言，学界至今尚未形成一个统一的认识。

就目前已刊布的相关文献材料来看，国内外有关濒危语言的判定标准主要有以下几种：

1. 联合国教科文组织濒危语言问题特别专家组标准

联合国教科文组织综合运用 9 项指标，用以描述一种语言的总体社会使用状况。(1) 代际语言传承;(2) 语言使用的绝对人数;(3) 语言使用人口占总人口的比例;(4) 现存语言使用域的走向;(5) 语言对新语域和媒体的反应;(6) 语言教育资料和读写材料;(7) 政府与机构的语言态度和政策;(8) 族群成员对母语的态度;(9) 语言记录材料的数量与质量。在9项指标中,2项用以评估语言态度(7、8),1项用来评估语言记录的紧迫性(9),其余的6项(1—6)用于评估语言活力与濒危状况。该6项指标包含语言濒危判定标准的关键性因素,能够对一种语言是否已经濒危做出相对客观的判定。比如,赫哲族的人口数量是5373人(第七次全国人口普查),而目前赫哲语的完全使用者仅有不到20位老年母语人,赫哲语的代际传承已经完全断裂,母语使用者所占总人口的比例不到0.5%。在几乎所有的语域中,赫哲语已经不再被视为一种交际工具。赫哲语在新语域及媒体方面的参与程度偏低,当地没有严格意义上的双语教育,缺乏相应的双语教学配套材料。综合以上9项指标,可以认定,赫哲语已经濒危。显然,联合国教科文组织濒危语言问题特别专家组的标准较为全面、客观,但该标准所提供的指标性要求只是分别给出了一个语言濒危程度简况的描述以及大致的濒危级次(0—5),没有提供相应的确指性数值。此外,作为一项重要的判定指标,母语人的年龄段因素未被纳入,这给濒危语言的科学认定带来一定的主观性与不确定性。

2. 濒危语言多项综合指标体系判定标准[①]

该标准将与语言功能相关的各种因素作为判定语言濒危的主要标准。与语言功能相关的因素主要包括语言的使用人口、使用功能、使用范围以及使用频率等。综合指标体系分为核心指标与参考指标。核心指标主要包括丧失母语人口的数量比例、母语使用者年龄段的分布比例以及母语能力的大小等,在语言是否濒危的判定方面起着主导性与决定性的作用。参考指标主要包括母语的使用范围、对母语的语言态度以及与语言使用相关的社会、经济、文化等多种情况,在判定濒危语言方面起到补充、印证作用。多项综合指标体系兼顾静态与动态、核心作用与参照作用,是目前国内语言学界判定语言濒危的一个重要参照指标。

---

① 参见戴庆厦主编《中国濒危语言个案研究》,民族出版社2004年版,第5页。

3. 濒危语言等级区间判定标准

该标准指的是 2000 年 2 月在德国科隆濒危语言学会议上提出的一项旨在认定濒危语言以及语言濒危程度的标准。按照该标准，一种语言可以根据其语言生活的现状分为 7 个不同的等级，分别是"安全的语言"（前景非常乐观，群体内所有成员包括儿童都在学习使用的语言）、"稳定但受到威胁的语言"（群体内所有成员包括儿童都在使用，但是总人数很少的语言）、"受到侵蚀的语言"（群体内部的一部分成员已经转用了其他语言，而另一部分成员包括儿童仍在学习使用的语言）、"濒临危险的语言"（所有的使用者都在 20 岁以上，而群体内部的儿童都已不再学习使用的语言）、"严重危险的语言"（所有的使用者都在 40 岁以上，而群体内部的儿童和年轻人都已不再学习使用的语言）、"濒临灭绝的语言"（只有少数的 70 岁以上的老人还在使用，而群体内几乎所有其他的成员都已放弃使用的语言）以及"灭绝的语言"（失去了所有使用者的语言）。等级区间标准主要依据使用者的年龄段、语言的使用人数、语言的习得状况等多项指标，对一种语言是否濒危以及濒危的程度做出判定。该标准的优点是形成了一个判定语言濒危与否以及濒危程度的"连续统"（continum），从"安全的语言"一直到"灭绝的语言"，缺点是该标准还不够全面，有些判定濒危语言的重要参照指标（比如，母语使用者占总人口的比例等）未被纳入判定的标准。

4. 语言活力层级标准[①]

孙宏开（2006）将中国的少数民族语言活力分为 6 个层级："充满活力的语言""有活力的语言""活力下降，已经显露濒危特征的语言""活力不足，已经走向濒危的语言""活力很差，属濒危语言""无活力，已经没有交际功能的语言"。在每一个层级中，又分别从掌握母语的单语人比例、母语的代际传承、使用母语的绝对人数、政府的语言规划、记录本民族语言的书面形式、母语广播的使用情况、语言使用的语域、语言态度、母语人的聚居情况以及母语人生活的地理环境等多个方面对不同活力层级的表现进行说明，对其内涵加以明确。该标准

---

① 孙宏开：《中国少数民族语言活力排序研究》，《广西民族大学学报》（哲学社会科学版）2006 年第 5 期。

从语言活力层级入手，重视语言活力"由强及弱"的连续性，同时，又有详细的标准细则作为辅助，是判定一种语言是否濒危以及濒危程度的重要标准。

此外，徐世璇（2001）提出了语言濒危的4个基本特征[①]，指出濒危语言可以从"语言使用人数减少""语言使用者的平均年龄升高""语言的使用范围缩小"以及"语言的结构系统退化"4个方面来判定。该标准将"语言的结构系统退化"作为濒危语言判定的重要指标之一，这是与前述濒危语言判定标准最主要的一个区别。

（二）濒危语言的研究方法

总体而言，除了文献梳理法、问卷调查法、访谈法及观察法等，濒危语言的研究还应特别注重系统性的方法、共时研究与历时研究相结合的方法、田野调查的方法以及统计法、案例分析法等。

1. 系统性的方法

指的是运用系统科学的相关理论与观点，将研究对象置于系统之内，注重系统与要素、要素与要素、结构与功能、系统与环境之间的对立统一关系，对研究对象进行多角度、多层面的说明与分析，最终得到解决问题最佳方案的一种科学研究方法。濒危语言的形成、变化、发展及演变等不仅与语言自身结构特征相关，还与一个民族的政治观念、经济水准、文化心理、教育水平、居住状况、迁徙历史以及语言态度等密切关联，濒危语言的研究应注重将濒危语言的产生、变化、发展及演变等各类相关的指标性因素统一纳入考察视野，同时，还要注重从不同维度切入，统筹兼顾，综合考量，在研究过程中始终贯彻系统性的观点，从而更为准确地把握濒危语言的本质特征，更为有效地揭示濒危语言的成因，对濒危语言的发展与演变做出更为科学的预测。

2. 共时研究与历时研究相结合的方法

共时研究与历时研究侧重从静态与动态的层面，横向与纵向的维度，对研究对象的分类、结构、特征以及发展演变规律等进行考察。在社会科学领域，共时研究与历时研究的方法相互交叉，"你中有我""我中有你"，二者呈现辩证统一的关系。濒危语言的研究离不开共时

---

① 徐世璇：《濒危语言研究》，中央民族大学出版社2001年版，第89—97页。

表现与历时演变互相结合、互相映衬的方法。比如，就语言濒危的成因而言，一种语言从开始出现濒危的迹象到最终走向濒危乃至严重濒危，往往既有语言本体结构方面的因素，又有语言功能方面的归因，同时，在不同的历史时期，濒危语言的变化与发展还呈现出不同的特点，具有明显的阶段性特征。可见，对濒危语言进行研究，应综合考虑静态与动态、横向与纵向等多方面的因素，重视共时与历时相结合的研究方法。

3. 田野调查的方法

也称田野调查法，该方法要求研究者在一个较长的时间段内，沉浸于所调查的环境中，通过尽可能详尽、全面的观察，最大程度上去了解调查对象及其所处的社会与文化环境，从中获取从事相关科学研究所必需的第一手材料。田野调查法广泛应用于社会科学的各个领域。与语言学研究的其他领域相比，濒危语言的研究有一个突出的特点，即该领域相关研究的文献资料较为缺乏。原因在于：一方面，相较于传统的研究领域，学术界对于濒危语言的关注与考察为时尚短，若从20世纪80年代中后期算起，也仅有三十余年的历史，与语言学的其他领域相比，濒危语言研究的学术积淀较少；另一方面，大部分的濒危语言有口语无文字，缺乏使用本民族语言记录的可资参照的文献材料。假如研究对象又是某种新发现或者前人较少涉猎的语言，那么，有价值的文献材料的获取就会更加困难。因此，离开了广泛、深入的田野调查，濒危语言的研究就是无源之水、无本之木。只有在田野调查中获取充分的、第一手的真实材料，濒危语言的研究才能更为深入、扎实、可靠。

4. 统计法

指的是通过收集、整理、分析及解释相关的统计数据，侧重从微观结构对研究对象的宏观性质及其变化发展规律等做出科学结论的一种研究方法。濒危语言的研究广泛涉及语言使用的绝对人口数量与人口比例、语言的使用地域与场域、语言的使用频率及语言使用者的年龄段分布等因素，这些研究中的变量因素与研究结论直接关联，均需借助统计学的研究方法与研究范式来完成。此外，对濒危语言结构特征的考察还涉及诸如借词的数量、借词所占全部词汇的比例等的统计与核算，这些也都离不开计量分析等实证手段的应用。

5. 案例分析法

指的是对某种具有"典型"意义的个体、现象或者主题，进行全方位、多角度、深层次考察的一种研究方法。该方法注重广泛收集研究资料，重视对研究对象的产生、发展与演变的具体过程以及内外因素相互之间错综复杂的关系加以详细梳理与深入分析，从而形成对有关问题全面、深入、系统的认识。在濒危语言的研究过程中，借助典型案例的考察，能够有效凝练濒危语言的相关理论观点，凸显濒危语言的基本规律特征。显然，案例分析法要比单纯基于某些理论与观点，侧重从一种判断到另外一种判断的逻辑推演更为接近濒危语言的形成、发展与演变的真实情况。

三　梁河阿昌语是一种已显露出濒危特征的语言

阿昌语属于汉藏语系藏缅语族缅语支，同一语支的语言还包括缅语、勒期语、浪速语、波拉语和载瓦语等。

阿昌语分为三种方言：梁河阿昌语、潞西阿昌语和陇川阿昌语。梁河阿昌语主要分布于我国云南省德宏傣族景颇族自治州的梁河县，使用人口[①]约为 11789 人[②]。潞西阿昌语主要分布于芒市的江东乡、龙陵县的龙山镇、梁河县的勐养镇以及腾冲市的蒲川乡，使用人口约有 3800 人。陇川阿昌语主要分布于陇川县的户撒阿昌族乡，使用人口约为 12978 人。从前期的调查情况来看[③]，潞西阿昌语[④]与陇川阿昌语的使用状况相对稳定，基本上属于"汉语—阿昌语"全民双语兼用的类型，在一些与傣寨毗邻、与傣族交往密切的阿昌族村寨中，还有部分老年母语人（60 岁以上）属于"汉语—傣语—阿昌语"三语兼用的类型。

---

① 本书中的使用人口与使用人数是两个不同的概念，前者指的是属于某个语言区的人口，后者指的是掌握某种语言的人数。

② 梁河阿昌语主要分布在云南省德宏州的梁河县，梁河县的阿昌族共有 12639 人（第六次全国人口普查），使用梁河阿昌语的为 11789 人。梁河县勐养镇的阿昌族，人数在 850 人左右，使用的是潞西阿昌语，这部分人口及其所使用的语言不在本书的讨论范围。

③ 主要包括 2006 年 10 月至 2007 年 2 月、2013 年 2 月、2016 年 8 月、2018 年 8 月、2019 年 8 月五次调查。

④ 主要指的是芒市江东乡高埂田村、龙陵县龙山镇芒麦村以及梁河县勐养芒回村等地的潞西阿昌语。

与前述两种方言不同，梁河阿昌语的使用属于另外一种情况。在语言使用者的绝对人数方面，据粗略统计，目前，能够熟练或较熟练使用阿昌语进行交际的母语人为 4000—5000 人[①]。语言使用者占总人口的比例为 33.93%—42.41%。在母语使用者的年龄段方面，当地母语人主要集中于 60 岁及以上的年龄段。在语言传承方面，在绝大部分的村寨里，父母通常没有能力传授母语或没有传授母语的强烈意愿，儿童习得母语的家庭环境与社区环境多已丧失。在语言的使用范围方面，具有完全母语能力的梁河阿昌族主要聚居于囊宋阿昌族乡和九保阿昌族乡的部分村寨，语言的使用主要集中于家庭、村寨和乡村集市。此外，梁河阿昌语在新语域及媒体方面的参与程度较低，当地缺少严格意义上的双语教育，缺乏相应的双语教学材料。

综合前述濒危语言的判定标准，我们认为，梁河阿昌语目前已经是一种显露出濒危特征的语言。按照德国科隆会议等级区间濒危语言的判定标准，梁河阿昌语的状况大致属于"濒临危险的语言"等级（所有的使用者都在 20 岁以上，而群体内部的儿童都已不再学习使用的语言），或者介于"受到侵蚀的语言"（群体内部的一部分成员已经转用了其他语言，而另一部分成员包括儿童仍在学习使用的语言）与"濒临危险的语言"（所有的使用者都在 20 岁以上，而群体内部的儿童都已不再学习使用的语言）等级之间。按照孙宏开（2006）有关少数民族语言活力分级的标准，梁河阿昌语应该属于第三等级（活力降低，已经显露濒危特征的语言），或者介于第三等级（活力降低，已经显露濒危特征的语言）与第四等级（活力不足，已经走向濒危的语言）之间。在梁河阿昌族地区，本民族的知识分子大都认为，梁河阿昌语已经面临失传的危险，目前仅有三成左右的母语人仍能使用，语言的保护迫在眉睫，语言的传承任重道远。

第二节 语言的濒危状态

本节对语言濒危状态的界定及主要表现等进行讨论，对本书的研究

[①] 该数据主要基于《阿昌族语言使用现状及其演变》（戴庆厦主编，商务印书馆 2008 年版，第 263 页）以及作者后续的相关调查。

对象、研究内容、研究意义、研究方法以及相关语料与材料的来源等予以简要的说明。

一 语言濒危状态的界定

关于语言的濒危状态，国内外的语言学者尚未给出一个相对统一、清晰明确的界定。有鉴于此，依据前人时贤的相关研究，结合梁河阿昌语濒危状态的具体情况，本书认为，所谓语言的濒危状态，主要指的是濒危语言或者已经显露出濒危特征的语言在本体结构及语言功能方面表现出的濒危状况。也即，濒危语言或具有濒危特征的语言在本体结构及语言功能方面的具体表现就是语言的濒危状态。

就我国境内的少数民族语言而论，由于不同语言在语言结构衰变及语言功能衰退等方面的特点不尽一致，因而语言不同，语言的濒危状态也各有参差。但是，几乎所有的濒危语言以及具有濒危特征的语言，其语言的濒危状态都会涉及语言的本体结构及语言功能。个别的语言，比如，分布于我国黑龙江省境内的赫哲语，由于"使用的群体过于弱小，而语言转用的外部压力又过于强大"[①]，因而该语言的濒危过程相对短暂，以至于语言已然濒危，但本体结构保存尚好。赫哲语的这种语言濒危状态主要体现在语言功能的衰退方面，语言本体结构的衰变基本上可以忽略不计。类似赫哲语的这种情况不在本书语言濒危状态的界说与讨论之内。

二 语言濒危状态的表现

承前所述，语言的濒危状态主要涉及语言的结构与功能两个方面。在语言结构方面，濒危状态主要指的是濒危语言或者已经显露出濒危特征的语言在语言接触背景下本体结构的衰变情况。梁河阿昌语是一种已经显露出濒危特征的语言，其语言结构衰变的主要表现是，在汉语的影响下，梁河阿昌语的本体结构特征日趋接近汉语，语言系统的一致性、层次性以及经济性均受到不同程度的破坏。其语言功能衰退的主要表现是，在语言转用的背景下，梁河阿昌语的社会功能及交际功能逐渐走向

[①] 戴庆厦主编：《中国濒危语言个案研究》，民族出版社2004年版，第485页。

衰退。前者主要指的是母语使用者的绝对人数较少，母语使用者所占总人口的比例偏低，母语使用者的年龄趋于老化，母语代际传承完全断裂或基本断裂，母语使用范围收窄，母语使用频率较低，以及母语人的语言态度呈现出开放性的特征等几个方面。后者主要指的是语言社团间语言通解度（mutual intelligibility）的提升、词语选用代际性差异的加大以及母语交际始终在语言监控下进行、母语的工具性特征日趋减弱等方面。

语言濒危状态的研究涉及语言本体结构的衰变以及语言功能的衰退。学界以往的相关研究大多侧重于对梁河阿昌语社会功能的衰退进行考察，偏重于对语言的转用情况、转用特征以及转用成因等进行讨论，虽然也有部分文献涉及语言结构的衰变，但相比之下，学界对语言濒危状态视域下语言本体结构衰变的讨论相对较少，缺乏对语言结构衰变的全景式的呈现。此外，在对语言功能衰退的考察方面，前人时贤的研究仍有进一步拓展、深化与细化的空间。

梁河阿昌语深受汉语的影响，语言结构衰变严重，语言转用现象明显，是一种已经显露出濒危特征的语言。梁河阿昌语的濒危状态在我国少数民族语言尤其是人口较少民族的语言中具有一定的代表性。

本书聚焦梁河阿昌语的濒危状态，在对语言濒危以及语言濒危状态概要说明的基础上，侧重从语言本体结构的衰变以及语言功能的衰退等方面对梁河阿昌语的濒危状态进行全面的梳理与详细的说明。在此基础上，从政府部门、民间组织、语言学者以及语言社区等不同的角度，就如何科学、有效地传承、保护梁河阿昌语提出建议。为了更全面、深入、系统地对梁河阿昌语的濒危状态进行说明和分析，本书对梁河阿昌族的民族状况、语言的使用情况以及梁河阿昌语的本体结构等也进行了简要的概括与分析。

本书能够为语言接触及语言濒危相关理论的进一步研究提供有价值的参考，对少数民族民族语言的有效传承与保护也具有一定的借鉴意义。

本书以定性研究为主，兼顾定量研究的方法，主要使用文献研究法、个案研究法、田野调查法及数据统计法等。

本书使用的语料及相关材料，部分取自作者2006年10月至2007年2月的田野调查，部分来自作者2013年2月、2016年8月、2018年8月、2019年8月的后续相关调查。

第 二 章

民族简况与语言使用概况

第一节 民族简况

阿昌族是我国云南省的一个跨境民族，是云南省8个人口较少的民族之一[①]，人口约有43775人（第七次全国人口普查），约占全国总人口的0.0030%[②]。阿昌族目前主要分布于德宏傣族景颇族自治州的梁河县、陇川县、芒市、盈江县、瑞丽市、保山市的腾冲市、龙陵县，以及大理白族自治州的云龙县等地。梁河县的囊宋阿昌族乡、九保阿昌族乡和陇川县的户撒阿昌族乡是我国的三个阿昌族民族乡，是国内阿昌族最重要的聚居地。阿昌族属于跨境民族，在邻邦缅甸靠近云南省的一侧，也有一定数量的阿昌族，其语言的本体结构接近陇川阿昌语的户撒话，语言的使用情况不详。

一 人口与地理

梁河阿昌族自称 $\eta a^{31} tsha\eta^{31}$，主要聚居于梁河县囊宋阿昌族乡的关璋、马茂、瑞泉、弄别、河东，九保阿昌族乡的丙盖、横路、勐科，河西乡的勐来，勐养镇的芒回，小厂乡的小厂，芒东镇的湾中等行政村[③]。

[①] 分布于我国云南省的8个人口较少的民族包括独龙族、德昂族、基诺族、怒族、阿昌族、普米族、布朗族和景颇族，这些民族大多跨境而居，人口均在10万人以下，有的仅为几千人。

[②] 相关数据来自"中华人民共和国国家统计局"（http：//www.stats.gov.cn/）。

[③] 详见附录二"梁河县阿昌族村寨一览表"，其中，梁河县勐养镇阿昌族使用的语言属于潞西阿昌语。

梁河县的阿昌族共计 12639 人，约占全县总人口的 8.20%[①]。

梁河阿昌族所处的地区属于滇西横断山脉的西南端，海拔平均在 960—1380 米，地势自南向北逐级走低。境内河网密布，除大盈江、龙江、萝卜坝河等河流外，另有曩宋河、喇巴河、曩拱河、遮岛沙河、杨柳河等支流，此外还有无法计数的山涧溪流与河汊沟渠。梁河阿昌族生活的地域年平均气温在 18℃左右，无霜期为 296—321 天，雨量充沛，属于亚热带季风气候。

二 农业与手工业

梁河阿昌族擅长种植梯田水稻，此外，还广泛种植玉米、花生、薏米、烟草、茶叶、油菜、甘蔗、橘子、板栗、桐油果等旱地作物。其中，烟草、茶叶等的产量大、销路广，是当地的支柱型经济作物。

梁河阿昌族的手工业门类齐全，分工细致，主要有酿酒、榨油、榨糖、染色、雕刻、石（木）器制作、竹器编制等。梁河阿昌族的能工巧匠工艺独到，善于制作各类石器、木器以及穿戴饰品。本族妇女心灵手巧，所织五彩织锦款式奇特、色泽艳丽、质地优良，富有浓郁的民族特色。

三 村寨与房舍

梁河阿昌族大多选择于半山半坝区域建村设寨。村寨往往"背坡面坝"，背靠坡地的是"寨头"，面向田坝的是"寨脚"，两侧称作"寨边"，寨子中央为"寨心"。梁河阿昌族聚居的村后坡地大都植有成片的林木，村寨两翼多有弯弯的土坎与幽深交错的沟渠。

梁河阿昌族的村寨通常由几十或上百户人家聚居而成，民居庭院鳞次栉比、齐整有序。往年，村寨之间多由碎石路或土路连缀相接，出行不便，近年来，各级政府及相关部门相继投入大量的资金用于硬化、平整路面，梁河阿昌族地区的交通面貌大为改观。

梁河阿昌族的住房主要由正房、厢房和照壁等组成，为"一正两厢"

---

① 梁河县第六次全国人口普查办公室、梁河县统计局：《2010 年梁河县第六次全国人口普查主要数据公报》，2011 年。

或"三房一照壁"的闭合式院落建筑。传统上，正房讲究座向，住宅大门一般要保持"迎山开门"的古风遗俗。正房的中间是堂屋，内设火塘、烛台、神龛和长桌，是家人就餐、会客或者祭祀的场所。两侧为干栏式双层结构的厢房，上层用于家人及来客憩住。下层以往用来圈养牛羊，现今实行人畜分离，主要用以堆放农具及粮食杂物等。起房架屋时，当地阿昌族有燃放爆竹、披彩挂红等避邪求吉、禳灾祈福的传统习俗。

四 饮食与着装

梁河阿昌族以稻米为主食，以肉类、鱼类、蛋类等为主要副食，此外，梁河阿昌族还喜食野菜、花果、蜂蛹等。梁河阿昌族的传统菜品以清淡、酸辣为特色，菜品的烹制讲究"煮""炒""炸""烤""烧""炖"等。本民族成年男子大多喜好烟酒，年长的妇女往往还保留着嚼食槟榔和烟草的习惯。梁河阿昌族民风淳厚、热诚好客。每逢客人造访，总会热情邀约至正房堂屋入座，以家酿小锅米酒款待来宾。若是恰好碰到饭点，主人通常都会劝留客人共同进餐。期间会不停地劝酒、夹菜、劝饭。给客人盛饭时，通常一勺、两勺即可，切忌一次盛得过满，用餐期间可以多次添饭。客人酒足饭饱后，往往会双手平握筷子夹菜的一端，当空划个圆弧，边划边讲"你们慢慢请呢"，然后将筷子放到碗具的左侧，夹菜的一端指向自己。

梁河阿昌族的着装打扮颇有特色。传统上，男子要头戴黑色包头，包头侧翼一般缀有五彩的毛绒线球，上身大多着纯黑、靛青、浅蓝以及浅红等多种色调的土布对襟排扣大褂，下身穿黑色粗布长裤，遇到节日、逢集或其他聚会场合，一般还会斜背一个"筒帕"（一种单肩包）。清末民初以来，尤其是在新中国成立之后，梁河阿昌族男性的着装逐渐与附近的汉族一致，只有在节日庆典、婚庆活动或其他需要展示民族服饰的场合，才会临时换用民族服装。与男性不同，梁河阿昌族女性的服饰相对复杂，保留得也较为完好。梁河阿昌族女性的服饰主要包括包头、上衣、筒裙、腰带以及各类银饰物品。巍峨高耸的黑色"包头"是梁河阿昌族已婚妇女的标志，遇到节庆，年轻媳妇的"包头"顶侧还常缀有四五个绣球，持重之中彰显活泼。上衣多为红、蓝、白、黑等长袖对襟衣，外加镶边"挂膀"（马甲），下身着无花纹的"素筒裙"或者五彩纹饰的

"抠花筒裙"。阿昌姑娘出嫁，还喜欢在腰间佩系一条精美的绣花飘带。传统上，绣花飘带由手工抠织而成，间或缀以狗牙、长刀、瓜子和谷穗等与日常生活密切相关的动植物图案，每个图案均表示一定的含义，像狗牙彰显远古的图腾崇拜，长刀象征新生活的开辟与拓展，瓜子昭示子孙兴旺，谷穗寓含五谷丰登，诸如此类。飘带结扣于身前，扎头顶端缀有绒线球和蚂蚱花，扎头一长一短，状如彩蝶，飘逸洒脱。梁河阿昌族的女性偏爱银饰，每逢外出，姑娘媳妇都喜欢戴上硕大的耳环，套上纽丝银镯，再于上衣纽扣与腰间系挂一条长长的银链，山路迢迢之上，翠竹掩映之间，环珮叮咚不绝于耳，流光溢彩辉映照人。

五 婚恋与丧葬

梁河阿昌族的青年男女传统上大多是借助山歌酬唱来相互结识，通过互赠定情信物来确定恋爱关系，也有一些年轻人是经由媒人牵线搭桥，最终实现浪漫牵手。梁河阿昌族的男女婚配通常要按照长幼先后的顺序次第进行，假若长子、长女未婚，次子、次女一般不可先行操办婚事。家中假若有女无子，往往需行招赘之礼，赘婿按照规矩应奉养女方父母，所生子女也要随女方姓。

梁河阿昌族实行木棺土葬，对于非正常死亡的，尤其是那些罹患恶疾暴毙者，大都先予火葬，然后再封棺深埋，并不得葬于祖坟林地。亡者的殓棺颇有禁忌，比如，逝者为尊，尸首严禁他人迈越，亡者生前喜爱之物亦可随葬，但忌讳金属物品入棺。丧礼举行期间，"活袍"[①] 会昼夜不息地祷诵"指路经"，引导逝者的亡灵逆向回转，沿循着祖先扑朔迷离的迁徙转进路线，辗转返回祖源故地，与先人的亡灵聚首团圆。

六 传统节日

除了"春节""清明""端午"等与汉族共有的节日外，梁河阿昌族民间还有"尝新节""火把节""阿露窝罗节"等传统的民族节会。农历八月十五日是阿昌族的"尝新节"，也称"吃新米"。当日，家中男女老

[①] ŋo³¹phau³¹，梁河阿昌族的经师，主持民间丧礼、祭祖、节庆等较为重大的祭祀活动，是滇西梁河阿昌族传统文化最重要的保持者与传播者。

少都要先到地里拔取芋头，掰扯苞谷，然后与竹棍缠捆在一起，置于屋角，待完成这些"谷神"尊崇感念的"程序"之后，全家老少，才会邀约着舂捣新米，做起新饭。饭熟之时，家人一定要先盛满一大碗热气腾腾的新米饭，将自家的看门狗喂饱、喂好，然后才可围坐一处，共享佳肴美馔。每年农历的6月25日举行的"火把节"也是阿昌族颇有特色的古老节日。当日，阿昌族家家户户都要甩起米线、舂捣糍粑，迎接出嫁的女子回娘家团聚。男娃、女娃还喜欢用"指甲花"① 将指尖染红，不仅美观、别致，据说还可驱避蛇蝎、预防蚊虫。入夜，家族中的长辈老者会燃起火把，一边熏烤墙角旮旯、牛棚猪圈，一边反复念叨："妖魔鬼怪，蛆虫蚂蚁，不洁之物，通通滚出！"子女晚辈亦步亦趋，敲盆击缶，"随声附和"，好不壮观！火把节期间，家家团圆，户户聚首，人声鼎沸饶有趣味，古风古意生机盎然。

在梁河阿昌族的传统节日中，最具民族特色、最负盛名的，当属每年阳历3月20日左右举行的"阿露窝罗节"。每逢节日来临，男女老少都要身着民族盛装，聚拢于"窝罗神台"，排起长长的队列，踏着铿锵的鼓点，蹬起欢快的窝罗舞。古老的窝罗舞，飘逸洒脱、遒劲有力、韵律十足，舞蹈的基本造型包括"日头打伞""月亮戴帽""双龙行路""弯弓射日"等，这些悦动、奔放的舞蹈造型是梁河阿昌族传统的自然观、历史观、宇宙观的古老隐喻与生动再现。节日期间，阿昌族会举办山歌对唱、荡秋千、打陀螺、双人扭棍、织锦大赛、美食比赛等丰富多彩、民族特色浓郁的文化娱乐活动。

七　原始宗教

梁河阿昌族地区重视祖先崇拜、自然崇拜，恪守民族禁忌。"遮帕麻""遮米麻"是本民族的创世始祖，是造天织地、创造人类、降服邪魔的大英雄，阿昌族每年都要以最隆重的"阿露窝罗节"来纪念。家堂是敬奉祖先、天地和灶君的圣坛，任何人都要敬重谦恭，冒犯不得。阿昌族每逢年节、婚丧嫁娶还要杀猪宰鸡，置办酒馔，拜祭列祖列宗。阿昌

---

① la⁽²³¹⁾ʂɯŋ³⁵ phjin³¹ taŋ³¹，即凤仙花，一年生草本花卉，茎及种子可入药。

族笃信灵魂不灭，认为坟墓是死者魂魄的屋舍与家园，每年清明都要祭扫。梁河阿昌族还信奉天神、地神、太阳神、月亮神、山神、树神等自然界的各种神祇，深信万物有灵，不可触犯。比如，上山开荒、伐木或者狩猎，要先行祭祀山神，征求神灵的允准；节庆活动期间，要郑重祭拜火塘神，感谢神灵对家人一如既往的佑护。在梁河阿昌族生活的地区，还存在着诸多的生活禁忌。这些禁忌大致可以分为语言禁忌、食物禁忌、行为禁忌等。语言禁忌主要包括晚辈不可直呼长辈名讳，新年首日忌讲晦气的话语，上山劳作禁止污言秽语等。食物禁忌主要指的是产妇不能食用公鸡肉，孩童"开口"①忌食水牛肉，姑娘忌讳啃食鸡爪等。相较而言，行为禁忌的内容较为广泛，除了前述丧葬等方面的禁忌之外，在生活、劳作等方面还有诸多"清规戒律"。比如，男女青年解除婚约，不得烧毁对方的定情照片，否则必将罹难患病；刀、锄、钎、锹等金属器物，妇女严禁跨越，不然刀具会伤人，农具会锈钝；寨中男女老幼，任何人都不得向火塘啐吐唾沫，否则嘴角会生疮溃烂……梁河阿昌族诸多的民间禁忌作为一种乡规里俗，是民族内部倡导遵守的共同准则，渗透着民族群体对礼仪规范的深刻体悟与敬畏。

八　口传文学

梁河阿昌族的口传文学题材广泛，主要包括史诗、故事、传说及歌谣等。梁河阿昌族的口传文学题材广泛，寓意深刻，有些反映宇宙与万物的起源，有些描述民族的来源及迁徙历史，还有一些歌颂劳动人民反抗封建统治和压迫的斗争精神，赞扬普通百姓的勤劳与智慧。在梁河阿昌族的口传文学中，数量众多的动物故事别具一格，比如，《麂子、豹子换工薅地》《豹子和猫结亲家》《豹子和兔子交朋友》等，这些故事借用拟人手法，生动地表现出阿昌族知足乐天、幽默风趣、机智练达等方面的性格特征。梁河阿昌族最为著名的口传文学当属创世神话史诗《遮帕麻和遮米麻》。这部宏伟的神话史诗以唱诗和散文两种形式传承至今，主要讲述的是阿昌族始祖遮帕麻和遮米麻造天织地、制服洪荒、创造人类、智斗邪魔等的故事。《遮帕麻和遮米麻》被阿昌族称为"民族历史的歌"，

---

① 指的是婴儿断奶后第一次进食。

是研究阿昌族的社会历史、文学艺术、民族迁徙以及生活风俗等方面的重要佐证材料。2006年5月，《遮帕麻和遮米麻》入选第一批国家级非物质文化遗产名录。

九　民族迁徙

阿昌族源出古代甘青高原的氐羌族群，唐朝之前，阿昌族先民主要以采集和狩猎为生，唐代以后，进入原始的农耕劳作时代，开始广泛种植芋类等农作物。历史上，阿昌族的先民曾长期、广泛地游弋于现今澜沧江上游的云龙、兰坪一域。该地区史称"古浪峨地"，久居于此地的阿昌族人因而又被称为"浪人"。后来，"浪人"转进洱海西北部，在那里建立了著名的"三浪诏"。至公元13世纪，部分阿昌族先民开始向今滇西一域迁徙，一部分最终居留于现今云南省德宏傣族景颇族自治州陇川县的户撒；另外一部分沿保山、腾冲一线西迁，逐渐定居于梁河一带，这部分阿昌族先民经与周边各民族的不断交融，繁衍发展，成为今日之梁河阿昌族。

梁河阿昌族的分布总体上呈"大杂居""小聚居"的态势，与周围汉、傣、傈僳、德昂、佤等民族或共处一寨，或隔寨为邻。长期以来，在与周边各民族的密切交往过程中，梁河阿昌族提高了生产劳作技术，发展了民族经济，同时也极大地丰富了本民族的语言文化内涵。

第二节　语言使用概况

目前，梁河阿昌语的使用状况总体上可以分为两类：母语保存完好型与语言转用型。

在梁河，母语保存完好的村寨数量有限，主要集中于曩宋阿昌族乡和九保阿昌族乡下辖的几个行政村。在这些村寨里，阿昌语作为一种"散白话"（当地方言，指的是日常交际用语），较为广泛地使用于家庭与村寨内部以及乡村集市中，阿昌语是本民族同胞的一种重要的交际工具，也是维系本民族情感的一条纽带。除了部分长期在外的学生、常年外出的务工者等之外，其他阿昌族人的母语大都属于熟练或较为熟练的等级。在这类村寨里，母语的传承自然顺畅，大部分儿童从小就生活在母语环境中，儿童的家庭语言社区与社交语言社区保存较好。母语人的语言态度客观、理性，他们大都热爱民族语言，认为母语是世代相传、口传心授的语言，每个阿昌族都要努力掌握，尽可能地使用。同时，他们又认为，汉语是我们中华民族的共同语，阿昌族要努力掌握汉语，使用汉语。在这些村寨里，母语使用者均可兼通汉语，为"汉语—阿昌语"双语人，在不同的语境下，面对不同的交际对象，两种语码的转换流利自如。

在梁河阿昌族地区，大部分的阿昌族村寨如今都已不同程度地发生了语言的转用。语言的转用大致可以分为"局部转用型""主体转用型""整体转用型"三种不同的类型。不同的语言转用类型在母语使用的年龄段、范围、频率以及母语传承的特点、转用汉语的人口比例、本民族的语言态度等方面都存在着明显的差异（详见第四章第二节的相关内容）。

第 三 章

梁河阿昌语本体结构概览

阿昌语属于汉藏语系藏缅语族缅语支，分为梁河阿昌语、潞西阿昌语和陇川阿昌语三种方言。梁河阿昌语主要分布于我国云南省德宏州梁河县，使用人口约为 11789 人[①]。

本章以云南省德宏州梁河县曩宋阿昌族乡关璋村的阿昌语为研究对象，对梁河阿昌语的语言本体结构进行描写和说明。

第一节 音系

梁河阿昌语的语音特点：

1. 声母数量多；塞音、塞擦音有清音，无浊音；鼻音、边音分清化音与非清化音；双唇声母有腭化与非腭化的对立；有唇齿音声母；无复辅音声母。

2. 韵母丰富，分为单元音韵母、复合元音韵母和带辅音尾韵母；元音没有松紧长短之分；部分单元音韵母有鼻化与非鼻化的对立；有辅音韵尾。

一 声母

共有 34 个，按照发音部分和发音方法排列如下：

---

① 梁河县勐养镇芒回村有一部分阿昌族，人数在 850 人左右，使用的是潞西阿昌语。除去勐养镇的这一部分阿昌族，梁河县内梁河阿昌语的使用人口数量约为 11789 人。

第三章 梁河阿昌语本体结构概览

表 3-1

发音方法 \ 发音部位		双唇 非腭化	双唇 腭化	唇齿	舌尖前	舌尖中	舌尖后	舌面音	舌根
塞音	不送气	p	pj			t			k
	送气	ph	phj			th			kh
塞擦音	不送气				ts		tʂ	tɕ	
	送气				tsh		tʂh	tɕh	
鼻音	清音	m̥	m̥j			n̥		ɲ̥	ŋ̊
	浊音	m	mj			n		ɲ	ŋ
边音	清音					l̥			
	浊音					l			
擦音	清音			f	s		ʂ	ɕ	x
	浊音						ʐ	ʑ	
半元音		w							

例词见下表：

表 3-2

声母	例 1	例 2
p	pə²³¹ 鸭子	pa²³¹ 拍打
ph	phə²³¹ 耙（田）	phu³¹ 系（鞋带）
m	mu³¹（干）活儿	ma³³ 妈妈
m̥	m̥u³¹ 披	m̥a³³ 教（学生）
f	fa²³¹ 浇	fən³³ 肥料
pj	pjɛ³¹ 羊	pja³¹ 黄蜂
phj	phjɛ³¹ 梭子	phja³¹ 山崖
mj	mjɛ²³¹ 笋	mji³¹ 问
m̥j	m̥jit³¹ 捏	m̥jin⁵⁵ 矮
t	tɑ²³¹ 上（去）	tu³¹ 挖
th	thə²³¹（山）上	thə³³ 接
n	nɑi³³ 在	nə³³ 挣（脱）
n̥	n̥ɑi³³ 搁	n̥ut⁵⁵ 嘴

续表

声母	例 1	例 2
l	la²³¹ 豹子	luɯŋ⁵⁵ 倒（下）
l̥	l̥ɛ³¹ 嚼	l̥un³¹ 震动
ts	tsau³¹ 官	tsɑŋ³¹ 对
tsh	tshau³³ 骂	tsho³³ 错
s	sə²³¹ 轻	sat⁵⁵ 熄（灯）
tɕ	tɕu³¹ 刺〔名词〕	tɕit³¹ 瞎
tɕh	tɕhu³¹ 吐	tɕhi³¹ 洗
ɕ	ɕu³¹ 修	ɕa³³ 招（亲）
ʑ	ʑu³³ 拿	ʑək⁵⁵ 站（起来）
ȵ̥	ȵ̥uk³¹ 赶（鸟）	ȵ̥ɛ̃³¹ 粘
ȵ	ȵaŋ³¹ 夹（住）	ȵɛ³¹ 烧
tʂ	tʂa³¹ 饱	tʂa²³¹ 熟练
tʂh	tʂha³³ 插	tʂhok⁵⁵ 抓
ʂ	ʂa³¹ 肉	ʂaŋ³³ 摘（花）
ʐ	ʐən³³ 忍	ʐaŋ³¹ 让
k	kɯ³¹ 大	kut⁵⁵ 褪（色）
kh	khɯ³¹ 屎	khut³¹ 做
ŋ̊	ŋ̊a³³ 我	ŋ̊u³³ 浑
ŋ	ŋa²⁵⁵ 鸟	ŋaŋ³¹ 想
x	xa⁵⁵ 这	xun³¹ 横
w	wa³³ 寨子	wa²³¹ 竹子

说明：1. 清化鼻音略带送气。2. 部分清化鼻音/边音与非清化的鼻音/边音可以自由变读。如：n̥³¹ȵ̥ɛ²⁵⁵〔n³¹ȵɛ²⁵⁵〕"不是"、tɕa³¹l̥ia²⁵⁵〔tɕa³¹lia²⁵⁵〕"糍粑"、m̥a²⁵⁵〔ma²⁵⁵〕"和"。

二　韵母

共有 62 个，分为单元音韵母、复元音韵母和带辅音韵尾的韵母。

（一）单元音韵母（11 个）

分为口元音和鼻化元音。其中，口元音 9 个：ɿ、i、ɛ、a、ɑ、o、u、ɯ、ə；鼻化元音 2 个：ɛ̃、ã。

例词见下表：

表 3-3

韵母	例 1	例 2
ʅ	tʂʅ³³ 水	tʂhʅ⁵⁵ 鹿子
i	çi³³ 西	mji³¹ 火
ɛ	çɛ³³ 些	tçhɛ³³ 草
a	tsa³¹ 小	ça³³ 找
ɑ	pɑ³³ 有	tɑ³¹ 搭（车）
o	ko³³ 歌	no³¹ 牛
u	ku³³ 捡	lu³¹ 打（秋千）
ɯ	khɯ³³ 脚	khɯ³¹ 屎
ə	kə³³ 好	ʂə³³ 纺（线）
ɛ̃	zɛ̃³¹ 烟	çɛ̃⁵⁵ 癣
ã	kã³¹ 干（枯）	fã³³ 翻（身）

（二）复元音韵母（14 个）

分为二合元音韵母和三合元音韵母。其中，二合元音韵母 12 个：iɛ、ia、iu、ɛi、ai、au、ui、uɛ、ua、əu、iɛ̃、uã；三合元音韵母 2 个：iau、uai。

例词见下表：

表 3-4

韵母	例 1	例 2
iɛ	liɛ³¹ 蚕	thiɛ³¹ 铁
ia	lia³³ 旱地	ȵa²³¹lia³³ 脸
iu	zaŋ³¹liu³⁵ 柳树	ʂʅ³¹liu³⁵ 石榴
ɛi	phɛi³¹ 陪	nɛi³⁵ 呢
ai	tsai³³ 酒	kai³³ 盖（房子）
au	tʂau³¹ 集市	pau³¹ 虫子
ui	tçui³¹ 光滑	sui³¹ 血
uɛ	luɛ³³ 凫	tuŋ³¹khuɛ³¹ 穿山甲
ua	kua³³ 瓜	khua 夸

续表

韵母	例1	例2
əu	kəu³³ 沟	khəu³³ 抠
iɛ̃	tiɛ̃³¹ 电	tiɛ̃³¹ 踩（脚）
uã	thuã³¹ 圆	n̥uã³³ 打鼾
iɑu	liɑu³³ 扔	tiɑu³³ 调（过来）
uɑi	tsuɑi³³ 切（菜）	mɯŋ⁵⁵luɑi³³ 丝瓜

（三）带辅音韵尾的韵母（37个）

分为单元音带辅音韵尾的韵母、复合元音带辅音韵尾的韵母。其中，单元音带辅音韵尾的韵母27个，复合元音带辅音韵尾的韵母10个。辅音韵尾包括 -n、-ŋ、-t、-k、-ʔ。

梁河阿昌语中带辅音韵尾的韵母有：it、at、ut、ət、ɑk、ok、uk、ɯk、ək、uat、ɿʔ、iʔ、ɛʔ、aʔ、ɑʔ、oʔ、uʔ、əʔ、iɑʔ、ɛiʔ、auʔ、uiʔ、uɛʔ、uɑʔ、əuʔ、in、ɛn、an、un、ən、ɛŋ、ɑŋ、uŋ、ɯŋ、əŋ、iɑŋ、uɑŋ。

例词见下表：

表3-5

韵母	例1	例2
it	m̥jit⁵⁵ 掂	tɕit³¹ 瞎
at	tat⁵⁵ 活	sat⁵⁵ 杀
ut	nut³¹ 拔	khut³¹ 做
ət	mət³¹ 吹	pət⁵⁵ 断（线）
ɑk	nɑk⁵⁵ 鼻涕	lɑk⁵⁵ 晒（太阳）
ok	tok³¹ 捣	kok³¹ （牛）圈
uk	n̥uk³¹ 赶（鸟）	nuk³¹ 嫩
ɯk	ʂɯk⁵⁵ 树	pɯk⁵⁵ 百
ək	pjək⁵⁵ 躺	tɕək⁵⁵ （狗）吠
uat	lɑʔ³¹tuat⁵⁵ 老师	n̥uat³¹ 点（头）
ɿʔ	ʂɿʔ²⁵⁵ 先	tʂʰɿʔ²³¹ 尺
iʔ	pʰjiʔ²⁵⁵ 撕	tɕiʔ²³¹ 给
ɛʔ	n̥ɛʔ²⁵⁵ 是	pjɛʔ²⁵⁵ 烂
aʔ	paʔ²³¹ 打（针）	khaʔ²³¹ 放（盐）

续表

韵母	例1	例2
ɑʔ	pɑ²³¹ 拔	lɑ²³¹ 豹子
oʔ	tho²⁵⁵ 发（芽）	ko²⁵⁵ 蒲墩
uʔ	tshu²⁵⁵ 年	ʂu²³¹ 喝（酒）
əʔ	mə²³¹ 墨	pə²³¹ 鸭子
iɑʔ	tɕɑ³³liɑ²⁵⁵ 糍粑	liɑ²³¹ 舔
εiʔ	thεi²⁵⁵ 只（有）	εi²⁵⁵ 助词/语气词
ɑuʔ	sɑu²⁵⁵ 藏	zɑu²⁵⁵ 流（水）
uiʔ	khui²⁵⁵ 应该	ui²³¹ 包围
uεʔ	tɕuε²³¹ 湿	ŋ̊uε²³¹ 加热
uɑʔ	tɕuɑ²³¹ 烂	kuɑ²³¹ 老鼠
əuʔ	təu²³¹ 兜（着）	əu²³¹ 蹲
in	zin³³ 房子	ɕin³³ 信
εn	phεn³¹ 桌	mεn³¹ 门
ɑn	sɑn³¹ 撒（种）	thɑn³¹ 弹（琴）
un	lun³¹ 晃动	tun³³ 炖
ən	fən³³ 肥料	tən³¹ 灯
εŋ	khεŋ³³ 夜	tεŋ³³ɕε̃³³ 蛹
ɑŋ	xɑŋ³³ 先	l̥ɑŋ³¹ 发（信）
uŋ	uŋ³¹ 肚子	puŋ³³ 蚌
ɯŋ	tʂɯŋ³¹ 山	lɯŋ³³ 倒（塌）
əŋ	pəŋ³¹ 笋	thəŋ³³ 放
iɑŋ	khiɑŋ³³ 什么	tiɑŋ³¹ 跳
uɑŋ	xuɑŋ³¹ko²³¹ 榕树	kuɑŋ³³ 逛

说明：1. a 与 ɑ 是对立的音位，对立大多出现在单元音韵母的音节上。在舌面音后，a 与 ɑ 的对立不明显，发音介于二者之间。例如：tɕɑ²³¹ "鸡"、tɕha³¹ "盐"。

2. ui 和 un 与舌面的 tɕ、tɕh、ɕ 韵母结合，u 实际读作〔y〕。例如：tɕui³¹〔tɕyi³¹〕"滑"、tɕhun⁵⁵〔tɕhyn⁵⁵〕"暗"。

3. ut 实际读作〔uit〕。例如：khut³¹〔khuit³¹〕"做"、ut³¹〔uit³¹〕"戴"。

4. 零声母的 ɯ 前面带〔ɣ〕。例如：ɑ³¹ɯ³³〔ɑ³¹ɣɯ³³〕"皮"。

5. 汉语借词中，鼻化元音韵母（尤其是舌位较低的）大多伴有 -ŋ 韵尾。例如：ui²³¹tɕhɑ̃³¹〔tɕhɑ̃ŋ³¹〕"围墙"、tso⁵¹lɑ̃³¹〔lɑ̃ŋ³¹〕"走廊"。

三　声调

共5个，分为"高平"（55）、"中平"（33）、"全降"（51）、"低降"（31）、"高升"（35）。

例词见下表：

表3-6

高平	中平	全降	低降	高升
la^{255} 来	nɑi^{33} 在	tɑŋ^{51} 党	la^{231} 去	ɕɛ̃^{35} 县
mɯŋ^{55} 地方	wa^{33} 村寨	tsɿ^{51} 紫	ʂɿ^{31} 果实	sən^{35} 省

说明：1. 促声韵高平调实际调值略呈降势，读若"54"调。例如：tshɯk$^{55[54]}$ "算"、pət$^{55[54]}$ "断"、wa$^{?55[54]}$ "瓦"等。

2. 带塞音尾韵母的低降调，实际调值略高，读若"42"。例如：ʂu$^{?31[42]}$ "抽"、pa$^{?31[42]}$ "打"、phək$^{31[42]}$ "弹"等。

3. 舒声韵单音节词较少出现在高平调上。

第二节　构词法

主要包括复合构词法和形态构词法。

一　复合构词法

分为并列式、修饰式、主谓式和支配式四类。

（一）并列式

1. 音节数量分类

包括双音节并列式和多音节并列式（主要指的是四音节并列式）。

双音节并列的，例如：

nuŋ^{33} tsa^{55}　　　子孙　　　tɕhɛ^{33} ʂɯk^{55}　　　草木
后　小　　　　　　　　　　　草　树

多音节并列的，例如：

a³¹sai³⁵a³¹nuŋ³¹　　兄弟　　　　u³¹khok³¹khɯ³³tin³³　鞋帽
哥哥　弟弟　　　　　　　　　　帽子　鞋子

2. 词素构成分类

主要有以下三种。

名词词素并列的，例如：

mɯŋ⁵⁵lia³¹　　　地　　　　　mau³¹mɯŋ³⁵　　　天地
地　耕地　　　　　　　　　　天　地

形容词词素并列的，例如：

mjin³³mjaŋ⁵⁵　　高矮　　　　kə³³kaŋ³¹　　　　好坏
矮　高　　　　　　　　　　　好　坏

动词词素并列的，例如：

tɕa³¹ʂuʔ⁵⁵　　　吃喝　　　　laʔ⁵⁵laʔ²³¹　　　　来去
吃 喝　　　　　　　　　　　来 去

3. 词义搭配关系分类

主要分为以下两种。

并列的词素在意义或类别上相关的，例如：

laʔ²³¹khɯ³³　　　手脚　　　　no³¹mjaŋ³¹　　　　牛马
手 脚　　　　　　　　　　　牛 马

并列词素的意义相对或相反的，例如：

wai³¹ai³³　　　　远近　　　　nuk³¹khuŋ³³　　　　软硬
远 近　　　　　　　　　　　软 硬

（二）修饰式

分为以下三类。

名词词素修饰名词词素的，修饰性的词素在中心词素之前，例如：

ku³¹tɕhɛ³³　　　稻草　　　　ʂɯk⁵⁵kuaʔ²³¹　　　松鼠
稻 草　　　　　　　　　　　树 鼠

形容词词素修饰名词词素的，名词词素在前，形容词词素在后，例如：

pau³¹naʔ²³¹　　　蜈蚣　　　　aŋ³¹phu³³　　　　　白菜
虫 黑　　　　　　　　　　　菜 白

动词词素修饰名词词素的，修饰性的动词词素在前，名词词素在后，例如：

ça³¹pha³¹ 干爹 ça³¹ma³¹ 干妈
找 爹 找 妈

(三) 主谓式

名词词素在前，动词词素居后。例如：

thun³³so⁵⁵ 犁铧 ŋaŋ⁵⁵tça³³ 桑叶
犁 走 蚕 吃

(四) 支配式

名词词素在前，动词词素在后。在支配式中，通常要后加 εi²⁵⁵ "的"。例如：

ʂaŋ³³ – pa²⁵⁵ – εi²³¹ 铁匠 u³¹ – u³¹ – εi²⁵⁵ 剃头匠
铁 – 打 – NMLZ 头 – 剃 – NMLZ

二 形态构词法

指的是在词根上添加前缀或后缀的构词方式。

(一) 加前缀的构词法

通常，前缀的意义虚泛，依附于词根，后缀多由实词语法化而来，兼有一定的词汇意义。

1. a³¹ –

加在表示亲属称谓、植物、方位、时间等意义的名词词素前，构成名词。例如：

a³¹ – phau³¹ 爷爷 a³¹ – mət³¹ 根
PRE – 爷爷 PRE – 根

a³¹ – thə³⁵ 底下 a³¹ – khaŋ³¹ 刚才
PRE – 底 PRE – 刚才

加在动词词素或形容词词素的前面构成名词。例如：

a³¹ – phjau³⁵ 飘的 a³¹ – tʂhau³³ 糖
PRE – 飘 PRE – 甜

2. u³³ –

表示"头"，可变读为 u³¹ –。例如：

u^{31} – tha^{ʔ31}　　　头顶　　　u^{33} – phjɛ̃^{31}　　　辫子

PRE：头 – 上　　　　　　　PRE：头 – 辫

3. la^{ʔ231} –

大多用于名词词素的前面。例如：

la^{ʔ231} – mjaŋ^{33}　　马［姓］　　la^{ʔ231} – pɛi^{33}　　　杨［姓］

PRE – 马　　　　　　　　PRE – 太阳

4. kha^{33} –

表示疑问义，相当于汉语的"哪"，可以变读为 kha^{55} – 。例如：

kha^{55} – nai^{31}　　哪天　　　kha^{33} – ʐaŋ^{33}　　　什么

PRE：哪 – 天　　　　　　PRE：哪 – 样

（二）后缀

后缀主要用于构词。在梁河阿昌语中，大多数的后缀尚未完全虚化。

1. – su^{31}

加在 xai^{55}、xəu^{55} 等的后面，用于构词。例如：

xai^{55} – su^{31}　　　这么　　　xəu^{55} – su^{31}　　那么

这 – SUFF　　　　　　　那 – SUFF

2. – ma^{33}

表示"大"或排行在先，可变读为 – ma^{55}。例如：

tʂɻ^{33} – ma^{55}　　马路　　　tsa^{31}ȵit^{31} – ma^{33}　长女

路 – AUG　　　　　　　女儿 – AUG

3. – tsa^{31}

表示"小"或排行在后，可变读为 – tsa^{35}。例如：

mjaŋ^{31} – tsa^{31}　　马驹　　　tsa^{31}lo^{ʔ231} – tsa^{35}　小儿子

马 – DIM　　　　　　　　儿子 – DIM

4. – la^{31}

表示雄性，通常用于动物。例如：

tʂɻ^{55} – la^{31}　　　雄性麂子　　kuŋ^{33} – la^{31}　　雄性野猫

麂子 – M　　　　　　　　野猫 – M

5. – ma^{31}

表示雌性，通常用于动物。例如：

no^{31} – ma^{31}　　　母牛　　　tɕa^{ʔ231} – ma^{31}　　母鸡

牛 – FEM　　　　　　　　　　鸡 – FEM

6. – tsəŋ³³

表示雌性，通常用于已具有生育能力的动物。例如：

wa̠ʔ³¹ – tsəŋ³³　　母猪　　　ŋa̠ʔ⁵⁵ – tsəŋ³³　　雌鸟

猪 – FEM：已生育　　　　　鸟 – FEM：已生育

7. – n̠i³¹

表示"们"。例如：

mə³¹ – n̠i³¹　　孙子们　　　tsu³³maŋ⁵⁵ – n̠i³¹　　老人们

孙子 – PL　　　　　　　　　老人 – PL

8. – tɑ³¹

表示"们"。例如：

tsu³¹wa³¹ – tɑ³¹　孩子们　　tsa³¹n̠it³¹ – tɑ³¹　　女儿们

孩子 – PL　　　　　　　　　女儿 – PL

9. – n̠a̠ʔ³¹

表示"些"。例如：

khɑ⁵⁵ – n̠a̠ʔ³¹　　哪些　　　xa⁵⁵ – n̠a̠ʔ³¹　　这些

哪 – PL：些　　　　　　　　这 – PL：些

10. – liɑ̠ʔ³¹

表示"片"。例如：

tɑ³¹pau³³ – liɑ̠ʔ³¹　一月　　sʅ⁵⁵pau³³ – liɑ̠ʔ³¹　二月

一月 – SUFF：片　　　　　　二月 – SUFF：片

此外，梁河阿昌语中还有部分量词类似词缀，可以参与构词。例如：

phɑ³¹sʅ³³paŋ³³　芭蕉树　　　ʂɑ³¹tɕhu³¹paŋ³³　茶油树

芭蕉　树　　　　　　　　　茶油　树

第三节　名词短语：结构及成分

本节主要讨论名词、代词、数词、量词以及名词短语的修饰性语序。

一　名词

指的是表示人或者事物名称的一类词。

（一）名词的"性"

指人、动物的性别，主要通过后加"半实半虚"的词素来实现。指人的性别，男性加 – pha^{31}，女性加 – n̦it^{55}。例如：

ça^{31}pha^{31}　　　干爹　　　naŋ^{55}n̦it^{55}　　　姑娘

指动物的性别，雄性的加 – la^{31}，雌性的加 – ma^{31} 或者 – tsəŋ^{33}，– tsəŋ^{33} 专指生育过的雌性动物。例如：

wa^{ʔ31} – la^{31}　　　公猪　　　pjɛ^{ʔ31} – ma^{31}　　　母羊
猪 – M　　　　　　　　　　羊 – FEM

pə^{ʔ31} – tsəŋ^{33}　　　母鸭
鸭 – FEM：已生育

（二）名词的"数"

主要通过后加数量短语或表复数意义的后缀来实现。加短语的，例如：

tsu^{33}　ta^{31}　ʐu^{ʔ31}　一个人　　　mu^{31} sau^{31}　ta^{31}　tʂɑŋ^{33}　一张纸
人　　一　　CL　　　　　　　纸　　一　　CL

加后缀的，例如：

tsu^{31}wa^{31} – ta^{31}　　孩子们　　　a^{31}pə^{35} – n̦i^{33}　　姐妹们
孩子 – PL　　　　　　　　　姐妹 – PL

（三）名词化

主要分为两种：

"光杆动词/动词短语 + ɛi^{ʔ55}/ka^{33}" 构成名词性成分的，例如：

ʂu^{ʔ31} – ɛi^{ʔ55}　　　喝的　　　ko^{33} – khə^{33} – ka^{33}　　唱歌的
喝 – NMLZ　　　　　　　　歌 – 唱 – NMLZ

"光杆形容词 + ɛi^{ʔ55}/ka^{33}" 构成名词性成分的，例如：

phu^{33} – ɛi^{ʔ55}　　　白的　　　xuŋ^{31} – ka^{33}　　　香的
白 – NMLZ　　　　　　　　香 – NMLZ

此外，"a^{31} + 光杆动词/形容词" 也可以构成名词性成分，例如：

a^{31} – phjau^{35}　　　飘的　　　a^{31} – phu^{31}　　　白的
PRE – 飘　　　　　　　　　PRE – 白

（四）名词的性状

由名词词素加上表示性状的量词词素构成。例如：

tsui³³luŋ⁵⁵　　牙齿　　　　wa²³¹paŋ³¹　　　竹子
牙　个　　　　　　　　竹　棵

（五）名词的重叠

主要指的是时间名词的重叠。名词重叠式表示数量多或者周遍的意义。例如：

nai³³nai³³　　　天天　　　ku³³nai⁵⁵nai³³　　每天
天　天　　　　　　　　每　天　天

（六）名词的句法功能

主要充当句法结构的主语、谓语、宾语和定语等。例如：

tʂʅ³³　pa²⁵⁵　kəu³³．（名词 tʂʅ³³ 做主语）
水　开　TAM
水开了。

naŋ³³　la²³¹ma³⁵　ui³¹．（名词 la²³¹ma³⁵ 做谓语）
2sg　大拇指　TAM
你厉害呀。

ʂʅ³¹tuŋ³³　mu³¹tʂʅ³³　taŋ³³　ʐa²³¹　n³¹　taŋ³⁵　ʐa²³¹？
3pl　筒裙　AUX　织　NEG　AUX　织
她们会不会织筒裙？
（名词 mu³¹tʂʅ³³ 做宾语）

a³¹ʐaŋ³¹　ɛi²⁵⁵　tʂhʅ³³ma⁵⁵　n³¹　so³⁵kə³⁵．（名词 a³¹ʐaŋ³¹ 做定语）
旁边　PRT　路　NEG　好走
旁边的路不好走。

二　代词

具有代替和指示等作用，可以分为人称代词、指示代词和疑问代词。

（一）人称代词

人称代词有"数""格"，没有"性"。"数"分单数、双数和复数，双数在单数的后面加 sɿ⁵⁵ʐu²³¹"两个",复数在单数形式的基础上经过错根与声调屈折,后加"tuŋ³³"。"格"分为主格、宾格和领格。梁河阿昌语的人称代词见下表:

表 3-7

人称	数	主格	领格	宾格
第一人称	单数	ŋa³³	ŋai³⁵;ŋa³¹ka³⁵;ŋai³¹ka³⁵	ŋa³³
	双数	ŋu³¹tuŋ³³sɿ⁵⁵ʐu²⁵⁵	ŋu³¹tuŋ³³sɿ⁵⁵ʐu²³¹ɛi²⁵⁵	ŋu³¹tuŋ³³sɿ⁵⁵ʐu²⁵⁵
	复数	ŋu³¹tuŋ³³	ŋu³¹tuŋ³³ɛi²⁵⁵	ŋu³¹tuŋ³³
第二人称	单数	naŋ³³	naŋ³⁵;naŋ³¹ka³⁵	naŋ³³
	双数	ȵi³¹tuŋ³³sɿ⁵⁵ʐu²⁵⁵	ȵi³¹tuŋ³³sɿ⁵⁵ʐu²³¹ɛi²⁵⁵	ȵi³¹tuŋ³³sɿ⁵⁵ʐu²⁵⁵
	复数	ȵi³¹tuŋ³¹	ȵi³¹tuŋ³³ɛi²⁵⁵	ȵi³¹tuŋ³¹
第三人称	单数	ʂaŋ³¹	ʂaŋ³⁵;ʂaŋ³¹ka³⁵	ʂaŋ³¹
	双数	ʂɿ³¹tuŋ³³sɿ⁵⁵ʐu²⁵⁵	ʂɿ³¹tuŋ³³sɿ⁵⁵ʐu²³¹ɛi²⁵⁵	ʂɿ³¹tuŋ³³sɿ⁵⁵ʐu²⁵⁵
	复数	ʂɿ³¹tuŋ³³	ʂɿ³¹tuŋ³³ɛi²⁵⁵	ʂɿ³¹tuŋ³³

反身代词主要有一个 a³¹thu³⁵"自己"。例如:

a³¹thu³⁵　tsə³¹mə³¹　tɕhi³³　laʔ³¹　kaʔ³¹!
自己　　　衣服　　　洗　　DIR　TAM:IMP
自己去洗衣服啊!

(二)指示代词

指示代词具有指称、区别和替代的作用。在梁河阿昌语中,大部分的指示代词都可以通过不同方式来表示"近指""远指"。以普通指示代词的单数形式为例:"近指"用 xa⁵⁵(又读 xai⁵⁵)"这","远指"用 xəu⁵⁵"那",更远指通常使用象似性的方式,借助拉长元音的语音手段,也可以通过重读来表示(例句见本章相关内容)。再以方位指示代词为例:"近指"用 xai⁵⁵pjɑʔ²³¹"这边","远指"用 xəu⁵⁵pjɑʔ²³¹"那边",更远的方位是在 xəu⁵⁵pjɑʔ²³¹ 的后面加上"半实半虚"的 -ma³³,构成 xəu⁵⁵pjɑʔ²³¹ma³³,或重叠 xəu⁵⁵pjɑʔ²³¹ 的后一音节,构成 xəu⁵⁵pjɑʔ²³¹pjɑʔ²³¹。

(三)疑问代词

1. 分类

分为人物类疑问代词(如 kha⁵⁵ʐu²³¹"谁")、事物类疑问代词(如 kha³³ʐaŋ³³"什么")、时间类疑问代词(如 kha⁵⁵nai³¹"哪天")、方所类疑问代词(如 kə³³tə³³"哪里")、数量类疑问代词(如 kha⁵⁵ŋaʔ²³¹"多少")、方式类疑问代词（如 kha⁵⁵su³¹ "怎么"）和原因类疑问代词（如 ka⁵⁵su³¹ka³⁵ "为什么"）七类。

2. 重叠

主要指的是双音节疑问代词中后一个音节的重叠。疑问代词的重叠式荷载"所有""每"等语义特征，不表疑问。例如：

kha⁵⁵ʐuʔ³¹ 谁 → kha⁵⁵ʐuʔ³¹ʐuʔ³¹ 每个/全部
kha³³ʐaŋ³³ 什么 → kha³³ʐaŋ³³ʐaŋ³³ 每样

三 数词和量词

（一）数词

表示数目多少或者顺序，主要包括基数词、序数词、分数、倍数和概数。

1. 基数词

分为单纯基数词和合成基数词。单纯基数词包括 0、1 至 ə 的个位数词以及表百、千、万、亿等位数的数词。例如：

lin³¹   零   ta³¹   一
pɯk⁵⁵   百   tɕhu ɛ̃³³   千
wɑ̃³³   万   ʐi³⁵   亿

合成基数词表示整数，例如：

ta³¹ tʂhɿ³³   十   ta³¹ pɯk⁵⁵   一百
一 十   一   百

也可以表示整数带个数，例如：

ta³¹ – tʂhɿ³³ – ta³¹ – luŋ³³   十一   ta³¹ – tʂhɿ³³ – liɛ̃³¹ – sɿ⁵⁵ – luŋ³³   十二
一 – 十 – 一 – CL   一 – 十 – CONJ – 二 – CL

2. 序数词

表示一般次序的，使用 "ti³⁵（第）+ 基数词" 的格式。例如：

ti³⁵ ʐi³¹   第一   ti³⁵ ə³⁵   第二

表示长幼次序的，还分固有表示法与借用汉语表示法。前者只能对长幼次序中排行最先的与后续的加以区别，后者则可以对长幼次序进行更为详细的区分。使用固有表示法的，例如：

a³¹sai³⁵ – ma³³   大哥   a³¹sai³⁵ – tsa³³   二哥（三哥等）

哥哥 – AUG 哥哥 – DIM

使用借用汉语表示法的，例如：

tɑ³⁵ko³³ 大哥 ə³³ko⁵⁵ 二哥

表示时间序列的，还分"周内次序""月份次序""年初几日"等三种情况。表"周内次序"的，例如：

ɕin³³tɕhi³³ʑi³¹ 星期一 ɕin³³tɕhi³³thiɛ̃³³ 星期天
星期 一 星期 天

表"月份次序"的，又分固有的表示法与借用汉语的表示法。固有的只能表示从"一月"到"五月"，借用汉语的则可以表示从"一月"到"十二月"。使用固有表示法的，例如：

tɑ³¹pau³³ 一月［正月］ sʅ⁵⁵pau³³ 二月
一 月 二 月

使用借用汉语表示法的，例如：

tɕhi³¹ʐɛ³¹ 七月 pa³¹ʐɛ³¹ 八月
七 月 八 月

表示"年初几日"的，例如：

tsho³³ʑi³¹ 初一 tsho³³sʅ³⁵ 初四
初 一 初 四

3. 分数

使用"基数词 + ku³³（份）"的，例如：

sʅ⁵⁵ – ku³³ – kɑ³³ – tɑ³¹ – tɕhaŋ³⁵ 二分之一
二 – CL – PRT – 一 – 半

使用借用汉语表示方式的，例如：

ə³⁵fɛn³³tʂʅ⁵⁵ʑi³¹ 二分之一
二 分 之 一

4. 倍数

借用汉语的表示方法，使用"基数词 + pɛi³³（倍）"的格式。例如：

sã³³pɛi³³ 三倍 u³³pɛi³³ 五倍
三 倍 五 倍

5. 概数

在数词的后面加上 ȵa²³¹"多"、lai³¹waŋ³³"左右"等。例如：

sɿ⁵⁵ tʂhɿ³³ n̺a²³¹　二十多　　　ŋa³¹ tʂhɿ³³ lai³¹ waŋ³³ 五十左右
二　十　APPR　　　　　五　十　APPR

也可以在数词的前面加上借用汉语的 tʂha³⁵ pu³¹ to³³ "差不多"。例如：

tʂha³⁵ pu³¹ to³³ ʑi³⁵ pə³¹　　　　　　　　差不多一百
差　不　多　一　百

还可以使用相邻的数词或数量短语。例如：

suŋ³¹ mə²³¹ nai³¹　三四天　　　ta³¹ ku³⁵ – sɿ⁵⁵ – ku³³ 一两样
三　四　天　　　　　　　一 – CL – 两 – CL

（二）量词

表示人、事物及动作单位的一类词。基于意义与功能，可以将量词分为名量词和动量词。

1. 名量词

表示事物的数量，主要包括个体量词、集体量词、兼用量词、度量衡量词、时间量词和不定量词。

（1）个体量词

个体量词是量词的主体，可以再分为类别量词、性状量词、通用量词和反响型量词。

类别量词对同类属性的名词进行称量，常用的主要有 ʐu²³¹ "个"、to³³ "头、只" 和 paŋ³³ "棵" 等。

ʐu²³¹ "个"：专用于人的称量。例如：

mə³¹ ta³¹ ʐu²³¹　一个孙子　　　ɕau³³ nau³³ ta³¹ ʐu²³¹　一个小伙
孙子一CL　　　　　　　　小伙　　一 CL

to³³ "头、只"：多用于动物的称量。to³³ 可以变读为 to³⁵。例如：

wa²³¹ ta³¹ to³⁵　一头猪　　　pa³¹ ko³⁵ ta³¹ to³⁵　一只八哥
猪　一 CL　　　　　　　　八哥　一 CL

paŋ³³ "棵"：专用于植物的称量。例如：

wa²³¹ ta³¹ paŋ³³　一棵竹子　　　xã³¹ pu³³ ta³¹ paŋ³³　一棵蒿子
竹子 一 CL　　　　　　　　　蒿子　一 CL

性状量词对同类性状的名词进行称量，常见的包括 luŋ³⁵ "个、颗"、paŋ³³ "支" 和 phji³³ "片、根" 等。

luŋ³⁵ "个、颗"：多用于圆形、方形、条状和块状等物体的称量。例如：

tɕa³¹ u³¹	ta³¹ luŋ³⁵	一个鸡蛋	pha³¹ kɯ³³ ta³¹ luŋ³⁵	一颗星星
鸡蛋	一 CL		星星 一 CL	

paŋ³³ "支"：多用于长条形物品的称量。例如：

zɛ̃³¹ ta³¹ paŋ³³	一支烟	mau³¹ pji³¹ ta³¹ paŋ³³	一支毛笔
烟 一 CL		毛笔 一 CL	

phji³³ "片、根"：多用于树叶、羽毛等扁平状物体的称量。例如：

a³¹ fa⁵⁵ ta³¹ phji³³	一片叶子	ŋa⁵⁵ mu³³ ta³¹ phji³³	一根鸟毛
叶子 一 CL		鸟毛 一 CL	

通用量词对性质、形状不同的名词进行称量，主要有 luŋ³⁵ 和 ku³³。例如：

ko³³ ta³¹ luŋ³⁵	一支歌	pɛi³³ tsʅ³³ ta³¹ ku³³	一个杯子
歌 一 CL		杯子 一 C	

反响型量词指的是与被限定名词的语音形式完全相同或部分相同的量词。反响型量词大多源自被称量的名词，并用于对该类名词的称量。

名词是单音节的，选取整个音节反响，量词与被修饰名词的语音形式一致。例如：

mau³¹ ta³¹ mau³¹	一片天	wa³³ ta³¹ wa³³	一个村
天 一 CL		村 一 CL	

双音节或多音节名词的，选取后一音节反响，量词与被修饰名词的语音形式部分一致。例如：

ʂɯk³¹ lia⁵⁵ta³¹ lia⁵⁵	一片树林	zau³³ luŋ³³ ta³¹ luŋ³³	一个肾脏
树林 一 CL		肾脏 一 CL	

反响型量词多用于对无生命的自然物（如"天""山""洞"等）和日常用品（如"蒸笼""袋子""斗笠"等）等的称量，"生命度/有生性"[①] 高的名词较难形成反响。例如：

mau³¹ ta³¹ mau³¹	一片天	au³¹ luŋ³³ ta³¹ luŋ³³	一个蒸笼
天 一 CL		蒸笼 一 CL	

---

① 主要指人、动物及植物等所具有的生命体征。

（2）集体量词

分为定量集体量词与不定量集体量词。定量集体量词主要有 tɕuŋ³¹ "对、双"等，不定量集体量词主要包括 phuŋ³³ "堆"、lia²⁵⁵ "片"等。

tɕuŋ³¹ "对、双"：专用于成对的动物、物品等。例如：

ku³¹ tu³¹　　 ta³¹　　 tɕuŋ³¹　 一对斑鸠　　 khɯ³³ tin³³ ta³¹　 tɕuŋ³¹　 一双鞋子
斑鸠　　 一　 CL　　　　　　　鞋子　　 一　 CL

phuŋ³³ "堆"：专用于粪便、稻草等。例如：

khɯ³¹ ta³¹ phuŋ³³ 一堆粪　　 khɯ³³ tɕhɛ³³ ta³¹ phuŋ³³ 一堆稻草
粪　 一　 CL　　　　　稻草　　　 一　 CL

lia²⁵⁵ "片"：主要用于成片的林木等。例如：

ʂɯk⁵⁵ ta³¹ lia²⁵⁵ 一片树林　　 waʔ³¹ ta³¹ lia²⁵⁵ 一片竹林
树　 一　 CL　　　　　　 竹子 一　 CL

（3）兼用量词

分为借用名词的兼用量词和借用动词的兼用量词。借用名词的兼用量词，例如：

aŋ³¹　 ta³¹　 phɛn³¹　 一桌菜　　 tɕa³³　 ta³¹　 puŋ³³　 一甑子饭
菜　 一　 CL　　　　　　 饭　 一　 CL

借用动词的兼用量词，例如：

tɕhɛ³³　 ta³¹　 tɕhaʔ³¹　 一把草　　 thaŋ³¹ ta³¹ to³³ 一驮柴
草　 一　 CL　　　　　　 柴　 一　 CL

（4）度量衡量词

用于度量衡和货币单位，分为非标准度量衡量词和标准度量衡量词。前者指不严格规定"长短""大小""多少"的量词，均借自汉语。这类量词数量有限，典型成员包括 phai³³ "庹"（两臂平伸的距离）、kuai³³ "肘"（拳头至肘关节的距离）和 tʂa³³ "拃"（拇指与中指展开的距离）等。后者指的是严格规定"长短""大小""多少"的量词，主要借自汉语和傣语。这类量词数量较多，典型成员包括 tʂhŋʔ³¹ "尺"、nu³³/tshɯ³⁵ "寸"、tɕin³³ "斤"和 məu³³ "亩"等。

（5）时间量词

指的是表示时间单位的量词，典型成员包括 tiɛ̃³³ "点钟"、tɕhi³³

"会儿"、nai³¹ "天"、khɛŋ³³ "夜"、pau³³ "月" 和 tshu²⁵⁵ "年" 等。

（6）不定量单位量词

指的是表示不定数量的量词，主要包括 ɕɛ³³ "些" 和 ti³³ "点" 等。不定量单位量词只能与单纯基数词 "一" 组配。例如：

tʂʅ³³	ʑi³¹	ɕɛ³³	一些水	tuŋ³¹ tɕhɛ̃³³	ʑi³¹	ti³³	一点钱
水	一	CL		钱	一	CL	

2. 动量词

对动作、行为的次数进行计算。动量词分为计量动量词与兼用动量词。前者指的是表示单纯次数的动量词，这类动量词具有封闭性的特征，典型成员包括 kuŋ³⁵ "次"、pjɛ̃³³ "遍" 和 xa³³ "下" 等。例如：

ta³¹	kuŋ³⁵	ʂuʔ³¹	喝一次	ʑi³¹	pjɛ̃³³	tu³¹	读一遍
一	VCL	喝		一	VCL	读	

后者指的是借用相关名词表示数量的动量词，这类动量词具有开放性。例如：

ta³¹	tshu²⁵⁵	ma³¹	教一年	ta³¹	khua ʔ³¹	tɕa³¹	吃一碗
一	CL	教		一	CL	吃	

3. 量词的重叠

与 ku³³ "每" 搭配的，重叠式为 "ku³³ + C + C"（C 表量词，下同），表示周遍意义。例如：

ku³³	zaŋ³³	zaŋ³³	每样	ku³³	zuʔ³¹	zuʔ³¹	每个
每	CL	CL		每	CL	CL	

与数词 ta³¹ "一" 搭配的，重叠式为 "ta³¹ + C + C"，表示数量多。例如：

ta³¹	to³⁵	to³⁵	一条条	ta³¹	xo³¹	xo³¹	一盒盒
一	CL	CL		一	CL	CL	

与数词（如，ta³¹ "一" 等）搭配的，重叠式为 "数词 + C + 数词 + C"，表示行为方式。例如（下划线部分为数词重叠式）：

ta³¹	zuʔ³¹	ta³¹	zuʔ³¹	so³¹	aʔ²⁵⁵ ！
一	CL	一	CL	走	TAM：IMP

一个一个地走啊！

4. 量词的扩展

部分名量词的后面加附缀成分 ma³³ "大"、tsa³³ "小" 等，用以凸显表义的清晰度。例如：

ta³¹ – khua²³¹ = ma³³　　　　一大碗　　ʑi³¹ – xa³⁵ = tsa³³　　　　一小下
一 – CL = CLITIC：AUG　　　　　　　　　一 – CL = CLITIC：DIM

5. 量词的句法功能

数量短语、指量短语以及指数量短语主要充当句法结构的主语、谓语、宾语、定语和状语。以数量短语为例：

ta³¹　　thaŋ³³　　tɕu⁵⁵　　lu³¹　　kəu⁵¹ .（ta³¹thaŋ³³充当主语）
一　　　CL　　　就　　　够　　　TAM
一块（钱）就够了。

tsu³¹wa³¹ – tsa³⁵　　sɿ⁵⁵　　tshuʔ²⁵⁵　　kəu³³ .（sɿ⁵⁵tshuʔ²⁵⁵做谓语）
孩子 – DIM　　　　　两　　　CL　　　　TAM
小孩子两岁了。

ŋo³¹tuŋ³³　　ta³¹　　khua²³¹　　thɛiʔ²⁵⁵　　ʂu²³¹　　ɛiʔ²⁵⁵ .（ta³¹khua²³¹做宾语）
1pl　　　　一　　　CL　　　　只　　　　　喝　　　HAB
我们只喝一碗。

naŋ³³　　ŋa³³　　tə³³　　phjin³¹ko³⁵　　ŋa³¹　　luŋ³⁵　　tɕaŋ³³　　la²³¹ .
1pl　　　1sg　　ACC　　苹果　　　　　五　　　CL　　　称　　　　DIR
你给我称半斤苹果。
（ŋa³¹luŋ³⁵做定语）

naŋ³³　　tsai³⁵　　ta³¹　　tɕhi³³　　laŋ³¹　　na³³,　　uŋ³³　　ɛiʔ²⁵⁵　　uŋ³⁵ ?
2sg　　　再　　　一　　　CL　　　等　　　TAM　　AUX　　PRT　　AUX：NEG
你再等一会儿，行不行？
（ta³¹tɕhi³³做状语）

四 名词短语的修饰性语序

主要指的是名词、代词、形容词、动词、数词、名物化结构以及部分短语等修饰名词中心语。

（一）名词修饰名词的，修饰语在前，中心语居后，大多使用助词 εi²⁵⁵/ka³³ "的"。例如：

no³¹　εi²⁵⁵　ui³³pa⁵⁵　牛尾巴　　a³¹sai³⁵　ka³³　mjau³¹ŋuai³¹哥哥的镰刀
牛　GEN　尾巴　　　　　　哥哥　GEN　镰刀

（二）代词修饰名词的，修饰语在前，名词中心语居后，例如：

ŋo³¹tuŋ³³　εi²⁵⁵　tʂɯŋ³¹　我们的山　　xa³³　mɯŋ⁵⁵　　　这地方
1pl　　　GEN　山　　　　　　　　　这　地方

（三）形容词修饰名词的，形容词在名词中心语之后的，定语标记取零形式，形容词前置于名词中心语的，使用强制性共现的 εi²⁵⁵ "的"。例如：

tɕhe³³　ŋau³³　　　绿草　　tɕhuã³³　εi²⁵⁵　tsu³³　聪明人
草　　　绿　　　　　　　　聪明　　　PRT　　人

（四）动词修饰名词的，要先经过关系化，关系化动词前置于名词中心语，使用强制性共现的结构助词 εi²⁵⁵ 和 ka³³，ka³³ 常变读为 ka³⁵。例如：

tsɯk⁵⁵　εi²⁵⁵　pjɛ̃³³tsʅ⁵⁵编的辫子　ko³³　ka³⁵　tɕaŋ³³　过的桥
编　　　PRT　辫子　　　　　　　过　　PRT　　桥

（五）数词修饰名词的，主要指的是基数词修饰名词中心语，例如：

ta³¹　tshu²⁵⁵　一年　　　　　tsu³³　ta³¹　tɕhuã³³　çɛ³³　一千多人
一　　年　　　　　　　　　　人　　一　　千　　　　APPR

（六）名物化结构修饰名词的，主要指的是形容词名物化结构修饰名词。名物化结构在中心语之前或之后均可。例如：

a³¹-tɕhuã³³　εi²⁵⁵　tsu³³　聪明人　　tsu³³　a³¹-liɛ³¹　　　笨人
PRE-聪明　　PRT　　人　　　　　　　人　　PRE-笨

（七）短语修饰名词的，主要包括指（数）量短语、动宾短语、修饰短语、述补短语以及主谓短语等修饰名词。例如：

tsu³³ tɑ³¹ ʐu²³¹ （数量短语修饰名词）
人　一　CL
一个人

tsu³³ xəu⁵⁵ tiu²³¹ （指数量短语修饰名词）
人　那　一：CL
那一个人

kuɑʔ²³¹lɑ³⁵ xəu⁵⁵ to³³ （指量短语修饰名词）
猫　　　那　CL
那只猫

sã³³ko³³ khə³³ ɛiʔ⁵⁵ ʂu³¹mɑ³¹–tsa³⁵ （动宾短语修饰名词）
山歌　　唱　PRT　媳妇–DIM
唱山歌的小媳妇

n³¹ wai³¹ ɛiʔ⁵⁵ mɯŋ⁵⁵ （修饰短语修饰名词）
NEG 远　PRT　地方
不远的地方

tau³³ khut⁵⁵ lɑ²³¹ ɛiʔ⁵⁵ tʂɿ³³ （述补短语修饰名词）
倒　掉　DIR　PRT　水
倒掉的水

naŋ³³ xa³³ tʂau³¹ ɛiʔ⁵⁵ mji³¹sau³¹ （主谓短语修饰名词）
2sg　PREH 看　PRT　书
你看的书

第四节　动词短语：结构及成分

本节对动词、形容词以及动词短语的类别进行讨论。在梁河阿昌语的语法系统中，形容词的一些语法表现与动词相同，比如，形容词可以直接充当句法结构的谓语成分，绝大部分形容词可以接受程度副词的修饰，部分形容词可后接体、态等动词性成分的标记等。有鉴于此，本书将形容词置于动词短语条目下统一进行考察。

一　动词

表示动作行为、思想活动、发展变化及存在、领有等意义，具有离散性的抽象语义特征①。

（一）及物性

指的是从关涉论元数量多少的角度对动词进行的一种分类。在梁河阿昌语中，根据及物性的不同，动词可以分为不及物动词、及物动词和双及物动词。

不及物动词占据主谓短语（小句）谓语位置，仅与单一论元关涉。例如（下划线部分为不及物动词）：

kuɑ^{231} la^{35}　xəu^{55}　to^{33}　pai^{31}　xəu^{35}.
猫　　　　那　　CL　　跑　　TAM
那只猫跑了。

及物动词能够同时与两个论元（施事和受事）关涉。例如（下划线部分为及物动词）：

a^{31} phau^{31}　tɕa^{33}　tɕa^{31}　nɛi^{255}.
爷爷　　　饭　　吃　　TAM：PROG
爷爷正在吃饭。

双及物动词能够同时与三个论元（施事、受事和与事）关涉。例如

---

① 动词的离散性可以从语义特征和句法功能两个层面进行考察。语义特征方面，大部分的动词都含有起始、变化和终止的过程；句法功能方面，为了满足句法结构的相宜性，光杆动词大多需要增加相应的状语、补语和体标记等有界化成分。

（下划线部分为双及物动词）：

ŋo³¹tuŋ³³　ṣaŋ³¹　tə³³　a³¹sai³⁵　əu²⁵⁵　lɛi³⁵.
1pl　　　　3sg　　ACC　大哥　　叫　　DIR：HAB

我们叫他大哥。

（二）体范畴

指的是动作行为沿时间轴演进的一种方式。在梁河阿昌语中，动词的体可以分为惯常体、起始体、将行体、进行体、已行体、曾行体、即行体和变化体八类。

惯常体表示动作行为惯常出现。在惯常体的句子中，句末使用惯常体助词 ɛi²⁵⁵。例如（下划线部分为惯常体助词）：

ŋo³¹tuŋ³³　i³³lau⁵⁵　a³¹sai³⁵　ŋu³¹　tə³³　la²³¹　ɛi²⁵⁵.
1pl　　　　常常　　　哥哥　　　家　　ACC　去　　HAB

我们常去哥哥家。

起始体表示动作行为或事件在某个参照点上开始出现或者发生。在起始体的句子中，句末通常使用起始体助词 əu³³ "了"（在语流中可以变读为 kəu³¹）。例如（下划线部分为起始体助词）：

ṣaŋ³³kho³³　kəu³¹!
上课　　　　TAM

上课了！

将行体表示动作行为即将进行。在将行体的句子中，句末通常使用将行体助词 ɛi²⁵⁵（在语流中可以变读为 ɛi²³¹）。例如（下划线部分为将行体助词）：

la²³¹tuat⁵⁵　kha³³nɯk⁵⁵　la²³¹　ɛi²³¹.
老师　　　　明天　　　　去　　　PROS

老师明天去。

进行体①表示动作行为正在进行或者状态正在持续。在进行体的句子中，谓词核心后大多要使用进行体助词 na³³（通常与语气词 ɛi²⁵⁵ 合并为 nɛi²⁵⁵）。例如（下划线部分为进行体助词）：

---

① 梁河阿昌语的进行体标记和持续体标记均取同形的 na³³（nɛi²⁵⁵），为行文方便，本书单立进行体（增加表状态持续的内涵界定）。

tsu³³　　xəu⁵⁵　　tiu²³¹　　tɕa³³　　taŋ³³　　nɛi²⁵⁵.
人　　　那　　　一：CL　饭　　　做　　TAM：PROG
那一个人正在做饭。

已行体表示动作行为已经完成。在已行体的句子中，句末或谓语核心后大多要使用已行体助词 əu³³ "了"，əu³³ 常变读为 xəu⁵⁵ 等。例如（下划线部分为已行体助词）：

ŋo³¹tuŋ³³　　mji⁵⁵ɕɛ̃³³　　pji²³¹　　tɕa³¹　　xəu⁵⁵.
1pl　　　　米线　　　　完　　　　吃　　　TAM
我们吃完米线了。

曾行体表示对某一个时间进程中动作行为或事件的回顾，句末使用曾行体助词 wa³³（常与 əu³³ "了"或 kəu³³ "了"连用）。例如（下划线部分为曾行体助词）：

ŋa³³　　tut⁵⁵　　ɛi²⁵⁵　　wa²³¹pau³¹　　mjaŋ³³　　wa³³　　kəu³¹.
1sg　　活　　　PRT　　竹节虫　　　　见　　　　EXP　　TAM
我见过活的竹节虫。

即行体表示动作行为的迫近。在即行体的语句中，谓语核心后通常要使用即行体助词 nəŋ⁵⁵（常与助词 kəu³³ "了"同现）。例如（下划线部分为即行体助词）：

tʂɯŋ³¹–tha²³¹　　ɛi²⁵⁵　　lã³¹xua³³　　po²³¹　　nəŋ⁵⁵　　kəu³³.
山–LOC　　　　PRT　　兰花　　　　开　　　PRT　　TAM
山上的兰花就要开了。

变化体表示动作行为、状态、情景等发生变化。在变化体的语句中，谓词核心大都后接变化体助词 khau³¹。例如（下划线部分为变化体助词）：

ʂʅ³¹kha³¹　uŋ³³　la³³　khau³¹　ŋo³¹tuŋ³³　tshai³¹　uŋ³³　ʂaŋ³³　ɛi²⁵⁵.
李子　　　熟　　DIR　CSM　　1pl　　　　才　　　AUX　摘　　HAB
李子熟了我们才能摘。

（三）态范畴

指的是动词与事件参与者之间的关系。动词的态具有多样化的特点，限于语料，以下仅就使动态和互动态进行讨论。

1. 使动态

与自动态①相对，强调动作行为或者性状的出现由外力致使。梁河阿昌语动词的使动态分屈折式和分析式。

屈折式借助语音的变化来实现，分为以下三种情况。

一是使用送气音与不送气音的交替来表示。在塞音、塞擦音声母上，不送气音表自动，送气音表使动，例如（下划直线部分为自动词，下划波浪线部分为使动词，下同）：

a³¹ tsa³⁵　xəu⁵⁵　ʐu̥²³¹　ka⁵⁵　luŋ³¹kua³¹　kut⁵⁵　kəu³³. （自动）
孩子　　那　　CL　　PRT　裤子　　　脱落　TAM
那个孩子的裤子掉了。

a³¹ tsa³⁵　xəu⁵⁵　ʐu̥²³¹　luŋ³¹kua³¹　tə³³　khut⁵⁵　kəu³³. （使动）
孩子　　那　　CL　　裤子　　　　ACC　脱　　TAM
那个孩子把裤子脱掉了。

二是使用清音与浊音的交替来表示，鼻音和边音的浊音表自动，清音表使动。例如：

a³¹ mã³¹　mɯŋ⁵⁵　lun³¹　xəu³⁵　liɛ³¹ ? （自动）
昨天　　地　　　摇动　　TAM　TAM：INTROG
昨天地震了吗？

a³¹ tsa³⁵　xəu⁵⁵　tiu ʔ³¹　ʂɯŋ³¹paŋ³¹–tsa³⁵　tə³³　lun³¹　nɛi ʔ⁵⁵. （使动）
孩子　　那　　一：CL　　树–DIM　　　　ACC　晃动　TAM：PROG
那一个孩子晃着小树。

三是使用零声母与清擦音的交替来表示，零声母表自动，清擦音表使动。例如：

tɕa ʔ³¹–tsəŋ³³　xəu⁵⁵　to³³　tɕa ʔ³¹–tsa³⁵　tə³³　ok⁵⁵　nɛi ʔ⁵⁵. （自动）
鸡–FEM　　　那　　CL　　鸡–DIM　　　ACC　孵　PROG：TAM

---

① 自动态强调某种性状的出现是自然而为，非外力致使。

那只母鸡在孵着小鸡。

tsu³³maŋ⁵⁵　tɕɑʔ²³¹–tsəŋ³³　tə³³　xok⁵⁵　ɛiʔ²⁵⁵.（使动）
老人　　　鸡–FEM　　　ACC　使孵　HAB
老人让母鸡孵（小鸡）。

分析式借助添加相关的词语来实现，在梁河阿昌语中，分析式是在自动词的前面或者后面加上表示使动意义的词语。分为以下四种情况。

一是前加 tɕiʔ²³¹"给、让"。例如（下划线部分为前加的词语，下同）：

ɑ³¹sai³⁵–mɑ³³　waŋ³³　lɑ²³¹　xəu³⁵.（自动）
哥哥–AUG　　　进　　　DIR　　TAM
大哥进去了。

naŋ³³　tsu³³maŋ⁵⁵–tɑ³¹　tə³³　tɕhɛ̃³³　tɕiʔ²³¹　waŋ³³　lɑ²³¹.（使动）
2sg　　老人–PL　　　　ACC　先　　　让　　　　进　　　DIR
你让老人们先进去。

二是前加 khut³¹/kau³³"搞、弄"。例如：

tsu³¹wɑ³¹–tsa³⁵　ŋau³¹　xəu³³.（自动）
孩子–DIM　　　　哭　　　TAM
小孩子哭了。

tsu³¹wɑ³¹–tsa³⁵　ʂaŋ³¹　tə³³　khut³¹　ŋau³¹　xəu³³.（使动）
孩子–DIM　　　　3sg　　　ACC　弄　　　哭　　　TAM
小孩子被他弄哭了。

三是后加谓语助词 ʂaŋ³¹。例如（下划线部分为后加的词语）：

ŋai³⁵　mə³¹　zin³³–khau³¹　tə³³　tɕa³³　tɕa³¹　nɛiʔ²⁵⁵.（自动）
POSS：1sg　孙子　屋–LOC　　POST　饭　　吃　　PROG：TAM
我的孙子在屋里吃饭呢。

ŋai³⁵　mə³¹　tə³³　kə³¹ʂʅ³⁵　tɕa³³　tɕa³¹　lɑ²⁵⁵　ʂaŋ³³.（使动）
POSS：1sg　孙子　ACC　赶快　　　饭　　吃　　DIR　　TAM：IMP

让我的孙子赶快来吃饭。

四是在自动词的前面加上一个语义较实的普通动词也可以表示使动，例如（下划线部分为前加的词语）：

tɕhin³³　xɑ⁵⁵　n̪ɑ²³¹　zi³³tɕin³³　tɕui³³tɕui⁵⁵　sui³³　xəu³³.（自动）
大米　这些　已经　　全部　　　碎　　TAM

这些大米已经全部都碎了。

naŋ³³　tɕhin³³　tɑ³¹　nə³¹　sui³³　lɑ³³　kɑ²⁵⁵.　（使动）
2sg　大米　PROH　压　碎　DIR　TAM：IMP

你别把大米压碎了啊！

部分动词的使动态兼用屈折式与分析式，构成使动的叠置。例如（下划直线部分为分析式，下划波浪线部分为屈折式）：

tsə³¹mə³¹　tə³³　ʂɯk⁵⁵khɑ²⁵⁵　xɑ³³　　tɕhaŋ³¹　phji²⁵⁵　kəu³¹.
衣服　　　ACC　树枝　　　　AGT：EMPH　划　　　破　　　TAM

衣服被树枝划破了。
（使动叠置）

2. 互动态

表示动作、行为、活动等由双方参与，共同完成。在梁河阿昌语中，动词加上表示互动的助词 kɑ³³ 构成动词的互动态，kɑ³³ 可以变读为 kɑ³¹。例如（下划线部分为互动态助词）：

ŋo³¹tuŋ³³　ɑ³¹mã³¹　zi³³tɕin³³　zɑ²³¹　phu³¹　kɑ³¹　xɛi²⁵⁵.
1pl　　　　昨天　　　已经　　　得　　　遇　　REC　TAM：TAM

我们昨天已经见面了。

（四）趋向范畴

表示动作行为的延展方向。在梁河阿昌语中，动词的趋向范畴分为简单趋向范畴与复合趋向范畴两类。

1. 简单趋向范畴

分"向心"和"离心"两种情况。前者使用 lɑ²⁵⁵ "来"，后者使用 lɑ²³¹ "去"。例如（下划线部分为简单趋向动词）：

ŋa²⁵⁵　ta³¹　to³⁵　tsaŋ³³　la̠²⁵⁵　kəu³³.
鸟　　一　　CL　　飞　　　DIR　　TAM
一只鸟飞过来了。

tsa³³　la̠²³¹!
下　　　DIR
下去!

2. 复合趋向范畴

在梁河阿昌语中，表示"向心"趋向的动词 la̠²⁵⁵"来"和表示"离心"趋向的动词 la̠²³¹"去"分别与 ta²³¹"上"、tsa³¹"下"、waŋ³³"进"、thoʔ²⁵⁵"出"、tʂə³¹"回"、ko³³"过"和 thaʔ²⁵⁵"起"组合，后附于谓语核心，指明动作的趋向。例如（下划线部分为复合趋向动词）：

no³¹ – tsa³¹　pai³¹　ko³³ la̠²⁵⁵　kəu³³.
牛 – DIM　　跑　　DIR　DIR　　TAM
小牛犊跑过来了。

naŋ³³　mo³¹tsɿ³⁵　tə³³　pji³¹　thoʔ²⁵⁵　la̠²³¹　εiʔ²⁵⁵.
2sg　　沫子　　　ACC　撒　　DIR　　　DIR　　TAM：IMP
你把沫子撒出去。

（五）关系化

通过在动词核心之后添加助词 εiʔ²⁵⁵/ka³³ 来实现。关系化的动词或动词性短语充任句法结构的定语成分。例如（下划线部分为关系化成分）：

ko³³　khə³³　εiʔ²⁵⁵　tsu³³　so³¹　xəu³⁵　n³¹　so³⁵?
歌　　唱　　PRT　　人　　走　　TAM　NEG　走
唱歌的人走了没有？

ʐu³³　ka³³　thaŋ³¹　ŋa³³khɯ⁵⁵　tɕuε²³¹　εiʔ²⁵⁵.
用　　PRT　　柴　　　有点儿　　潮　　　TAM
用的柴有点儿潮湿。

（六）存在动词

表示人、事件、事物等的存在或者领有①。存在动词具有及物性、封闭性的特征。

在梁河阿昌语中，典型的存在动词包括 tə³¹ "在"、pa³³ "有"、nai³³ "在"、luŋ³³ "在"、nai⁵⁵ "使⋯在" 和 luŋ⁵⁵ "关" 等。

tə³¹ "在" 表示有生个体、物品等存在于某处。例如（下划线部分为存在动词，下同）：

naŋ³³　xa⁵⁵tɕhi³³　kə³³tə³³　tə̱³¹？
2sg　　现在　　　哪里　　　在

你现在在哪里？

pa³³ "有" 表示有生个体对人、事或物品的领有。例如：

ʂaŋ³¹　mə³¹　ta³¹　zu³¹　thɛi⁵⁵　pa̱³³　nɛi⁵⁵.
3sg　　孙子　一　　CL　　只　　　有　　TAM：PROG

他只有一个孙子。

nai³³ "在" 表示有生个体、物品等存在于某个非封闭性的空间。例如：

ŋo³¹tuŋ³³　tʂɯŋ³¹-tha³¹　tə³³　thuŋ³³　na̱i³³　nɛi⁵⁵.
1pl　　　　山-LOC　　　POST　都　　　在　　　TAM：PROG

我们都在山上。

phɛn³¹-tha³¹　tə³³　tʂɻ³³　zi³¹ɕɛ³³　na̱i³³　nɛi⁵⁵.
桌-LOC　　　POST　水　　一些　　　存在　　TAM：PROG

桌上有一些水。

luŋ³³ "在" 表示有生个体、物品等存在于某个封闭或半封闭的空间里。例如：

ŋa⁵⁵-tsa³³　ŋa⁵⁵sut³¹　tə³³　lu̱ŋ³³　nɛi⁵⁵.
鸟-DIM　　 鸟窝　　　POST　在　　　TAM：PROG

小鸟在鸟窝里。

---

① 表示人、事件和事物等存在或领有的动词性谓语句叫 "在" 字句。

nɑi⁵⁵"使…在"与nɑi³³相对，表示有生个体、物品等受外力存在于某个非封闭的空间里。例如：

nɑŋ³³　u³¹tɕɛ̃³³　tə³³　xɑi⁵⁵thɑʔ²⁵⁵　tə³³　n̠ɑi⁵⁵　ɑʔ²⁵⁵.

2sg　东西　ACC　这里　POST　使…在　TAM：IMP

你把东西放这里啊！

luŋ⁵⁵"关"，与luŋ³³相对，表示有生个体受外力存在于某个封闭或半封闭的空间里。例如：

tɕɑʔ³¹khun³¹-khɑu³¹　tə³¹　tɕɑʔ³¹-tsɑ³⁵　sɿ⁵⁵　to³³　lu̠ŋ³¹　nɛiʔ²⁵⁵.

鸡笼-LOC　POST　鸡-DIM　两　CL　关　TAM：PROG

鸡笼里关着两只小鸡。

（七）判断动词

也称系词。梁河阿昌语的ŋɛ²⁵⁵"是"为固有的判断动词，具有非及物性，不具有指派论元的能力。在句法操作中，ŋɛ²⁵⁵"是"后置于名词性成分（名词、代词和数量短语等），表示言说者对某一对象本身或某一对象的性质、状态等的判断，含有肯定、强调的语气。

在表示判断的肯定式陈述句中，ŋɛ²⁵⁵"是"可以单独出现，也可隐含，二者语义平行。ŋɛ²⁵⁵可以变读为ŋɛ²³¹。例如（下划线部分为判断动词，下同）：

xɑ³³-tʂu⁵⁵　lɑu³³tɕɛ̃³³sã³³　ŋ̠ɛ²³¹　ɛi²⁵⁵. （"是"单独出现）

这-DEF　老尖山　COP　TAM

这是老尖山。

xɑ³³-tʂu⁵⁵　lɑu³³tɕɛ̃³³sã³³. （"是"隐含）

这-DEF　老尖山

这是老尖山。

在否定句中，判断动词ŋɛ²⁵⁵"是"为强制性共现成分。例如：

xɑ³³-tʂu⁵⁵　ŋɑi³⁵　u³¹tɕɛ̃³³　m³¹　ŋ̠ɛ²⁵⁵.

这-DEF　POSS：1sg　东西　NEG　COP

这不是我的东西。

（八）助动词

表示能力、意愿和可能等意义。助动词大多前置于动词性成分，个别助动词用在动词性成分之后。在梁河阿昌语中，助动词属于封闭性词类，典型成员包括 taŋ^{33}/tɕaŋ^{33}/ta^{33} "能、会"、khui^{ʔ55}/ʑin^{33} kai^{33} "应该"、ka^{31}/ʐau^{33} "要" 和 khut^{55} "掉" 等（例句见本章相关内容）。

（九）心理动词

指的是表示"爱""恨""想""觉得"等心理活动类的动词。梁河阿昌语的心理动词为封闭性小类，主要包括 lau^{33} "爱/喜欢"、ŋaŋ^{31} na^{33} "觉得"、ɕɛ^{31} "知道" 等（例句见本章相关内容）。

（十）动词的句法功能

主要充当句法成分的谓语，此外，也可充当状语、补语等。例如：

ʂaŋ^{31}　ŋa^{31}ʂa^{31}　u^{55}　la^{255}　ɛi^{255}. （动词 u^{55} 做谓语）
3sg　　鱼　　　　买　DIR　PROS
他要去买鱼。

a^{31}tsa^{35}　ŋau^{33}　na^{33}　ka^{33}　a^{31}n̩it^{31}　tə^{33}　kai^{33}　ɛi^{255}.
孩子　哭　PROG　CONJ　妈妈　ACC　说　TAM
孩子哭着对妈妈说。
（动词 ŋau^{33} 做状语）

kua^{231}　tə^{33}　pa^{255}　ʂa^{231}　xəu^{35}. （动词 ʂa^{231} 做补语）
老鼠　ACC　打　死　TAM
老鼠被打死了。

动词（包括动词短语）关系化后可以充当句法结构的定语，语序为"动词/动宾短语 + ɛi^{255}/ka^{33} + 名词中心语"（例句见本章相关内容。）

二 形容词

表示事物的性质、状态、特征以及属性等意义，具有连续性的抽象语义特征。

（一）形容词的程度加强

主要通过添加副词、叠音成分、重叠式和四音格式等来实现。例如

(下划线部分为形容词程度加强的实现方式)：

wɑ²³¹ – ma³¹   pjau³¹   kaŋ³¹. （加副词）
猪 – FEM   肥   很
母猪很肥。

ʐin³³ – khau³¹   tə³³   <u>tɯŋ³³ tɯŋ³³</u>   tɕit³¹   ɛi⁇⁵⁵. （加配音的叠音成分）
屋 – LOC   POST   （配音）   黑   TAM
屋里黑漆漆的。

tʂʅ³³ ma⁵⁵   a³¹ ʐaŋ³¹   tə³³   xã³³   <u>m ɛ̃³¹ m ɛ̃³¹</u>   phu³³   ɛi⁇⁵⁵.
路   旁边   POST   霜   （状貌）   白   TAM
路边的霜白蒙蒙的。
（加状貌的叠音成分）

ʂuk⁵⁵   xəu⁵⁵   paŋ³³   <u>mjin⁵⁵ mjin⁵⁵</u>   kəŋ³¹   ɛi⁇⁵⁵. （加形容词重叠式）
树   那   CL   矮   矮   很   TAM
那棵树很矮。

kha³³ nai³³   tʂɯŋ³¹ – tha²³¹   tə³³   <u>tʂhaŋ³¹ kɯ⁵⁵ tʂhaŋ³¹ kaŋ³¹</u>.
今天   山 – LOC   POST   冷   大   冷   很
今天山上冷飕飕的。
（加四音格式）

（二）形容词的状貌

通过在单音节形容词及其重叠式（AA）的前面加上具有情状描摹性的叠音成分来实现。形容词的状貌分为 AAB 式（ʂɯŋ³³ ʂɯŋ⁵⁵ ȵau³³ "绿油油"）和 AABB 式（tun³³ tun³³ xə³³ xə³³ "黄灿灿"）。

（三）形容词的重叠

大多数的形容词都有表示性状程度加强的重叠形式。形容词的重叠式主要包括 AA 式（kɯ³¹ kɯ³¹ "大大"）、ABB 式（a³¹ kɯ³¹ kɯ³¹ "大大"）、ABAB 式（a³¹ tsə³¹ a³¹ tsə³¹ "窄窄"）和 AABB 式（kau³³ kau⁵⁵ ɕin³⁵ ɕin³⁵ "高高兴兴"）。

（四）形容词的句法功能

主要充当句法结构的定语，此外，还可充任谓语、状语和补语。例如：

ɑ³¹pə³⁵　khɯ³³tin³³　ɑ³¹–nɑ²³¹　ut³¹　lau³³　εi²³¹.
嫂子　　鞋子　　　PRE–黑　　穿　　喜欢　HAB
嫂子喜欢穿黑色的鞋子。
（ɑ³¹nɑ²³¹充当定语）

tʂɯŋ³¹–thɑ²³¹　tə³³　tʂɑ³¹ʂɿ³¹　tʂhaŋ³¹　nεi²⁵⁵.
山–LOC　　　POST　相当　　　冷　　　TAM：PROG
山上相当冷。
（tʂhaŋ³¹充当谓语）

tɑ³¹　luɑ̃³³　kai³³　ɑ²⁵⁵.　　（luɑ̃³³充当状语）
PROH　乱　　说　　TAM：IMP
别乱说啊！

pə²³¹　lu³³　kɑ³³　wai³³　wai⁵⁵　kəŋ³¹　εi²⁵⁵.　（wai³³wai⁵⁵充当补语）
鸭子　　游　　PRT　远　　远　　很　　　TAM
鸭子游得远远的。

三　动词短语的类别

主要包括动宾短语、动补短语、状中短语、多动词短语和兼语短语五类。例如：

ʑin³³　tə³³　lɑ²³¹　（动宾短语）
家　　ACC　去
回家

tɕɑ³¹　kɑ³⁵　khɑ⁵⁵su³¹lɑ²³¹mεi²⁵⁵　（动补短语）
吃　　PRT　怎么样：TAM

吃得怎么样

tʂɯŋ³¹phja²³¹ tə³³   no³¹   tə³³   tʂau³¹   lɑ²³¹   （状中短语）
山坡   POST   牛   ACC   看   DIR
在山坡上放牛

xaŋ³³   tɕa³¹   xaŋ³³   ʂu²³¹   （多动词短语）
SIM   吃   SIM   喝
边吃边喝

ŋa³³   tə³³   tsa⁵¹   lɑ²³¹   tɕi²³¹   （兼语短语）
1sg   ACC   下   DIR   让
让我下去

第五节　副词及其他封闭性词类

本节对副词及语气词、连词、助词和叹词等进行讨论。

一　副词

指的是修饰、限定谓词性成分的一类词。

（一）副词的分类

主要分为程度副词、范围副词、时间副词、否定副词、语气副词和情状方式副词六类。

1. 程度副词

常见的有 ȵa²³¹ "太"、fɛi³³tʂhaŋ³¹/tʂa³¹ʂʅ³¹ "非常"、tsui³⁵/tin³³ "最"、thai³⁵ "太"、ȵa³³khɯ⁵⁵ "有点、稍微"、xaŋ³³lɑ²³¹xaŋ³³ "越来越"以及 kaŋ³¹ "很"、kɯ³³ "很"等。例如（下划线部分为相应的副词，下同）：

mja³¹   xai³³   tʂuŋ⁵⁵   ȵa²³¹   kha³¹   ɛi²⁵⁵.
药   这   CL   太   苦   TAM

这种药太苦了。

tɕhin³¹ tsɿ³⁵　a³¹-xua³⁵　liaŋ³³pa³³　kaŋ³¹.
裙子　　　　PRE-花　　漂亮　　　很
花裙子很漂亮。

mji³¹　xaŋ³³la²³¹xaŋ³³　kɯ³¹　ɛi²⁵⁵
火　　　越来越　　　　大　　　TAM
火越来越大。

2. 范围副词

典型成员包括 kɯŋ³³kɯŋ⁵⁵ "都"、tsɿ³³ "只" 和 liɛ³³/ʐɛ³³ "也" 等。例如：

ȵi³¹tuŋ³³　kɯŋ³³kɯŋ⁵⁵　ʂu²³¹　khui²⁵⁵.
2pl　　　　都　　　　　 喝　　　AUX
你们都应该喝。

ŋa³³　ʐɛ³³　tɕhɛ̃³³　　　tɕa²³¹　ɛi²³¹.
1sg　 也　　AUX：NEG　 听　　　HAB
我也不爱听。

3. 时间副词

典型成员包括 tshai³⁵ "才"、tɕɛ̃³³/ɕɛ̃³³/ʂɿ²⁵⁵ "先"、i³³lau⁵⁵/tɕin³³tʂhaŋ³¹ "经常"、xai³¹/ʂən³¹ "还"、ʐu³³/tsai³⁵ "再" 和 ʐu³³ "又" 等。例如：

naŋ³³　kha⁵⁵su³¹　tshai³⁵　la²⁵⁵　ɛi²⁵⁵?
2sg　　怎么　　　才　　　 来　　 HAB
你怎么才来啊？

ŋa³³　ʂaŋ³¹　tə³³　n³¹　ʐa³⁵　ça³³　ʂən³¹.
1sg　 3sg　　ACC　 NEG　得　　找　　还
我还没有找到他。

4. 否定副词

包括 n³¹/m³¹ "不/没" 和 tɑ³¹ "别"。例如：

ŋɑ³³　ʂaŋ³¹　tə³³　m³¹　ɕɛ³⁵　ui³¹.
1sg　3sg　ACC　NEG　认识　TAM

我不认识他呀。

tɑ³¹　ɯ³³　kɑ³³！
PROH　闹　REC

别打闹！

5. 语气副词

包括 ɑ³¹kɯŋ³³ "一定"、tau³⁵ti⁵¹ "到底" 和 tʂɻ³³xau⁵¹ "只好" 等。例如：

ʂaŋ³¹　ɑ³¹kɯŋ³³　lɑʔ³¹　xəu³⁵.
3sg　一定　去　TAM

他一定去了。

ŋu³¹tuŋ³³　tʂɻ³³xau⁵¹　so³¹　nɑ³³　kɑ⁵⁵　lɑʔ³¹　ɛiʔ²⁵⁵.
1pl　只好　走　PROG　CONJ　去　HAB

我们只好走着去。

6. 情状方式副词

包括 tɑ³¹tɕhe³³ "一起"、ɑ³¹thiɛ³⁵/tɕin³³tsɻ⁵⁵ "亲自" 和 ɑ³¹thu³⁵ɑ³¹thiɛ³⁵ "独自" 等。例如：

ŋu³¹tuŋ³³　tɑ³¹tɕhe³³　khã³³tɕin³³　tɕɛ³¹　lɑʔ³¹　ɛiʔ²⁵⁵.
1pl　一起　甘蔗　砍　DIR　PROS

我们一起砍甘蔗去。

ʂaŋ³¹　ɑ³¹thu³⁵ɑ³¹thiɛ³⁵　maŋ³¹sɻ³¹　lɑʔ³¹　xɛiʔ²⁵⁵.
3sg　独自一个　芒市　去　TAM：TAM

他独自一个人去芒市了。

（二）副词的句法功能

主要用于充当句法结构的状语（例子见本节相关内容），部分副词还具有句法关联作用（例子见本章第七节相关内容）。

二 其他封闭性词类

（一）语气词

表示一定的语气，用于句尾或者句中的停顿处。语气词还可以分为句中语气词和句尾语气词。

句中语气词用于句内，主要表示陈述语气和祈使语气，也兼用话题标记，典型成员包括 ɛi⁵⁵"呀"（可变读为 nɛi⁵⁵、nɛi³⁵）、a³¹（可变读为 a³³、na³³、ka³³等）"啊"、za⁵⁵"呀"、nɛi³⁵"呢"和 po³¹"吧"等。例如（下划线部分是相应的语气词，下同）：

ŋa³³ nɛi³⁵， tɕu⁵⁵ xai⁵⁵ tha⁵⁵ tə³³ nai³³ na³³.
1sg TAM：TOP 就 这里 POST 坐 PROG
我呢，就在这里坐着。
（表陈述语气）

ȵi³¹ tuŋ³³ a⁵⁵， ta³¹ tshau³³ ka³¹！（表祈使语气）
2pl TAM：TOP PROH 吵 REC
你们啊，不要吵架！

句尾语气词用于句尾，表示"陈述""疑问""祈使"和"感叹"等语气，表示"陈述"的主要有 əu³³、ɛi⁵⁵、ma³³和 ui³¹等，表示"疑问"的主要有 nɛi³⁵、po³⁵、ui³¹、mo³¹、liɛ³¹和 ɛi⁵⁵等，表示"祈使"的主要有 a⁵⁵、ɛi⁵⁵、kaŋ³³、paŋ³¹、ʂaŋ³¹和 tɕi³¹等，表示"感叹"的主要有 ɛi⁵⁵等。例句如下：

a³¹ m ã³¹ pji³³ kha³³ nai³³ kuai³³ ɛi⁵⁵.（表陈述语气）
昨天 COMPR 今天 热 TAM
昨天比今天热。

naŋ³³ nɛi³⁵ xai³¹ ʂɿ³³ ŋa³³ nɛi³⁵？（表疑问语气）
2sg TAM CONJ 1sg TAM：INTROG

你呢还是我呢？

naŋ³³　ŋa³³　tə³³　ɕo²³¹　ku³³　a̱²⁵⁵！　　（表祈使语气）
2sg　　1sg　　ACC　学　　COM　TAM：IMP
你跟我学啊！

xa⁵⁵　khuŋ³¹　tsə³¹　kaŋ³¹　uŋ³⁵　　　waŋ³³　la²³¹　a̱²⁵⁵！
这　　门　　　窄　　很　　AUX：NEG　进　　DIR　　TAM
这门很窄进不去啊！
（表感叹语气）

在梁河阿昌语中，部分祈使类语气词与人称和数相关联，这部分语气词也称谓语助词，典型成员主要包括paŋ³³、kaŋ³¹和ʂaŋ³¹等。

paŋ³³用于第一人称单数，表示言说者的主观意愿。例如：

ŋa³³　naŋ³³　tə³³　lia³³　tɕi²⁵⁵　za²³¹　pa̱ŋ³³！
1sg　　2sg　　ACC　地　　PRT　　扫　　TAM
我来帮你扫地吧！

kaŋ³¹用于第一人称和第二人称复数，表示"商兑""邀约"。例如：

ŋo³¹tuŋ³³　zi³¹　pɛi³³　ʂu²³¹　ka̱ŋ³¹！
1pl　　　一　　CL　　喝　　　TAM
我们干杯吧！

ʂaŋ³¹用于第三人称单数和复数，表示祈使意义。ʂaŋ³¹由代词 ʂaŋ³¹"他/她/它"语法化而来。ʂaŋ³¹可以变读为ʂaŋ³³。例如：

ʂʅ³¹tuŋ³³　tə³³　ɕɛ̃³³　so³¹　ʂaŋ³³.
3pl　　　　ACC　先　　走　　TAM：IMP
让他们先走吧。

（二）连词

连词具有连接作用，典型成员包括ma²⁵⁵/ta²³¹"和"，m³³ʂʅ³¹/xai³¹ʂʅ³³/xã³¹ʂʅ³³"还是"，pu³¹ko³³"不过"，ka³³、tsʅ³³ʂʅ³¹"只要/只有"，pu³¹kuã³³/m³¹kuã³³"不管"，kun³³、ka³³和ɛi²⁵⁵xua³⁵/ɛi²⁵⁵tʂau³³"的话"

等。其中，kun³³、ka³³和 ɛi⁽²⁾⁵⁵xuɑ³⁵/ɛi⁽²⁾⁵⁵tʂau³³ "的话"属于后置性连词，其他属于前置性连词（例子见本章相关内容）。

（三）助词

助词表达语法意义或体现句法结构成分之间的语法关系。助词大多附丽于实词、短语或者处在句末的位置。在梁河阿昌语中，助词可以分为语义范畴助词、语法范畴助词、语法结构助词和语用表达助词等。

1. 语义范畴助词

主要用于标记名词性成分在语句中的语义身份，分为必有论元助词和非必有论元助词。

（1）必有论元助词

主要指的是受事论元助词 tə³³。用于名词性成分后，指明受事。例如（下划线部分是相关助词，下同）：

pha³¹ ʐaŋ³³ tʂɯŋ³¹ tə³³ tɑ²³¹ lau³³ ɛi⁽²⁾³¹.
大叔　　山　　　　　ACC　上　喜欢　HAB

大叔喜欢爬山。

（2）非必有论元助词

主要包括处所/时间论元助词、工具论元助词、源点论元助词、随同关系助词和为动助词等。

处所/时间论元助词 tə³³，用在处所/时间后，指明动作行为发生的处所或者时间。例如：

mji³¹sau³¹　phɛn³¹　tə³³　nai⁵⁵　nɛi⁽²⁾⁵⁵.　（tə³³在处所词后）
书　　　　　桌子　　POST　放　　TAM：IMP

把书放在桌子上啊。

naŋ³³　kuŋ⁵⁵mjaŋ⁵⁵　tə³³　maŋ³¹　ɛi⁵¹　m³¹　maŋ³⁵？
2sg　　晚上　　　　POST　忙　　　TAM　NEG　忙

你晚上忙不忙？

（tə³³在时间词后）

工具论元助词 xa⁵⁵，后附于工具名词，指明动作行为所凭借的工具。

例如：

tʂɿ³³　xɑ³³　zi³¹　xɑ³³　tʂhuŋ³¹　ɑ²⁵⁵！
水　　INS　一　　VCL　冲　　　TAM：IMP

用水冲一下啊！

源点论元助词 khɯ³³，后附于时间或者处所，表示移位的起始点、源点。khɯ³³ 与动词 tɕɛ²³¹ "到" 搭配，组成 khɯ³³……tɕɛ²³¹ "从……到……" 的框式结构。例如：

ŋo³¹tuŋ³³　xɑ⁵⁵thɑ²⁵⁵　khɯ³³　xəu⁵⁵thɑ²⁵⁵　tɕɛ²³¹　so³¹　nɑ³³　ɛi²⁵⁵.
1pl　　　　这里　　　　ABL　　那里　　　　到　　　走　　PROG　HAB

我们从这里到那里可以走着来。

随同关系助词 ku³³ 和 mɑ²⁵⁵/tɑ²³¹，表示同一个语句中两个所指为随同关系。ku³³ 用在谓词核心后，大多与宾格标记 tə³³ 共现。例如：

tsu³³　xəu⁵⁵　tiu²³¹　nɑŋ³³　tə³³　ŋɑ³¹tshɑŋ³¹tʂɑu³³　ɕo²³¹　ku³³　ɛi²⁵⁵.
人　　那　　一：CL　2sg　　ACC　阿昌话　　　　　　学　　COM　HAB

那一个人跟你学阿昌语。

mɑ²⁵⁵ 是固有词，后置或前置于指人的名词和人称代词；tɑ²³¹ 是汉借词，用于指人的名词和人称代词前。例如：

ŋɑ³³　ʂaŋ³¹　mɑ²⁵⁵　m³¹　ɕɛ³⁵.
1sg　　3sg　　COM　NEG　认识

我跟他不认识。

nɑŋ³³　tɑ²³¹　ɑ³¹sɑi³⁵　tɑ³¹tɕhɛ³¹　lɑ²³¹　ɛi²⁵⁵.
2sg　　COM　哥哥　　一起　　　洗　　　HAB

你跟哥哥一起走。

为动助词 tɕi²⁵⁵，附于谓语动词核心，指明动作、行为、活动等的受益者，大多与受事论元助词 tə³³ 共现。例如：

ʂuŋ³⁵　　　　ɑ³¹pə³⁵　tsɑi³³　ŋu³¹　　　tə³³　ɑu³³　tɕi²⁵⁵　kəu³³.
POSS：3sg：家　嫂子　　酒　　POSS：1sg：家　ACC　酿　　BEN　　TAM

他嫂子为我家酿了酒。

tsu³³ maŋ⁵⁵　tɕa³³　ŋa³³　tə³³　taŋ³³　tɕi⁽²⁾⁵⁵　kəu³³.
老人　　　饭　　1sg　ACC　做　　BEN　　TAM
老人为我做了饭。

2. 语法范畴助词

后置于谓词性成分、名词性成分，表示动作行为或事件存在的状态，主要包括体助词（例子见本章第四节相关内容）、互动态助词（例子见本章第四节相关内容）和示证助词。

示证助词 tɕɛ²³¹，用于句末，表示事件由转述而来，非言说者亲见。例如（下划线部分是相关助词）：

tsu³³　xəu⁵⁵　tiu²³¹　pja²³¹　kaŋ³¹　ɛi⁽²⁾⁵⁵　tɕɛ²³¹.
人　　那　　一：CL　狡猾　　很　　TAM　　EVID
听说那个人很狡猾。

naŋ³³　phjɛ⁵¹tshai³⁵　tɕa³¹　lau³³　ɛi⁽²⁾⁵⁵　tɕɛ²³¹.
2sg　　苤菜　　　　吃　　爱　　HAB　　EVID
听说你喜欢吃苤菜。

3. 语法结构助词

在句法结构中主要用于协助相关成分组成各类语法关系。语法结构助词可以分为定语助词、状语助词、补语助词、名物化助词和比较助词以及中心词前关系小句的标记助词等。

定语助词 ɛi⁽²⁾⁵⁵ 和 ka³³，用在定语后，指明定语，ka³³ 常变读为 ka³⁵。例如（下划线部分是相关助词，下同）：

tʂɯŋ³¹-tha²³¹　ɛi⁽²⁾⁵⁵　tɕi³¹　ʐa³¹　ŋa³¹　kɯ³³.
山-LOC　　　　PRT　竹鸡　多　　很
山上的竹鸡很多。

xa⁵⁵　ȵa²³¹　la³³　ʂu²³¹　ka³⁵　tsəŋ³³.
这些　　TOP　喝　　PRT　东西
这些是喝的东西。

状语助词 tsa³³，用在形容词重叠式后，前指状语成分。例如：

ʂaŋ³³ ʂaŋ⁵⁵ tsa³³ tsuai³³
薄　　薄　　ADV　切

薄薄地切

补语助词 ka³³，前置于补语成分，在语流中可以变读为 ka³⁵。例如：

a³¹tsa³⁵　ku³³　nai⁵⁵　nai³³　thuŋ³³　ʑit³¹　ka³⁵　kə³³　kaŋ³¹.
孩子　　每　　天　　天　　都　　睡　　PRT　好　　很

孩子每天都睡得很好。

名物化助词 ɛiʔ²⁵⁵ 和 ka³³，用于谓词性成分后，帮助谓词性成分实现指称化，构成名物化结构。例如：

m̥jaŋ³³ – ɛiʔ²⁵⁵　高的　　　ʂuʔ³¹ – ka³⁵　喝的
高 – NMLZ　　　　　　　喝 – NMLZ

比较助词包括等比助词和差比助词，主要包括 maʔ²⁵⁵、kʰɯ³³ maʔ³¹ 和 paʔ³³ 等（例子见本章第六节相关内容）。

中心词前关系小句①的标记助词 xa³³，用在关系小句中的主语之后，谓语核心之前，指明中心词前关系小句的主语。例如：

naŋ³³　xa³³　tu³¹　ka³³　kã³¹tɕin³¹　kə³³tə³³　tə³¹?
2sg　PREH　挖　PRT　黄鳝　　　哪里　　在

你挖的黄鳝在哪里？

4. 语用表达助词

后附于词、短语或句子，表示特定的语用偏向，包括专用性的话题助词、强调助词和焦点助词等。

话题助词 la³³、kun³³ 和 ʂɿ³¹，后置于话题成分，指明话题（例子见本章第六节相关内容）。

强调助词 xa³³，用以凸显施事等。例如（下划线部分是相关助词，下同）：

tɕaʔ²³¹ – tsa³⁵　la³³　kuaʔ²³¹　xa³³　　　kʰəʔ²³¹　ʂaʔ²⁵⁵　kəu³³.
鸡 – DIM　TOP　老鼠　AGT：EMPH　咬　　死　　TAM

---

① 指的是从句所修饰的中心词在从句中所占据的语法位置，可以是主语、宾语等，也可以是同指的空位或者代词。

小鸡是被老鼠咬死的。

（xɑ³³强调施事 kuɑ²³¹）

焦点助词 li³³/liɛ̃³³，用于受事后，凸显常态、常理或差异，指明对比焦点，并表达一定的主观性。例如：

a³¹ tsa³⁵ tɕa³³ li³³ m³¹ tɕa³¹ tɕu⁵⁵ pai³¹ tho²⁵⁵
孩子 饭 PRT：EMPH NEG 吃 就 走 DIR

lɑ²³¹ xəu³⁵.
DIR TAM

孩子连饭也没吃就跑出去了。

ʂuŋ³⁵ a³¹ pə³⁵ kha⁵⁵ su³¹ mu³¹ tʂɿ³¹ liɛ̃³³ n³¹
POSS：3sg：家 嫂子 怎么 筒裙 PRT：EMPH NEG

taŋ³⁵ ʐa²⁵⁵？
AUX 织

他嫂子怎么连筒裙也不会织？

（四）叹词

表示"呼唤""诧异""感叹"等之类的情感，用在句首，与后续语句之间有短暂的语音停顿，是游离于句法结构外的一种独立性的成分。例如（下划线部分为叹词）：

ai³³！ tsa³³ tsa³³ tɕa³¹ ɛi³⁵. （"呼唤"类叹词）
INTER 慢慢 吃 TAM

哎！慢慢吃。

mɛ³¹ mɛ³¹！ mau³¹ wa³³ nəu³¹！ （"诧异"类叹词）
INTER 雨 下 TAM

啊！下雨了！

ai³³ ʐo²³¹！ ʂaŋ³¹ pji³³ ŋa³³ ʐa²³¹ ka³³ tshuã³³ ɛi²⁵⁵.
INTER 3sg COMPR 1sg 编 PRT 快 TAM

哎哟！他比我编得快啊。

("感叹"类叹词)

第六节　简单结构

本节对梁河阿昌语的句类、句型和句式进行讨论。

一　句类

指基于语气对句子的一种语用性分类，分为陈述句、疑问句、祈使句和感叹句四类。

(一) 陈述句

对事物、事件等进行叙述和说明，使用陈述语调。例如：

ʂaŋ³¹　la³³　a³¹tsa³⁵　ɛi⁵⁵　nuŋ³³sai³³　ȵɛʔ³¹　ɛiʔ⁵⁵.
3sg　TOP　孩子　GEN　表哥　　　COP　TAM
他是孩子的表哥。

kha³³nai³³　mau³¹　phuŋ³¹　xəu³⁵.
今天　　　天　　　晴　　　TAM
今天天晴了。

(二) 疑问句

表示疑问或反诘，使用疑问语调、疑问词或者语气词。例如：

naŋ³³　za̱ʔ³¹　ca³⁵　xəu³⁵　liɛ³¹?
2sg　　得　　找　　TAM　TAM：INTROG
你找到了吗?

tsu³³　xəu⁵⁵　tiu ʔ³¹　la³³　khiuʔ⁵⁵?
人　　那　　一：CL　TOP　谁
那一个人是谁?

naŋ³³　kha⁵⁵su³¹　cɛ³¹　nɛiʔ⁵⁵?
2sg　　怎么　　　知道　TAM：INTROG

你怎么知道呢？

（三）祈使句

表示"请求""命令""告诫"等。例如：

ŋo³¹ tuŋ³³　laʔ³¹　paŋ³¹.　（表示"请求"）
1pl　　　去　　TAM

我们去吧。

ȵi³¹ tuŋ³³　kə³¹ʂɿ³⁵　so³¹　aʔ⁵⁵！　　（表示"命令"）
2pl　　　赶快　　　走　　TAM：IMP

你们赶快走啊！

ȵi³¹ tuŋ³³ sɿ⁵⁵ ʐuʔ⁵⁵　taʔ³¹　　ŋau³¹　kaʔ³¹！（表示"告诫"）
2dl　　　　　　　PROH　闹　　　REC

你俩别闹！

（四）感叹句

表示"惊讶""喜爱""厌恶"等情绪。例如：

mɛ³¹ mɛ³¹，tʂɿ³³ laŋ³³ – khau³¹　nu³³　paʔ³³　ɛiʔ²⁵⁵！（"惊讶"类）
INTER　　　河 – LOC　　　　　　水蛭　　有　　　HAB

哎呀，河里有水蛭！

m³¹，　pja³¹ ʂa³¹　ŋaʔ³³　tɕa³¹　lau³³　ɛiʔ²⁵⁵！（"喜爱"类）
INTER　蜂蛹　　　1sg　　吃　　　喜欢　　HAB

嗯，蜂蛹我喜欢吃呀！

ȵit³¹，　ʂɿ³¹ tuŋ³³　la³³　khiaŋ⁵¹！（"厌恶"类）
INTER　　3pl　　　　TOP　什么

哼，他们算什么！

二　句型

指句子的结构类型，分为主谓句和非主谓句。

（一）主谓句

指的是由主语、谓语构成的句子，分为动词性谓语句、形容词性谓语句、名词性谓语句和主谓谓语句。

1. 动词性谓语句

包括动词谓语句、述宾谓语句和述补谓语句三种。

（1）动词谓语句

动词谓语句中的谓语核心只关涉单一论元，为一价动词。例如：

mɯŋ³³　lun³¹　nɛi⁵⁵.
地　　　动　　TAM：PROG
地震了。

（2）述宾谓语句

述宾谓语句中的谓语核心为二价或三价动词，分别与两个或三个论元关涉。根据谓语核心在句法结构中所关涉宾语的数量，述宾谓语句还可以再分为单宾谓语句和双宾谓语句。

单宾谓语句指谓语核心为二价动词，只与一个宾语关涉的动词性谓语句。例如：

ŋo³¹tuŋ³³　ko³³　n³¹　taŋ³⁵　khə³³.
1pl　　　　歌　　NEG　AUX　　唱
我们不会唱歌。

双宾谓语句指的是谓语核心具有［＋给予］［＋获得］语义特征的三价动词，与两个宾语关涉的动词性谓语句。其中，表"物"的是直接宾语，表"人"的是间接宾语。例如：

ʂaŋ³¹　ŋa³³　nɯŋ⁵⁵ka³¹　ta³¹　ku³³　tɕi²³¹　ɛi⁵⁵.
3sg　　1sg　　石头　　　　一　　CL　　给　　　HAB
他给我一块石头。

（3）述补谓语句

指的是由述补短语构成的谓语句。例如：

naŋ³¹　tɕa³¹　ka³¹　ŋa̠ʔ³¹　xəu³⁵.
2sg　　吃　　PRT　多　　　TAM
你吃多了。

2. 形容词性谓语句

指的是形容词或形容词性短语充任谓语的句子，分为形容词谓语句和形补谓语句。例如：

ʂaŋ³⁵　　a³¹luai³⁵　ŋa̠ʔ³¹　kaŋ³¹　ɛiʔ⁵⁵.（形容词谓语句）
POSS：3sg　主意　　多　　　很　　　TAM
他的主意很多。

ʑi³³ʂui³³　ŋa̠ʔ³¹　thaʔ⁵⁵　laʔ⁵⁵　kəu³³.（形补谓语句）
雨水　　　多　　　DIR　　DIR　　TAM
雨水多起来了。

3. 名词性谓语句

指的是由名词、代词、名词短语或数量短语等充任谓语的句子，分为名词谓语句、代词谓语句和数量谓语句。例如：

kha³³nai³³　tuã³³u⁵⁵.（名词谓语句）
今天　　　　端午
今天是端午。

xa³³－tʂu⁵⁵　la³³　khiaŋ⁵¹?（代词谓语句）
这－DEF　　TOP　什么
这是什么？

ta³¹　thaŋ³³　ta³¹　luŋ³⁵.（数量谓语句）
一　　CL　　　一　　CL
一块钱一个。

4. 主谓谓语句

指的是主谓短语充当谓语的句子。例如：

xəu⁵⁵　mɯŋ⁵⁵　la³³　ŋa³³　m³¹　laʔ³¹　wa³³.
那　　　地方　　　TOP　1sg　NEG　去　　EXP

那个地方我没有去过。

（二）非主谓句

由主谓短语以外的短语或光杆词语构成，分为名词性非主谓句、动词性非主谓句、形容词性非主谓句和叹词句。例如：

pha³¹ʐaŋ³³！（名词性非主谓句）
叔叔
叔叔！

tho²⁵⁵ la²³¹！（动词性非主谓句）
出　　　DIR
出去！

kaŋ³¹ xəu³⁵！（形容词性非主谓句）
坏　　　TAM
坏了！

mɛ³¹mɛ³¹！（叹词句）
INTER
哎呀！

三　句式

主要包括兼语句、多动词句、比较句、话题句和存在句等。

（一）兼语句

指的是由兼语短语充当句法结构谓语核心的动词性谓语句。兼语句中的谓语由动宾短语套接主谓短语构成，动宾短语的宾语兼做主谓短语的主语。兼语句的第一个谓语（即动宾短语的谓语）由具有［+命令］［+指使］［+要求］语义特征的动词充当，常见的有 tɕi²³¹"让"、kɯ³³"叫"、sai³³"使"、phai³³"派"和 ça³¹"求"等。例如（下划线部分为具有［+命令］［+指使］［+要求］语义特征的动词）：

la²³¹tuat⁵⁵ ŋa³³ tə³³ waŋ³³ la²³¹ tɕi²³¹.
老师　　　1sg　ACC　进　 DIR　让

老师让我进去。

ȵi³¹ tuŋ³³　ʂaŋ³¹　　tə³³　　ta³¹　　kɯ³³　　la²⁵⁵.
2pl　　　3sg　　　ACC　　PROH　喊　　　DIR
你们别喊他过来。

kha⁵⁵ ʐu²³¹ xa³³　　　　naŋ³³　tə³³　　sai³³　la²³¹　ɛi²⁵⁵?
谁　　AGT：EMPH　　2sg　　ACC　　支使　来　　HAB
是谁支使你来的？

（二）多动词句

指的是由同一个主语的两个或者两个以上的谓语动词连用构成的动词性谓语句。例如：

no³¹　xəu⁵⁵　to³³　ŋa³³　tə³³　tʂɿ²³¹tʂɿ³³　tshaŋ³¹　so³¹　nɛi²⁵⁵.
牛　　那　　CL　　1sg　ACC　一直　　　跟　　　走　　TAM：PROG
那头牛一直跟着我走。

（三）比较句

比较句是"胜过""不及""等同"等语义范畴在句法结构层面上的投射，可以分为差比句和等比句。

比较句式共有四个参项：比较主体（主体）、比较基准（基准）、比较标记（标记）和比较结果（结果）。以差比句为例：

ku³³ tshu²⁵⁵　ʑi³¹ nɯk³¹　khɯ³³ ma²³¹　kuai³⁵　ɛi²⁵⁵.
今年　　　　去年　　　　COMPR　　　热　　　TAM
（主体）　　（基准）　　（标记）　　（结果）
今年比去年热。

其中，比较主体是被比较、被表述的对象，以充当主语或话题为常；比较基准是比较的参照对象；比较结果是比较的性质、属性或程度；比较标记是引出比较基准或比较从句的语法标记。

1. 差比句

差比句是表示"胜过""不及"类的语义范畴在句法层面上的投射。

(1) 结构形式

"主体 + 标记 + 基准 + 结果"例如：

m̥jaŋ³³ za̢ʔ⁵⁵   pji³³   m̥jin⁵⁵ za̢ʔ⁵⁵   liaŋ³¹   ɛiʔ²³¹.
高处   COMPR   低处   凉快   TAM

高处比低处凉快。

"主体 + 基准 + 标记 + 结果"例如：

tɕhin³³   xa³³   tʂu⁵⁵   xəu³³   tʂu⁵⁵   khɯ³³ mɑʔ²³¹   nuk³¹   ɛiʔ²⁵⁵.
米   这   CL   那   CL   COMPR   嫩   TAM

这种米比那种嫩。

"主体 + 基准 + 结果 + 标记"例如：

ʂaŋ³¹   ŋa³³   tə³³   m̥jaŋ⁵⁵   pɑ³³   ɛiʔ²³¹.
3sg   1sg   ACC   高   COMPR   TAM

他有我高。

(2) 结构成分

包括比较主体、比较基准、比较结果和比较标记。

比较主体和比较基准主要由体词性成分充任。例如（下划线部分为比较主体和比较基准）：

tɕɛ³³   a³¹nuŋ³¹   tə³³   tɕhɛk⁵⁵   ɛiʔ²⁵⁵.
姐姐   弟弟   COMPR 勤快   TAM

姐姐比弟弟勤快。

比较结果主要由形容词性成分充任。例如（下划线部分为比较结果）：

lu³¹   pji³³   no³¹   kɯ³¹   ɛiʔ²³¹.
水牛   COMPR   黄牛   大   TAM

水牛比黄牛大。

梁河阿昌语的比较标记主要包括 pji³³、khɯ³³mɑʔ²³¹、tə³³ 和 pɑ³³ 等。其中，pji³³ 和 pɑ³³ 是后起的汉借标记，khɯ³³mɑʔ²³¹ 和 tə³³ 是固有标记。pɑ³³、khɯ³³mɑʔ²³¹ 和 tə³³ 分别由实义动词经语法化而来。khɯ³³mɑʔ²³¹ 和 tə³³ 的语法化程度高，属于高度语法化成分，pɑ³³ 的语法化程度低，属于浅度语法化成分，pɑ³³ 仍具有部分动词语义的荷载，可以与助词 tə³³ 共现（例子见本节相关内容)。

（3）否定形式

在比较结果之前加用 m³¹ 或者 n³¹，否定的辖域仅限于比较结果。例如（下划线部分为否定标记）：

tʂɯŋ³¹　　xəu⁵⁵　　to³³　　pji³³　　　xai⁵⁵　　to³³　　m̠³¹　　mjaŋ³³.
山　　　　那　　　 CL　　COMPR　　这　　　 CL　　NEG　　高

那座山不比这座高。

2. 等比句

等比句是表示"等同"类语义范畴在句法结构层面上的投射。

（1）结构形式

"主体 + 标记₁ + 基准 + 标记₂ + 结果"例如：

tɕɛ³³　　m̥a²⁵⁵　　naŋ³³　　ta³¹tɕhɛ³³　　mjaŋ³³　　ɛiʔ²⁵⁵.
姐姐　　COMPR　　妹妹　　一样　　　　 高　　　　 TAM

姐姐跟妹妹一样高。

"主体 + 基准 + 标记₁ + 标记₂ + 结果"例如：

pja³¹ʂa³¹　　wa²³¹pau³¹　　m̥a²⁵⁵　　ta³¹tɕhɛ³³　　tɕa³¹kɛiʔ²⁵⁵.
蜂蛹　　　　竹节虫　　　　COMPR　　一样　　　　 好吃：TAM

蜂蛹跟竹节虫一样好吃。

（2）结构成分

比较主体与比较基准主要由体词性成分充任，例如（下划线部分为比较主体和比较基准）：

tsu³³　xa⁵⁵　tiu²³¹　　ma²⁵⁵　　xəu⁵⁵　tiu²³¹　　zi³¹ʐaŋ³³　xai³³　ɛiʔ²⁵⁵.
人　 这　 一：CL　　COMPR　　那　　一：CL　　一样　　　 瘦　　 TAM

这一个人跟那一个人一样瘦。

比较结果主要由光杆形容词充任，例如（下划线部分为比较结果）：

aŋ³¹tʂa²⁵⁵　　m̥a²⁵⁵　　ʂa³¹tɕhu³⁵aŋ³¹　　ta³¹tɕhɛ³³　　ɕin³³ɕɛ̃³³.
青菜　　　　COMPR　　油菜　　　　　　一样　　　　 新鲜

青菜和油菜一样新鲜。

比较标记有 mɑʔ⁵⁵……tɑ³¹tɕhɛ³³/mɑʔ⁵⁵……zi³¹ʐaŋ³³/tɑʔ³¹……zi³¹ʐaŋ³³ "跟……一样"（例子见本节相关内容）。

（3）否定形式

在比较结果的前面加上 m³¹ 或 n³¹，否定的辖域是比较标记的后半部分。例如（下划线部分为否定标记）：

kha³³nai³³　a³¹mã³¹　m̥ɑʔ⁵⁵　tɑ³¹tɕhɛ³³　<u>n³¹</u>　tʂhaŋ³⁵.
今天　　　昨天　　COMPR　一样　　NEG　冷
今天跟昨天不一样冷。

（四）话题句

由话题与评述构成，话题是叙述的起点，表示已知信息，评述是叙述的核心和延续，表示未知信息。

1. 话题的分类

可以从标记、数量以及语义等角度对话题进行分类。

（1）话题的标记分类

根据有无标记，可以将梁河阿昌语的话题分为有标记话题和无标记话题。例如：

ʂaŋ³¹　la³³　ŋai³⁵　tɕɛ³³.　（有标记话题）
3sg　　TOP　POS：1sg　姐姐
他是我的姐姐。

xai³³　tʂu⁵⁵　ʂui³³ko⁵⁵　ɳa³³khɯ⁵⁵　pã³³　ɛiʔ⁵⁵.　（无标记话题）
这　　CL　　水果　　　有点儿　　　涩　　TAM
这种水果有点儿涩。

（2）话题的数量分类

根据数量的多少，可以将梁河阿昌语的话题分为单话题和双话题，其中，单话题较多，双话题较少。

单话题指的是一个句子中只有一个话题。在单话题结构中，话题占据句首的位置，是言说者双方共享的已知信息。例如（下划线部分为话题）：

<u>ʐa³³maŋ⁵⁵　xəu⁵⁵　tiu²³¹</u>　la³³　ŋai³⁵　　nai³³thui⁵⁵.
老太太　　　那　　一：CL　TOP　POSS：1sg　姑姑

那一个老太太是我姑妈。

双话题指的是一个句子中同时具有两个话题。在双话题结构中，一个话题固定于句首，另一个处在句内。双话题结构可以记作 $T_1 + [T_2 + C_2] + C_1$，其中，T_1 和 T_2 分别表示第一话题和第二话题，C_2 是 T_2 评述部分，C_1（即 $[T_2 + C_2]$）是 T_1 的话题。例如（下划线部分为话题）：

ʂaŋ³¹   nut⁵⁵   ŋuai³¹   xəu³⁵.
3sg   嘴   歪   TAM
他嘴巴歪了。

上述例句是一个双话题结构。在该双话题结构中，ʂaŋ³¹ 是第一话题，处于句首，nut⁵⁵ 是第二话题，处在句内，ŋuai³¹ 是 nut⁵⁵ 的评述部分。

（3）话题的语义分类

根据语义关系的不同，可以将梁河阿昌语的话题分为论元共指性话题、拷贝式话题、语域式话题及分句关系话题等。

论元共指性话题，指的是与评述部分中某个论元或相应空位有共指关系的成分充当话题。例如（下划线部分为论元共指性话题）：

tsu³³ xɑ⁵⁵ tiuʔ³¹   lɑ³³   ŋo³¹tuŋ³³   ʂaŋ³¹   ɕɛ³¹   nɛiʔ⁵⁵.
人   这   一：CL   TOP   1pl   3sg   认识   TAM：PROG
这一个人我们认识他。

tsu³³ xɑ⁵⁵ tiuʔ³¹   lɑ³³   ŋo³¹tuŋ³³   ɕɛ³¹   nɛiʔ⁵⁵.
人   这   一：CL   TOP   1pl   认识   TAM：PROG
这一个人我们认识。

在上述话题句里，tsu³³xɑ⁵⁵tiuʔ³¹（"这一个人"）充当话题，该话题与 ʂaŋ³¹（"他"）形成共指关系，ʂaŋ³¹（"他"）也可以不出现。

拷贝式话题，主要指的是由谓词性成分充当的话题。谓词性成分充当话题以谓词的拷贝形式出现，含有焦点对比的语义特征。例如（下划线部分为拷贝式话题）：

tʂau³¹kə³³   lɑ³³   tʂau³¹kə³³,   pu³¹ko³³   ŋa³¹   kɑ³³   ɛiʔ⁵⁵.
好看   TOP   好看   LNK   太   贵   TAM
好看是好看，不过太贵了。

语域式话题，主要指的是表示时间、处所类的成分充当话题。例如（下划线部分为语域式话题）：

tshu⁵⁵ – tshau³³ – ma³³ – khau³³， tʂɯŋ³¹ – tha³¹   tə³³   la³¹
年 – 早 – AUG – SUFF：时候   山 – LOC   POST   豹子

ta³¹   to³⁵   pa³³   nɛi⁵⁵.
一   CL   有   TAM：PROG

古时候，山上有一只豹子。

（时间成分 tshu⁵⁵tshau³³ma³³khau³³ 做话题）

xai⁵⁵   mɯŋ⁵⁵   la³³   tsu³³   m³¹   pa³⁵. （处所成分 xai⁵⁵mɯŋ⁵⁵ 做话题）
这   地方   TOP   人   NEG   有

这地方没人。

分句关系式话题，指的是状语小句充当话题。例如（下划线部分为分句关系式话题）：

tʂɿ³³ʂɿ³¹   naŋ³¹   la³¹   kun³³，ŋa³³   tɕu⁵⁵   la³¹.
LNK   2sg   去   TOP   1sg   就   去

只要你去，我就去。

2. 话题成分

指的是能够充当话题的音段成分。作为叙述的出发点与交际双方共享的已知信息，话题成分具有实义性、定指性的特征。

体词性成分充任话题的，例如（下划线部分为话题，下同）：

naŋ³⁵sɯŋ³⁵xo³¹   la³³   tɕu⁵⁵   tso³³pjɛ̃³³   tə³¹.
曩宋河   TOP   就   左边   在

曩宋河就在左边。

谓词性成分充当话题的，例如：

ma³³   lau³³   la³³   ma³³   lau³³，tuŋ³¹tɕɛ̃³³   m³¹   pa³⁵.
买   想   TOP   买   想   钱   NEG   有

想买是想买，（不过）没钱。

从句充当话题的，例如：

naŋ³³　la²³¹　ɕi²⁵⁵xua³⁵,　ŋa³³　tɕu⁵⁵　la²³¹.
2sg　去　LNK　　　　1sg　就　去
你去的话，我就去。

3. 话题标记

可以分为专用性话题标记和兼用性话题标记。专用话题标记有 la³³ 和 kun³³。例如（下划线部分为话题标记，下同）：

ʂaŋ³¹　<u>la³³</u>　pə³¹faŋ³³ɕi²⁵⁵tsu³³.
3sg　TOP　北方人
他是北方人。

naŋ³³　<u>kun³³</u>　kha⁵⁵su³¹　n³¹　ʂu²⁵⁵?
2sg　TOP　　怎么　　　NEG　喝
你怎么不喝？

兼用话题标记包括判断动词 ʂɿ³¹、关联词语和句中语气词。
判断动词 ʂɿ³¹ 做兼用话题标记的，例如：

xa⁵⁵　ta³¹　tuŋ³⁵　<u>ʂɿ³¹</u>　khiu⁵¹　ɕi³⁵　tsə³¹mə³¹?
这　　一　　CL　　COP:TOP　谁　　GEN　衣服
这一件是谁的衣服？

关联词语做兼用话题标记的，专用于复杂句，处在从句的末尾，主要指的是 kun³³、ka³³ 等做兼用话题标记。例如：

ʂaŋ³¹　za²³¹　ɕa³⁵　kəu³³　<u>kun³³</u>,　tɕu³⁵　ŋa³³　tə³³　kai³¹　la²³¹　tɕi²⁵⁵　kəu³³.
3sg　得　找　TAM　LNK　　　就　1sg　ACC　说　DIR　DAT　TAM
他找到以后，就告诉我。

mau³¹　la³³　n̠au³¹　la³³　<u>ka³¹</u>,　m³¹　wa³⁵.
天　　TOP　阴　　DIR　LNK　　NEG　下
天阴了，可是没下（雨）。

句中语气词做话题标记的，后附于话题成分，兼表一定的语气。典型成员包括 ɕi²⁵⁵ "呀"（可变读为 nɛi²⁵⁵、nɛi³⁵）、a²³¹（可变读为 a³³、na³³、ka³³ 等）"啊" 和 nɛi³⁵ "呢" 等，均借自汉语。例如：

ŋɑ³³　nɛi³⁵,　　　tɕɑ³¹　xəu³⁵　kɑ³³　kã³³tʂə³³　tɕɛ³¹　lɑ²³¹　ɛi²⁵⁵.
1sg　TAM：TOP　吃　TAM　CONJ　甘蔗　　砍　DIR　PROS
我呢，吃完就去砍甘蔗。

n̠i³¹tuŋ³³　ɑ²⁵⁵,　　　nuŋ³³tə³³　ʐu³³　lɛi²⁵⁵!
2pl　　TAM：TOP　以后　　再　来：PROS
你们啊，以后再来！

（五）存在句

表示人、事物的存在。在存在句中，处在句首位置的是表示方所的名词性成分，处在句尾位置的是具有［＋存在］语义特征的动词。存在句的动词核心为封闭性的小类，典型成员包括 pɑ³³ "有"、nai³³ "在"、pai³³ "摆"、kuɑ³³ "挂"、lɑ²⁵⁵ "来"和 so³¹ "走"等。例如（下划线部分为存在动词）：

tʂɯŋ³¹thɑʔ³¹　tə³³　　ʂɯk³¹liɑ²⁵⁵　tɑ³¹　liɑ²⁵⁵　pɑ⁵⁵　nɛi²⁵⁵.
山－LOC　POST　树林　　　一　CL　有　TAM：PROG
山上有一片树林。

tɕhaŋ³¹　tə³³　　u³¹khok³¹　ʑi³¹　tin³³　kuɑ³³　nɛi²⁵⁵.
墙　　POST　帽子　　　一　CL　挂　TAM：PROG
墙上挂着一顶帽子。

第七节　复杂结构

分为并列结构与主从结构。并列结构包括两个或两个以上的分句，分句之间的地位平等，具有相对的独立性；主从结构包括从句和主句，从句具有从属性，是隶属于主句的一种语法成分。

一　并列结构

指的是分句之间关系平等的一类复杂结构。在并列结构中，分句之间的关系包括"等立""顺承""解说""选择""递进"五种类型。

（一）等立关系

分句的语义平行，叙述或者描写几件事或同一事物的不同方面，分句之间可以使用关联词语，也可不用。常用关联词语 xaŋ³³……xaŋ³³……/ʑi³¹pjɛ̃³³……ʑi³¹pjɛ̃³³ "一边……边……"、ʑɛ³³ "也"、ʑu³³ "又"、（ȵɛʔ³¹ɛiʔ²⁵⁵）……n³¹ȵɛʔ²⁵⁵ "（是）……不是……" 和 n³¹ȵɛʔ²⁵⁵……ȵɛʔ³¹ɛiʔ²⁵⁵ "不是……而是……" 等。例如（下划线部分为关联词语，下同）：

ŋa³³	la³³	thɛi³⁵	tshu³¹	ȵɛʔ³¹ɛiʔ²⁵⁵,	ŋa³¹	tshaŋ³¹	n³¹ȵɛʔ²⁵⁵.
1sg	TOP	傣族		LNK	阿昌族		LNK

我是傣族，不是阿昌族。

也可以不使用关联词语，例如：

xa⁵⁵	pjaʔ²⁵⁵	lɯk⁵⁵	nɛiʔ²⁵⁵,	xəu⁵⁵	pjaʔ²⁵⁵	tɕhɛ̃³³	nɛiʔ²⁵⁵.
这边		深	TAM：PROG	那边		浅	TAM：PROG

这边深，那边浅。

（二）顺承关系

分句对连续发生、存在的动作行为状态等进行表述，通常不使用关联词语。表示顺承关系的分句往往可以形成"流水句"。例如：

ŋa³³	ʑin³³	tə³³	tɕɛʔ³¹	xəu³⁵,	tɕa³³	ɕɛ̃⁵⁵	taŋ³³	na³³,
1sg	家	ACC	到	TAM	饭	先	做	PROG

nuŋ³³	tə³³	tɕu³⁵	ʑit³¹	xəu³⁵.
以后		就	睡觉	TAM

我回家以后，先做饭，后来就睡了一觉。

（三）解说关系

始发句总说、概括，后续句补充、说明，通常不使用关联词语。例如：

ŋu³¹	tsa³¹loʔ²³¹	sɿ⁵⁵	ʑu³³	pa⁵⁵	nɛiʔ²³¹,
POSS：1sg：家	儿子	两	CL	有	TAM：PROG

a³¹no³¹	ta³¹	ʑuʔ²³¹,	ʑin³³khau³³	ta³¹	ʑuʔ²³¹.
外边	一	CL	家里	一	CL

我家有两个儿子，外边一个，家里一个。

（四）选择关系

两个或两个以上的分句分别说出两件或几件事情，不同的分句之间构成选择关系。常用的关联词语包括 xuɛ³¹ tʂə³³……xuɛ³¹ tʂə³³……"或者……或者……"等。例如：

xuɛ³¹ tʂə³³　naŋ³³　tɑ²³¹　lɑ²⁵⁵，　xuɛ³¹ tʂə³³　ŋɑ³³　tsa³¹　lɑ²³¹.
LNK　　　　2sg　　上　　DIR　　LNK　　　　1sg　　下　　DIR
或者你上来，或者我下去。

（五）递进关系

始发句与后续句语义上逐层深入，程度上不断加深。常用的关联词语包括 ʐu³⁵……ʐu³⁵……"又……又……"、ʐɛ³¹ pha³³……ʐɛ³¹ pha³³……"越……越……"等。例如：

lɑ²³¹ tɕo²⁵⁵ puŋ³³　ʐu³⁵　mjaŋ³³　ʐu³⁵　təu²⁵⁵　ɛi²³¹.
老尖山　　　　　又　　高　　　又　　陡　　　TAM
老尖山又高又陡。

二　主从结构

包括补足语结构、关系结构和状语结构。

（一）补足语结构

指的是充当谓词论元的从句，也称补足语从句、论元从句。补足语结构还可以再分为主语从句和宾语从句。

主语从句指的是小句（主谓短语）投射到句法结构中主语位置的从句。例如（下划线部分是主语从句）：

ŋɑ³³　lɑ²³¹　tɕu⁵⁵　uŋ³³　ɛi²⁵⁵.
1sg　　去　　　就　　行　　HAB
我去就行。

宾语从句指的是小句（主谓短语）投射到句法结构中宾语位置的从句。在梁河阿昌语中，可后接宾语从句的动词为封闭性小类，典型成员包括 kai³³ saŋ³³ tɕa²³¹ "听说"、mə³¹ na³³ "心想"、ŋaŋ³¹ na³³ "觉得"、mjaŋ³³ na³³ "看见"和 ʐa²³¹ tɕa²³¹ "听见"等。例如（下划线部分是宾语从句）：

ŋa³³ ʂɿ³¹tuŋ³³ tʂau⁵⁵khau⁵⁵ tɕuk⁵⁵ na⁵⁵ ka⁵⁵ za²³¹tɕa²³¹ ɛi²³¹.
1sg　3pl　　　话　　　　说　　PROG　TAM　听见　　　HAB
我听见他们两个在说悄悄话。

宾语从句作为一种"重"（Heavy）成分大多居于谓语动词之后。例如（下划线部分是宾语从句）：

ŋa³³　ŋaŋ³¹na³³　ʂaŋ³¹　tʂɯŋ³¹–tha²³¹　tə³³　tɕɛ²³¹　la²⁵⁵　kəu³³.
1sg　　觉得　　　3sg　　山–LOC　　　　POST　到　　DIR　TAM
我觉得他到山顶了。

ŋo³¹tuŋ⁵⁵ mjaŋ³³na³³ tɕhaŋ³¹ tə³³ ʂaŋ³¹ xa⁵⁵ tun³¹
1pl　　　看见　　　　墙　　ACC　3sg　AGT：EMPH　推
luɯŋ³³　　kəu³³.
倒　　　　TAM
我们看见墙被他推到了。

在梁河阿昌语中，对"重"（Heavy）成分的处理还可采用宾语前移的句法操作手段，将句法结构的宾语实现为语用层面的话题成分。例如（下划线部分是话题化成分）：

ʂɿ³¹tuŋ³³ tʂau⁵⁵khau⁵⁵ tɕuk⁵⁵ na⁵⁵ ka⁵⁵ ŋa³³ za²³¹tɕa²³¹ ɛi²³¹.
3pl　　　话　　　　说　　PROG　TAM　1sg　听见　　　HAB
我听见他们两个在说悄悄话。

（二）关系结构

也称关系从句，指的是句法结构中充任定语的小句。关系结构在功能上与形容词相当，所修饰、限定的中心词通常占据一定的句法位置①。在梁河阿昌语中，关系结构主要包括主谓短语（小句）和动词性成分（包括光杆动词和部分动词性短语）两大类。

1. 关系从句的标记

包括关系化标记和指示成分。关系化标记主要有 ɛi²⁵⁵ "的"。例如：

tɕa⁵⁵ naŋ³³ tɕa³¹ ɛi²⁵⁵ kə³³tə³³ tə³¹?
饭　　2sg　吃　PRT　哪里　　在

---

① 指的是中心词充任句法结构的主语、宾语等成分。

你吃的饭在哪里？

指示成分指的是充当关系从句标记的指示代词。梁河阿昌语有一部分指示代词可以充当关系从句的标记，指示成分大多与关系化标记同现。例如（下划线成分是指示代词）：

ŋa³³   ʂu²³¹   ɛi²⁵⁵   tsai³³   <u>xai⁵⁵</u>   ta³¹   pɛi³³   ŋa³¹   ɛi²⁵⁵.
1sg   喝   PRT   酒   这   一   CL   多   TAM

我喝的这一杯酒多。

2. 关系从句的类型

关系从句可以从位置和成分两个角度进行分类。

前者指的是根据中心词与关系从句的不同位置进行的一种分类，据此，关系从句可以分为中心词外的关系从句与中心词内的关系从句。梁河阿昌语只有中心词外的关系从句类型。中心词外的关系从句还分前置关系从句和后置关系从句。例如（下划线部分为关系从句）：

<u>naŋ³³   xa³³   u³³   ɛi²⁵⁵</u>   nuk³¹ tɕhi³¹   nɛi³⁵？（前置关系从句）
2sg   PREH   买   PRT   豆子   TAM；INTROG

你买的豆子呢？

xa⁵⁵ n̥a²³¹   la³³   mja³¹   <u>ʂɿ³¹ tuŋ³³   ʂu²³¹   ɛi²⁵⁵</u>.（后置关系从句）
这些   TOP   药   3pl   吃   PRT

这些是他们吃的药。

后者指的是基于充当关系从句的不同成分进行的一种分类。在梁河阿昌语中，关系从句成分可以是主谓短语，例如（下划线部分为主谓短语）：

xa⁵⁵ n̥a²³¹   la³³   mjɛ²³¹   <u>ʂɿ³¹ tuŋ³³   tɕɛ̃³¹   ɛi²⁵⁵</u>.
这些   TOP   竹笋   3pl   砍   PRT

这些是他们砍的竹笋。

关系从句成分还可以是动词性成分，例如（下划线部分为动词性成分）：

mja³¹   xai³³－tʂuŋ⁵⁵   la³³   <u>ʂu²³¹   ka³⁵</u>   tsəŋ³³.
药   这－DEF   TOP   喝   PRT   东西

这种药是喝的。

3. 被关系化的成分

被关系化的成分通常实现为句法结构的主语和宾语。例如（下划线部分是被关系化成分）：

tã³³ tʂhə³³　tɕhi³¹　lɑ²⁵⁵　ɛi⁵⁵　ɕɑu³³ nɑu³³　xəu⁵⁵ tiu²³¹　mjaŋ⁵⁵　kaŋ⁵¹.
自行车　　骑　　DIR　PRT　小伙　　　那　一：CL　高　　很

骑自行车的那一个小伙很高。

（被关系化的成分 ɕɑu³³ nɑu³³ 实现为句法结构的主语）

ʂu²³¹　kɑ³³　mja³¹　m³¹　pa³⁵.
喝　　PRT　药　　NEG　有

喝的药没了。

（被关系化的成分 mja³¹ 实现为句法结构的宾语）

4. 限定词的位置

限定词主要指的是指示词和数量短语。限定词大多邻近中心词（不被关系从句分开），有的也可以远离中心词（被关系从句隔开）。梁河阿昌语中只有限定词邻近中心词的情况。

限定词邻近中心词的情况还可以再分为"关系从句＋中心词＋限定词"和"中心词＋限定词＋关系从句"两类，前者的使用频率远高于后者。例如（下划线部分是限定词）：

wa²³¹　kha²³¹ tɕi²³¹　ɛi²⁵⁵　tsu³³　xəu⁵⁵ tiu²³¹
猪　　　喂　　　　PRT　人　　那　一：CL

喂猪的那一个人

（"关系从句＋中心词＋限定词"）

uŋ³³　xa⁵⁵　luŋ³³　naŋ³³　ʂaŋ³³　tsa⁵¹　la³³　ɛi²⁵⁵
葫芦　这　CL　　2sg　　摘　　DIR　DIR　PRT

你摘下来的这个葫芦

（"中心词＋限定词＋关系从句"）

（三）状语结构

指的是从属小句充当主句状语的句法结构，也称状语从句。状语结构主要包括转折从句、条件从句、假设从句、因果从句、目的从句、让步从句和时间从句七类。

1. 转折从句

与主句语义相反或相对，通常用于主句之前，常用的关联词语包括 tã³³ʂɿ³³ "但是"、kho⁵¹ʂɿ³⁵ "可是"、ka³³、pu³¹ko³³ "不过"等，也可以不使用关联词。例如（下划线部分是关联词语）：

khɯ³¹ tau³¹   m³¹   pa³⁵,   tã³³ʂɿ³³   kuã³³ɕi³³   m³¹   pa³⁵.
车子   NEG   有   LNK   关系   NEG   有

没有车子，但是没关系。

mau³¹   la³³   wa³³   la²⁵⁵   ka³³,   lai³¹   m³¹   mət⁵⁵.
雨   TOP   下   DIR   LNK   风   NEG   刮

下雨了，可没刮风。

ʂaŋ³¹   mjit⁵⁵laŋ³³   xa³³   zi³¹   tsui³³   khə³¹   la³³
3sg   蛇   AGT：EMPH   一   CL   咬   DIR

xɛiʔ²⁵⁵,   n³¹tʂau³⁵.
TAM：TAM   不要紧

他被蛇咬了一口，（不过）不要紧。

2. 条件从句

提出预设或事实，用在前面，主句给出结果，用在后边。常用的关联词语有 tsɿ³³ʂɿ³¹……tɕu⁵⁵…… "只要……就……"、tsɿ³³ʂɿ³³……tshai³¹…… "只有……才……" 和 n³¹ȵɛ³⁵ "不然"、tɕu⁵⁵ "就" 和 zɛ³³ "也"。例如（下划线部分是关联词语）：

tsɿ³³ʂɿ³¹   naŋ³³   u³³   ŋa³³   tɕu⁵⁵   u³³   ɛiʔ²⁵⁵.
LNK   2sg   买   1sg   就   买   HAB

只要你买，我就买。

ʂaŋ³¹   ŋa³³   tə³³   tɕhɛ³³   ŋa³³   ɛiʔ²⁵⁵,   n³¹ȵɛʔ²⁵⁵,   ŋa³³   n³¹
3sg   1sg   ACC   先   骂   TAM   LNK   1sg   NEG

tɕaŋ³³ ȵa³³.
AUX 骂

他先骂我，不然我不会骂。

3. 假设从句

表示假设，通常用在主句之前。表示假设关系的复杂结构还可以再分为假设句和违事句。

在假设句中，从句提出条件，主句表示结果。常用的关联词包括 kun³³、ka³³、ɛiʔ²⁵⁵tʂau³³/ɛiʔ²⁵⁵xua³⁵ "的话"等。例如（下划线部分为关联词语）：

naŋ³³　n³¹　ʂuʔ²³¹　kun⁵⁵，　ŋa³³　a³¹thu³⁵　ʂuʔ²³¹　ɛiʔ²³¹.
2sg　NEG　吸　LNK：TOP　1sg　自己　吸　HAB

你不吸（烟），我自己吸。

laʔ²³¹　m³¹　tɕhi³⁵　ka³³，　tɕa³³　ta³¹　tɕa³⁵.
手　NEG　洗　LNK　饭　PROH　吃

手没有洗，别吃饭。

naŋ³³　ʑit³¹　lau³³　ɛiʔ²⁵⁵tʂau³³，　ŋo³¹tuŋ³³　tɕu⁵⁵　ʑin³³
2sg　睡　想　LNK：TOP　1pl　就　家

tə³³　laʔ²³¹　ɛiʔ²⁵⁵.
ACC　去　HAB

你想睡觉的话，我们就回家。

在违事句中，从句提出与事实相违或根本无法实现的假设，主句表示结果。常用的关联词语包括 kun³³、ʑau³³ʂɿ³³/ʑau³³……tɕu⁵⁵…… "要是……就……"等。例如（下划线部分为关联词语）：

kha³³tsai⁵⁵　khɯ³³tau³¹　pɛiʔ²⁵⁵　kun⁵⁵，　tɕu⁵⁵　kə³³　kəu⁵¹.
现在　车子　有：HAB　LNK：TOP　就　好　TAM

现在要是有车，就好了。

ʑau³³　laʔ²³¹tuat⁵⁵-ȵi³¹　thuŋ³³　nai³³　na³³，　tɕu⁵⁵　kə³³　kəu³¹.
LNK　老师-PL　都　在　PROG　就　好　TAM

要是老师们都在，就好了。

4. 因果从句

从句在前，表原因，主句居后，表结果。表示因果关系的复杂结构还可以再分为说明性因果句与推断性因果句。说明性因果句使用关联词语 ʂɿ³³ kə³³/so³¹ ẓi³¹ "所以"等，关联词语用在主句句首的位置。例如（下划线部分为关联词语，下同）：

mau³¹	wa³³	n̥əŋ⁵⁵	kəu³³，	so³¹ẓi³¹	ŋo³¹tuŋ³³	tɕuŋ³¹	pa^{ʔ231}
雨	下	PRT	TAM	LNK	1pl	伞	打

nɛi^{ʔ255}.
TAM：PROG

要下雨了，所以我们打着伞。

推断性因果句使用关联词语 tɕu⁵⁵ "就"等，关联词语用于主句中。例如：

mjau³¹	xai⁵⁵	pa³³	tok⁵⁵	kaŋ³¹	nɛi^{ʔ255}，	ŋo³¹tuŋ³³
刀	这	CL	钝	很	TAM：PROG	1pl

tɕu⁵⁵	ta³¹	tɕɛ̃³¹	xa^{ʔ255}.
就	PROH	砍	TAM：IMP

既然这把刀很钝，我们就别砍啦。

5. 目的从句

从句在前，表示目的，主句居后，句末使用强制性的关联词语 kɑ³³，也可以不使用关联词语。例如（下划线部分为关联词语）：

kã³¹tɕin³¹	tu³¹	ɛi^{ʔ255}	tɕɛ^{ʔ231}	kɑ³³，	ʂaŋ³¹	laŋ³¹khaŋ³¹
黄鳝	挖	PRT	到	LNK	3sg	锄头

ta³¹	tʂhaŋ³⁵	u³³	lɛi^{ʔ255}.
一	CL	买	DIR：HAB

为了挖到黄鳝，他买来一把锄头。

u³¹ tɕɛ̃³³ u³³ lɛi⁵⁵, ŋo³¹ tuŋ³³ nai³¹ n̪a³⁵ tʂau³¹ waŋ³³
东西　　　买　DIR：HAB　1pl　　早上　　集市　进
la²³¹ ɛi⁵⁵.
DIR　PROS
为了买东西，我们早上要去赶集。

6. 让步从句

从句在前，表示让步，用在主句的前面，常用的关联词语包括 tɕu⁵⁵ʂɿ³¹……ʑɛ³³……"就是……也……"和 ʑɛ³³ "也"等。例如（下划线部分为关联词语）：

<u>tɕu⁵⁵ʂɿ³¹</u> wai³¹ kaŋ³¹ ɛi⁵⁵, ŋa³³ <u>ʑɛ³³</u> so³¹ na³³ ka³³ la²³¹.
LNK　　　　远　很　TAM　1sg　也　　走　PROG　CONJ　去
就是很远，我也要走着去。

7. 时间从句

说明主句的时间背景，用在主句的前面，主要使用连词 kun³³ "以后"、ka³³ "以后"和变化体助词 khau³¹。也可以不使用关联词语。例如（下划线部分为关联词语）：

ŋa³³ tɕa³¹ xəu³⁵ <u>ka³³</u>, ʂaŋ³¹ ka³⁵ ʑin³³ la²³¹ ɛi⁵⁵.
1sg　吃　TAM　LNK　　3sg　GEN　家　去　PROS
我吃完饭后，去他的家。

ma³³ta⁵⁵ko³¹ uŋ³³ la³³ <u>khau³¹</u>, tshai³¹ uŋ³³ ʂaŋ³³ ɛi⁵⁵.
缅桃　　　　熟　DIR　CSM　　才　AUX　摘　PROS
缅桃熟了，才能摘。

第八节　话语分析

话语分析指对口语中大于句子的连续性话语片段的超语句分析，主要包括话语标记分析、话语衔接分析以及话语结构分析等。限于语料，本书仅对梁河阿昌语中的话语标记和话语结构进行讨论。

一 话语标记

包括场景变化标记与话语指示标记等。前者指的是超语句片段中标记场景变化的成分，后者指的是超语句片段中表明不同句子间或语段间相互依存关系的指示成分。

（一）场景变化标记

在梁河阿昌语中，通常使用 nuŋ³³tə³³（"以后"）表示一个连续性话语片段中的场景变化。nuŋ³³tə³³（"以后"）多处在句首的位置，后面常有明显的语音停顿。例如（下划线部分是相应的场景变化标记，下同）：

a³¹ nuŋ³¹　tɕu⁵⁵　kai³³：　"n̥ɛ²³¹　　ɛi²⁵⁵！"　ʂaŋ³¹
弟弟　就　　说　　　好　　　TAM　　3sg

pu³¹xuaŋ³³pu³⁵maŋ³¹，tɕɛ³¹tɕin³¹、u³³khut⁵⁵ tə³³ tɕa³³ ta²³¹
不慌不忙　　　　　　千斤　　牛轭　ACC　架　DIR

la²³¹. nuŋ³³tə³³， zi³¹pjɛ̃³³ khui³¹tɕa³¹ wã³¹tə³¹ liau³³ la³³
DIR　然后　　　SIM　　狗食　　前边　　扔　　DIR

tɕi²³¹， zi³¹pjɛ̃³³ ʐau³³ na³³.
DAT　　SIM　　吆喝　PROG

弟弟就说："好的！"他不慌不忙，把千斤、牛轭放上去，然后，一边往前扔狗食，一边吆喝着。

在梁河阿昌语中，kun³³也常用来标记场景变化，kun³³可以处在句中，也可处在句末的位置。例如：

zi³³ tɕɛ²³¹ la²³¹ kun³³ zu³³ zi³³ tɕɛ²³¹ la²³¹ kun³³， ka³³na²⁵⁵
一　VCL　去　TOP　又　一　VCL　去　TOP　　乌鸦

ta³¹ to³⁵ ʐa³¹ phu³¹ ka³³ la³³ kəu³¹. ka³³na²⁵⁵ ʂaŋ³¹ tə³³
一　CL　得　遇　REC　DIR　TAM　乌鸦　3sg　ACC

mji³¹ ɛi²⁵⁵："naŋ³⁵　　　la²³¹ʐau³³ kha⁵⁵su³¹ka³⁵ tɕau³¹
问　　HAB　POSS：1sg　腰　　　　为什么　　　断

nɛi²⁵⁵？" ʂaŋ³¹ kun³⁵ kai³³ɛi²⁵⁵：　"tsu³³ ta³¹ zu²³¹
TAM：PROG　3sg　TOP　说　HAB　　人　　一　　CL

xɑ³³　　　　　khã³¹　　tɕau³¹　xɛiʔ⁵⁵．"
AGT：EMPH　　打　　　断　　TAM：TAM

走了一段又一段，（豹子）遇到了一只乌鸦。乌鸦问豹子："你的腰为什么断了？"豹子说："是被一个人打断的。"

在上举两个例子中，处在句首的 nuŋ⁵⁵tə⁵⁵（"以后"）和处在句中、句末位置的 kun³³ 是一个连续话语片段中的场景变化标记，表示场景的转移与改变。

在梁河阿昌语的话语结构中，nuŋ⁵⁵tə⁵⁵（"以后"）和 kun³³ 在话语片段中还可共现。例如：

no³¹－tʂau³¹－ɛiʔ⁵⁵　tɑ²³¹　　　　mjaŋ³¹－zau³¹－ɛiʔ⁵⁵　xəu⁵⁵pu³³
牛－放－NMLZ　　COMPR　　马－吆－NMLZ　　那儿

tə³³　ɯ³³　tha³¹　la²⁵⁵　kəu³³，a³¹sai³¹　əu³³tɕhi³³　ka³³　ʂɻ̩⁵⁵
在　笑　DIR　　DIR　　TAM　哥哥　　　怄气　　　PRT　死

kəu³³，ʂaŋ³¹　zin³³　tə³³　tɕɛ²³¹　kun³³，　tɕu⁵⁵　khui³¹　xəu⁵⁵
TAM　　3sg　　家　　ACC　到　　LNK：TOP　就　　狗　　　那

to³³　paʔ⁵⁵　ʂaʔ⁵⁵　xəu³³．ʂuŋ³⁵　　　　a³¹nuŋ³¹　ɕɛ³¹　la³³
CL　打　　死　　TAM　POSS：3sg：家　弟弟　　　知道　DIR

uŋ³³－tə³³　nai³³kua⁵⁵　kəu³³，ʂaŋ³¹　la³³　khui³¹　tɕhaŋ³³　tə³³
心－LOC　　难受　　　　TAM　　3sg　　TOP　狗　　　园子　　在

ŋok³¹　nɛiʔ⁵⁵．nuŋ³³tə³³　ta³¹tɕa³⁵，tɕhaŋ³³　tə³³　khui³¹
埋　　TAM：PROG　以后　　　一段时间　园　　　POST　狗

ɛiʔ⁵⁵　ŋok³¹　za²³¹　tɕin³³tʂu³¹　ta³¹　paŋ³³　thoʔ⁵⁵　thaʔ⁵⁵　zi³¹．
GEN　埋　　处　　　金竹　　　　一　　CL　　出　　　DIR　　DIR

放牛的和赶马的在那儿笑了起来，哥哥气坏了，他回到家，就把那条狗打死了。弟弟知道后，心里很难受，他把狗埋在了院子里。过了一段时间，院子里埋狗的地方长出一棵金竹。

（二）话语指示标记

在梁河阿昌语中，mɛ³³、ɛi⁵¹ 和 xai⁵⁵zaŋ³¹ "这样"等通常用以表明不同语句之间或语段之间的依存关系。

mɛ³³ 由叹词 mɛ³¹ "哎呀"而来，处在句首的位置，感叹意义弱化，音长较短。例如（下划线部分是相应的话语指示标记，下同）：

<u>mɛ³³</u>, thu³¹z̻ã³¹ nuk⁵¹tɕhi³¹ ta³¹ luŋ³⁵ za̻ʔ³¹ ɕa³³
INTER：发语词 突然 豆子 一 CL 得 找

ɛiʔ²⁵⁵, ŋuŋ³¹ kaŋ³¹, ʂuŋ³¹ ka³⁵ a³¹nuŋ³¹ tɕu⁵⁵ tɕa³¹
TAM 香 很 POSS：3sg：家 GEN 弟弟 就 吃

khut⁵⁵ la²⁵⁵ kəu³³. nuŋ³³tə³³ ta³¹tɕhi³³, uŋ³¹ mɯ⁵⁵ thaʔ³¹
掉 DIR TAM 以后 一会儿 肚子 响 DIR

z̻i³¹ kəu³³, khɯ³¹ ŋuŋ³¹ kaŋ³¹ ta³¹ luŋ³⁵ tɕiʔ³¹ thoʔ²⁵⁵ laʔ²⁵⁵.
DIR TAM 屁 香 很 一 CL 放 DIR DIR

嗯，弟弟突然找到一颗豆子，香喷喷的，就把它吃掉了。过了一会儿，（弟弟的）肚子响起来，（接着）放了一个香香屁。

ɛi⁵¹由叹词ɛiʔ²³¹语法化而来，喉塞音脱落后，低降调变为高降调，音长缩短。ɛi⁵¹处在句首的位置，除了具有表明不同语段之间依存关系的作用外，还兼有微弱的感叹意义。例如：

ɛi⁵¹, ŋa³³ kuã³¹tʂaŋ³¹ tə³³ laʔ³¹ lau³⁵ ɛiʔ²³¹,
INTER：发语词 1sg 关璋 ACC 去 想 PROS

pu³¹ko³³ tʂʅ³³ma⁵⁵ n̩³¹ ɕɛ³⁵, naŋ³³ ɕɛ³¹ ɛiʔ²⁵⁵ n̩³¹ ɕɛ³⁵?
LNK 路 NEG 知道 2sg 知道 PRT NEG 知道

哎，我想去关璋，不过不知道路。你知道不知道啊？

xai³³z̻aŋ⁵⁵"这样"用于超语段中，处在句首的位置，后面略有停顿，用以回指前面的整个句子。例如：

no³¹-tʂau³¹-ɛiʔ²⁵⁵ ʂu³¹ xəu³³, tʂʅ³³nəŋ³¹ a³¹thu³⁵ ka³³ no³¹
牛-看-NMLZ 输 TAM 只能 自己 GEN 牛

ʂuŋ³⁵ a³¹nuŋ³¹ tə³³ phau³¹ tɕiʔ²⁵⁵ kəu³³. z̻i³¹xa³⁵
POSS：3sg：家 弟弟 ACC 送 DAT TAM 一会

ko³¹ xəu³⁵, m̥jaŋ³¹-z̻au³¹-ɛiʔ²⁵⁵ z̻i³³ xo³³ xəu⁵⁵thaʔ²⁵⁵ ko³³
过 TAM 马-吆-NMLZ 一 CL 那里 过

kəu³¹, ʂuŋ³⁵ a³¹nuŋ³¹ maʔ²⁵⁵ z̻ɛ³³ ta³³ tu³³
TAM POSS：3sg：家 弟弟 COMPR也 打 赌

kəu³¹, tɕɛ³¹ko³³, m̥jaŋ³¹ z̻ɛ³³ xau³³ɕɛ³³ ʂu³¹ tɕiʔ²⁵⁵ kəu³³.
TAM 结果 马 也 好些 输 DAT TAM

xai³³ ʐaŋ⁵⁵， a³¹nuŋ³¹ m̥jaŋ³¹ ʐɛ³³ pa³³ kəu³¹ no³¹ ʐɛ³³
这样　　　　弟弟　　马　　也　　有　TAM　牛　　也

pa³³ kəu³¹， zi³¹ xa³⁵ tɕu⁵⁵ pa³³ tha²³¹ la²⁵⁵ kəu³¹.
有　TAM　　一　VCL　就　　有　DIR　DIR　TAM

赶牛的（打赌）输了，只能把自己的牛送给弟弟。过了一会儿，赶马的路过那里，也跟弟弟打赌，结果，输掉了好多马。这样，弟弟又有马，又有牛，一下子就变富了。

二　话语结构

"尾首蝉联"是梁河阿昌语中常见的一种话语结构。所谓"尾首蝉联"，指的是在一个语段中，说话人通常在后一语句的句首位置重复前一个语句句尾的言语片段，从而形成一个尾首相连、上传下续的言语片段，借此将话语延续下去。例如（下划直线部分是尾句，下划波浪线部分是首句）：

mau³¹tiɛ³¹ la²⁵⁵ kəu⁵⁵． mau³¹tiɛ³¹ la²³¹ xəu³⁵ nei³⁵，
天电　　　来　TAM　　天电　　　来　TAM　TAM

ŋo³¹tuŋ³³ tɕu⁵⁵ so³¹ xəu³⁵． so³¹ xəu³⁵ nei³⁵，
1pl　　　就　走　TAM　　走　TAM　TAM

ʂʅ³¹tuŋ³³ tɕu⁵⁵ tɕɛ²³¹ xəu³⁵． ʂʅ³¹tuŋ³³ tɕɛ²³¹ xəu³⁵ nei³⁵，
3pl　　　就　到　TAM　　3pl　　　到　TAM　TAM

ŋo³¹tuŋ⁵⁵ tɕu⁵⁵ ɕɛ̃³³ tɕa³³ tɕa³¹ xɛi²⁵⁵.
1pl　　　就　先　饭　吃　TAM：TAM

天亮了。天亮后，我们就走了。（我们）走了以后，他们就到了。他们到了以后，我们就先吃了饭。

在前举例句中，so³¹xəu³⁵和ʂʅ³¹tuŋ³³tɕɛ²³¹xəu³⁵是重复前一语句的同义言语片段，类似的言语片段上传下接、尾首相续，构成了一个具有相对完整意义的"尾首蝉联"结构。

第四章

梁河阿昌语的濒危状态

承前所述，梁河阿昌语是一种已经显露出濒危特征的语言，其语言的濒危状态可以从语言结构的衰变以及语言功能的衰退两个方面进行考察。

语言结构的衰变主要是指梁河阿昌语的本体结构特征有逐渐向汉语靠拢的趋势，梁河阿昌语语言系统自身的一致性、层级性、经济性等受到一定程度的破坏。语言功能的衰退还可以再分为语言的社会功能及交际功能的衰退。前者主要指的是，随着梁河阿昌族母语人放弃本族语转用汉语进程的不断加快，母语使用者的绝对人口数量逐渐降低，母语使用者占总人口的比例日趋下降，母语使用者的年龄段逐步上升，语言代际传承趋于断裂，母语的使用范围日益收缩，母语的使用频率持续下降，母语使用者的语言态度总体上呈现开放性的特征，以及母语在新语域及媒体方面的参与程度较低，双语教育材料与读写材料匮乏，母语记录与文献材料相对不足。后者主要指的是，在语言转用的总体背景下，"汉语+阿昌语"语言社团之间语言通解度（mutual intelligibility）不断提升，话语交际过程中词语选用的代际性差异逐渐加大，母语的交际始终在语言的监控与过滤下进行。

第一节　汉语影响背景下梁河阿昌语本体结构的衰变

语言接触是语言生活的常态，世界上任何一种语言在其发展、演变的过程中，都会或多或少地受到其他语言的影响。语言接触分为不同的类型，单从接触的相互作用方面来看，大致可分为"双向互补"类的语言接触与"单向破坏"类的语言接触。在前一类语言接触关系中，受语

(recipient language)与源语(source language)相互影响,彼此为对方的受语或者源语,这类语言接触能够有效地弥补了语言系统中语音、词汇或语法的"空白项",提高语言活力,强化语言的工具性特征。在后一类的语言接触关系中,两种语言地位悬殊,语言的接触主要表现为源语呈单方面、压倒性的态势,影响、制约着受语,破坏受语的语言系统性特征,并在一定程度上影响甚至左右受语的发展与演变趋势。在梁河阿昌语与汉语的接触过程中,汉语的影响速度快、规模大、范围广、程度深,汉语对梁河阿昌语的影响表现出明显的"单向破坏性"特点,汉语在一定程度上改变了梁河阿昌语的语言结构,影响了其语言系统性的基本特征,导致梁河阿昌语的语言结构一步步走向衰变。

以下首先就汉语的影响及其主要特点加以梳理,在此基础上,就汉语影响背景下梁河阿昌语本体结构的衰变进行详细的说明和分析。

一 汉语的影响

(一)主要表现

汉语的影响在语音、词汇和语法方面均有明显的表现。

1. 语音方面

受汉语影响,梁河阿昌语的语音系统发生了明显的变化,这些变化主要表现为:母语语音系统中新增了部分声母、韵母和声调;语音系统中的清化音与非清化音、鼻音清化音与送气塞音、鼻音清化音与擦音、个别单元音与其发音接近的单元音可以变读;个别辅音韵尾脱落,声调发生变化;部分并列成分中元音和谐规律被打破。此外,在汉语影响下,梁河阿昌语的语音系统还增加了若干新型的音节结构。

(1)声母、韵母和声调增多

唇齿清擦音"f"和舌尖浊擦音"z̩"进入梁河阿昌语的语音系统,广泛用于汉语借词的拼读。在3381个分类词汇中[①],用"f"的汉语借词

[①] 时建:《梁河阿昌语参考语法》,中国社会科学出版社2009年版,第360—421页。经核查,在原3381个分类词汇中,存在少量重复性的词语(≤10)。鉴于重复性的词语数量较少,且分布于不同的词类中,对相关统计数字的影响基本上可以忽略不计,因此,本书中的相关统计仍以3381作为分类词语的基础数字。

有 51 个，用 "ʐ" 的汉语借词有 32 个①，共计 83 个，使用 "f" 和 "ʐ" 的汉语借词占全部分类词汇的 2.45%。

梁河阿昌语中带 "f" 的汉语借词和带 "ʐ" 的汉语借词见下表：

表 4-1

f	fa²³¹ 浇（水）	fu⁵¹ 寅（虎）	ta³³ faŋ³³ 大方	fən³³ thiau³¹ 粉条
	fən³³ 粪	tsau³³ faŋ³³ 厨房	fu³¹ 煮（肉）	fuŋ³³ sʐ³¹ 风湿
	a³¹ fa³⁵ 反的	liaŋ³¹ fən³⁵ 米粉	fa²⁵⁵ 泼	sʐ³³ fu³³ 师傅
	sʐ³³ faŋ⁵⁵/faŋ⁵⁵ 方	mau³¹ fã³¹/ma³¹ fã³¹ 麻烦	mo³¹ fa³³ 模范	nã³¹ faŋ⁵⁵ ɛi²⁵⁵ tsu³³ 南方人
	təu³³ fu⁵⁵ phi³¹ 豆腐皮	ʂɯk⁵⁵ n̪u³¹ fa³¹ mja³³ 春天	pə³¹ faŋ³³ ɛi²⁵⁵ tsu³³ 北方人	fɛi³¹ liau³³ 肥料
	fu³¹ 佛	təu³³ fu⁵⁵ 豆腐	faŋ³³ ɕin³³ 放心	tɕhin³¹ fu³³ 情夫
	fu³¹ 扶（起来）	fən³³ sʐ³³ 粉丝	fuŋ³⁵ 俸[姓]	fu³¹ lu³¹ sʐ³³ 葫芦丝
	fən³³ 分辨	ɕaŋ³³ tʂən³⁵ fu⁵¹ 乡政府	faŋ³¹ 防（野猪）	fu³¹ 熬（粥）
	ɕin³³ fa³¹ 烦躁	fu³¹ 扶	fa³³ 翻（身）	kua⁵¹ fu³⁵ 寡妇
	fu³³（一）副	pjɛ³¹ fu³⁵ 蝙蝠	fuŋ³³（一）封	fən³³（一）分
	ta³³ fa²³¹ 打发	tɕi³³ fu³³ 继父	ʐo²³¹ fu³³ 岳父	fɛi³¹ tɕi³³ 飞机
	nã³¹ faŋ³¹ 南方	fən³³ tɕi³³ 粪箕	pə³¹ faŋ³³ 北方	faŋ³³ tsən³³ 风筝
	ɕin³⁵ fu³¹ 幸福	fu³¹ tɕhi³³ 福气	tʂən³³ fu⁵⁵ 政府	
ʐ	tɕɛ³¹ ʐʐ³¹ 节日	thu³¹ ʐã³¹ 突然	ʐəu³¹ 揉（面）	ʐau³³ 旋转
	ʐaŋ³¹ 移	kuŋ³³ ʐən³¹ 工人	ʐən³³ u⁵⁵ 任务	pu³¹ ʐu³¹ 不如
	ʐən³³ 忍耐	ʐu³¹ 弱	ʐə³¹ nau⁵⁵ 热闹	xu³¹ ʐã³¹ 忽然
	ʐin³³ ko³¹ ʐən³¹ 英国人	ʐin³¹ nã³¹ ʐən³¹ 云南人	xai³¹ pu³¹ ʐu³¹ 还不如	tau³⁵ pu³¹ ʐu³¹ 倒不如
	ʐʐ³¹ khui³³ 日食	ʐʐ³¹ pən³⁵ 日本	ʐu²³¹ pha³¹ 公公	ʐu²³¹ n̪it³¹ 婆婆
	ʐu³¹ tsʐ³⁵ 褥子	thuŋ³¹ ʐən³¹ 瞳仁	ʐən³¹ mjin³¹ 人民	ʐʐ³¹ li³¹ 日历

---

① 既用 "f" 又用 "ʐ" 的汉语借词不做重复计数，比如，表 4-1 中的 ʐə³¹ fɛi³³ tsʐ³³ "痱子" 和 ʐən³¹ mjin³¹ tʂən³³ fu⁵⁵ "人民政府" 仅作为使用 "ʐ" 的汉语借词来计数；属于 "同义（功能）异构" 的词语不做重复计数，比如 sʐ³³ faŋ⁵⁵/faŋ⁵⁵ "方" 只按一个词来计数。

续表

ʐ̩	ʐ̩ɿ³¹ pən³⁵ ʐ̩ən³¹ 日本人	ʐ̩ən³¹ mjin³¹ tai³⁵ pjau³³ 人民代表	mɛi⁵¹ ko³¹ ʐ̩ən³¹ 美国人	ʐ̩ən³¹ mjin³¹ tʂən³³ fu⁵⁵ 人民政府
	ʐ̩ui³³ li⁵⁵ 瑞丽	xã³¹ ko³¹ ʐ̩ən³¹ 韩国人	ʐ̩au³³ 盘（着）	ʐ̩ə³¹ fɛi³³ tsɿ³³ 痱子

部分复合元音韵母、带辅音尾的韵母以及鼻化音韵母等随着汉语借词进入梁河阿昌语的语音系统中。借入的复合元音韵母主要包括 ɛi、ɑi、əu、iɑu 和 uɑi。例如：

表 4 – 2

ɛi	phɛi³¹	陪	nɛi³⁵	呢
ɑi	xɑi³¹	还	tsɑi³⁵	再
əu	kəu³³	沟	khəu³³	抠
iɑu	liɑu³³	扔	thiɑu³³	跳
uɑi	tsuɑi³³	切（菜）	kuɑi³³	怪（他）

借入的带辅音韵尾的韵母主要包括 ɑŋ、ən、iaŋ 和 uaŋ。例如：

表 4 – 3

ɑŋ	mɑŋ³¹	忙	fɑŋ³¹	防
ən	fən³³	肥料	tən³¹	灯
iaŋ	liaŋ³⁵	亮	tiaŋ³¹	跳
uaŋ	xuaŋ³¹ ko²³¹	榕树	tshuaŋ³³ tsɿ³³	窗子

借入的鼻化音韵母主要包括 ɛ̃、ã、iɛ̃ 和 uã。例如：

表 4 – 4

ɛ̃	ʐ̩ɛ̃³¹	烟	pjɛ̃³¹	扁
ã	kã³¹	干	xã³³	冰

续表

| iɛ̃ | tiɛ̃³¹ | 电 | liɛ̃³¹ | 连［和］ |
| uã | thuã³¹ | 圆 | khuã³¹ | 宽 |

汉语借韵母大都具有一定的类推性，能够较为广泛地用于汉语借词及本族语固有词语的拼读。例如：

表 4-5

ai	xai³¹	还	tsai³³	酒
ən	fən³³	肥料	kən³¹	腥
aŋ	maŋ³¹	忙	kaŋ³¹	很

也有部分韵母（比如"əu""iau""uaŋ"和"uã"等）的类推性较差，主要用于汉语借词的拼读（例子见上文）。

高升调（35）与全降调（51）随汉语借词进入梁河阿昌语的语音系统中，并逐渐固定下来。高升调（35）与全降调（51）的数量及变调情况见下表：

表 4-6

调类/调值	数量	汉借词（合计/变调/不变调）	本族语词（合计/变调/不变调）
高升调/35	416	222/0/222	194/160/34
全降调/51	107	97/0/97	10/7/3

上表显示，在梁河阿昌语 3381 个分类词语中，高升调（35）的词语共计 416 个，全降调（51）的词语共有 107 个。在高升调的词语中，属于汉语借词的有 222 个（在语流中均不发生变调），属于固有词的有 194 个（在语流中变调的有 160 个，不变调的有 34 个）。在全降调的词语中，属于汉语借词的有 97 个（在语流中均不变调），属于固有词的有 10 个（在语流中变调的有 7 个，不变调的有 3 个）。统计结果显示，在固有词

中，高升调（35）和全降调（51）大都会变调，而在汉语借词中，高升调（35）和全降调（51）均不变调。承前所述，高升调的词语中属于汉语借词的有 222 个，全降调的词语中属于汉语借词的有 97 个，从两种声调落在汉语借词与固有词的不同比例上看（222/194，107/10），梁河阿昌语高升调（35）和全降调（51）的调值已趋于稳定，成为梁河阿昌语语音系统中相对固定的声调。

高升调（35）和全降调（51）的例词见下表：

表 4-7

高升调（35）	z̩i^{35}	亿	lo^{31}ts̩^{35}	骡子
	xua^{35}	花［花色］	tɕau^{35}	着急
全降调（51）	phjɛ̃^{51} pha^{31}	鱼篓	ma^{51}lu^{31}	鹿
	ts̩^{51}	紫	taŋ^{51}	党

（2）变读现象丰富

在梁河阿昌语中，部分鼻音清化音与鼻音非清化音、边音清化音与边音非清化音、鼻音与清化边音可以自由变读，而随着汉语影响的深入，此类可以自由变读的词语数量有逐渐增多的趋势。此外，梁河阿昌语中还有个别元音能够与其发音相近的元音自由变读。

清化鼻音与非清化鼻音自由变读的，主要指的是m̥与 m、m̥j 与 mj、n̥与 n 以及 ŋ̊与 ŋ 等的变读。例如：

表 4-8

m̥/m 变读	m̥a^{ʔ55}→ma^{ʔ55}	和
	m̥u^{31}→mu^{31}	披
m̥j/mj 变读	m̥jaŋ^{33} za^{ʔ55}→mjaŋ^{33} za^{ʔ55}	高处
	m̥jit^{31}→mjit^{31}	捏
n̥/n 变读	n̥ut^{55} pət^{31}→nut^{55} pət^{31}	豁嘴
	n̥ak^{55}→nak^{55}	鼻涕
ŋ̊/ŋ 变读	ŋ̊ɛ^{31}→ŋɛ^{31}	烧（山）
	la^{ʔ31} ŋ̊au^{35}→la^{ʔ31} ŋau^{35}	手指

清化边音与非清化边音自由变读的，主要指的是l̥与l的变读。例如：

l̥/l 变读　　tɕa³³l̥ia²⁵⁵　　→　　tɕa³³lia²⁵⁵　　糍粑
　　　　　　tiɛ³³l̥iaŋ³³　　→　　tiɛ³³liaŋ³³　　蚂蚁

清化边音与清化鼻音自由变读的，主要指的是l̥与n̥的变读。例如：

l̥/n̥ 变读　　l̥uŋ⁵⁵　　　→　　n̥uŋ⁵⁵　　　关（牛）
　　　　　　l̥un³¹　　　→　　n̥un³¹　　　震动

鼻音清化音与送气塞音自由变读的，主要指的是m̥与ph、m̥j与phj、n̥与th的变读。例如：

表 4-9

m̥/ph 变读	m̥a²⁵⁵→pha²⁵⁵	和
	m̥u³¹→phu³¹	披
m̥j/phj 变读	m̥jaŋ³³ʐa²⁵⁵→phjaŋ³³ʐa²⁵⁵	高处
	m̥jin³¹→phjin³¹	抿
n̥/th 变读	n̥ut⁵⁵pət³¹→thut⁵⁵pət³¹	豁嘴
	n̥ɯŋ⁵⁵ka³¹→thɯŋ⁵⁵ka³¹	石头

鼻音清化音与擦音自由变读的，主要指的是ŋ̥与x的变读，例如：

ŋ̥/x 变读　　ŋ̥ok³¹　　　→　　xok³¹　　　埋
　　　　　　ŋ̥uŋ³¹　　　→　　xuŋ³¹　　　弄弯

个别元音与其发音部位、发音方法接近的元音可以自由变读，这种情况主要指的是展唇后高元音 ɯ 与展唇后次高元音 ɣ 的变读。例如：

ɯ/ɣ 变读　　khɯ³³　　　→　　khɣ³³　　　脚
　　　　　　khɯ³⁵　　　→　　khɣ³⁵　　　粪

（3）个别辅音韵尾脱落后声调发生变化

梁河阿昌语中有些音节的喉塞音"ʔ"可以脱落，"ʔ"脱落后，声调调值发生相应的变化，其中，高平调（55）主要变为中平调（33）、高升调（35）和全降调（51），低降调（31）大都变为高降调（51）、中平调

（33）和高升调（35）。

高平调（55）变中平调（33）、高升调（35）和全降调（51）的，例如：

表 4-10

la$^{?55}$→la^{33}	来
tʂa$^{?55}$→tʂa^{35}	熟
ui$^{?55}$→khui^{51}	应该

低降调（31）变高降调（51）、中平调（33）和高升调（35）的，例如：

表 4-11

la$^{?31}$→la^{51}	豹子
la$^{?31}$→la^{33}	去
la$^{?31}$→la^{35}	去

（4）元音和谐规律被打破

在梁河阿昌语中，固有并列成分的先后排列顺序除了要符合一定的语义原则以外，还要遵循相对严格的元音和谐规律。该规律主要指的是元音舌位的高低受元音和谐（vowel harmony）规律的制约。即在并列的两个音节中，第二个音节中元音的舌位通常要比第一个音节中元音的舌位低；在并列的四个音节中，第四个音节中元音的舌位一般要比第二个音节中元音的舌位低。受汉语影响，在梁河阿昌语的四音节并列结构中，部分并列成分的前后肢可以调换顺序，原并列成分与调换顺序后的并列成分"同义（功能）异构"，并存共置，形成并列成分的两读，本族语并列成分的元音和谐规则在一定程度上被打破。例如：

表 4-12

本族语固有的并列成分	受汉语影响的并列成分	汉语
a³¹no³¹a³¹khau³¹	a³¹khau³¹a³¹no³¹	里外
tʂɯŋ³¹kuŋ³¹tʂɯɯŋ³¹laŋ³³	tʂɯɯŋ³¹laŋ³³tʂɯɯŋ³¹kuŋ³¹	山里山洼
n̥a²³¹tɕit³¹nḁ³¹khaŋ³³	nḁ³¹khaŋ³³n̥a²³¹tɕit³¹	眼睛鼻子

在表 4-12 中，并列成分 a³¹no³¹a³¹khau³¹、tʂɯɯŋ³¹kuŋ³¹tʂɯɯŋ³¹laŋ³³ 和 n̥a²³¹tɕit³¹nḁ³¹khaŋ³³ 均属本族语中固有的并列成分，前后并列肢基本固定，遵循相对严格的语音原则，并列成分中第四个音节的舌位比第二个音节的元音舌位低。比如，在 a³¹no³¹a³¹khau³¹ 中，/o/是圆唇后次高元音，/a/是展唇后低元音，/o/比/a/的舌位高。在 tʂɯɯŋ³¹kuŋ³¹tʂɯɯŋ³¹laŋ³³ 中，/u/是圆唇后高元音，/a/是展唇后低元音，/u/比/a/的舌位高。在 n̥a²³¹tɕit³¹nḁ³¹khaŋ³³ 中，/i/是展唇前高元音，/a/是展唇后低元音，/i/比/a/的舌位高。受汉语影响，a³¹khau³¹a³¹no³¹、tʂɯɯŋ³¹laŋ³³tʂɯɯŋ³¹kuŋ³¹ 和 nḁ³¹khaŋ³³n̥a²³¹tɕit³¹ 的前后并列肢顺序均可以自由互换，不再受语音原则的严格制约。

（5）新型音节结构的确立

随着汉语词语的大批量借入，部分复合元音韵母、带辅音尾的韵母逐渐被纳入梁河阿昌语的语音系统，本族语语音系统出现"元音+辅音""辅音+元音+辅音""辅音+元音+元音+辅音"等新型的音节结构。例如：

表 4-13

"元音+辅音"	uŋ³¹	肚子	ək⁵⁵	割
"辅音+元音+辅音"	ʂaŋ³³	铁	zin³³	家
"辅音+元音+元音+辅音"	tiaŋ³¹	跳	nuat³¹	点（头）

2. 词汇方面

词汇是语言系统中最具开放性的一个部分，也是最容易受到语言影响的一个要素。在语言接触过程中，与语音、语法相比，梁河阿昌语的词汇深受汉语的影响。在梁河阿昌语词汇系统中，汉语借词的数量大、分布广，部分核心词汇被汉语借词替代。此外，受汉语影响，梁河阿昌语的汉语借词处于词语竞争中的优势地位，本族语词汇库的快速增容主要通过"全词借入"的方式来实现。

（1）汉语借词的数量大

在3381个分类词汇中，汉语借词共有1748个，约占词语总量的51.70%。汉语借词的数量及其所占比例见下表：

表4-14

分类词汇	汉语借词数量	词汇数量	比例（%）
名词	980	1851	52.94
数词和量词	138	229	60.26
代词	1	54	1.85
动词	407	810	50.25
形容词	115	228	50.44
虚词	86	149	57.72
四音格词	21	60	35.00
总计	1748	3381	51.70

在3172个分类词语中[①]，汉语借词共有1641个，约占词语总量的51.73%。从语义域的角度来看，汉语借词的比例超过50%的，分别有"天文地理"（61.14%）、"人物亲属"（51.42%）、"食品"（59.05%）、"衣着服饰"（58.46%）、"房屋用品"（59.29%）、"宗教意识"（71.43%）、"方位时间"（67.36%）、"数量"（60.26%）、"动作行为"（50.25%）以及"性质状态"（50.44%）等。汉语借词（语义域分类）的数量及其所占比例见下表：

---

① 不包含虚词（149个）和四音格词（60个）。

表 4-15

分类词汇（语义域分类）	汉借词数量	词汇数量	比例（%）
天文地理	140	229	61.14
人物亲属	145	282	51.42
人体器官	47	146	32.19
动物	65	211	30.81
植物	90	197	45.69
食品	62	105	59.05
衣着服饰	38	65	58.46
房屋用品	201	339	59.29
宗教意识	95	133	71.43
方位时间	97	144	67.36
数量	138	229	60.26
指代疑问	1	54	1.85
动作行为	407	810	50.25
性质状态	115	228	50.44
总计	1641	3172	51.73

（2）汉语借词分布广泛

汉语借词广泛分布于梁河阿昌语词汇系统的各个义类中，涵盖梁河阿昌族劳作及生活的全部领域。例如：

表 4-16

天文地理	lu^{33}ʂui^{55} 露水	pɛi^{33} 碑	ʑin^{31} 云	ti^{33} tʂən^{33} 地震	pa^{33} tsɿ^{55} 坝子
人物亲属	tɕɛ^{33} 姐姐	ko^{33} 哥哥	tɕɛ^{33} 姐	tʂhu^{31} sɿ3 厨师	zo^{ʔ31} fu^{31} 岳父
人体器官	thui^{33} tsɿ^{55} 腿	tɕhi^{31} tai^{33} 脐带	ɕɛ̃^{33} 癣	tʂɿ^{33} 痔	pjɛ̃^{33} tsɿ^{55} 辫
动物	xu^{31} li^{33} 狐狸	u^{33} kui^{ʔ31} 乌龟	maŋ^{51} 蟒	sai^{33} 鳃	ɕa^{33} tsɿ^{33} 虾
植物	po^{33} tshai^{33} 菠菜	pã^{33} li^{ʔ31} 板栗	kua^{33} 瓜	liɛ^{31} tsa^{33} 梨子	ku^{31} tsɿ^{33} 谷子
食品	tshu^{33} 醋	fən^{33} sɿ^{33} 粉丝	mjɛ̃^{33} 面	zɛ̃^{31} sɿ^{33} 烟丝	təu^{33} fu^{55} 豆腐
衣着服饰	ʂui^{51} xai^{31} 雨鞋	zu^{31} tsɿ^{35} 褥子	xo^{31} pau^{33} 荷包	tɕhin^{31} tsɿ^{35} 裙子	wa^{31} tsɿ^{35} 袜子
房屋用品	ləu^{31} tsɿ^{35} 楼	tʂha^{31} xu^{33} 茶壶	tʂhui^{31} 锤	tʂuŋ^{33} 钟	tɕhaŋ^{31} 墙
宗教意识	ʑin^{35} tɕhi^{35} 运气	phu^{31} sa^{33} 菩萨	mjin^{33} 命	fu^{31} tɕhi^{33} 福气	ʑin^{33} zi^{51} 英语

续表

方位时间	tui³³mjɛ̃³³ 对面	nã³¹ 南	tuŋ³³ 东	ʂaŋ³³u⁵⁵ 上午	tsho³³ə³⁵ 初二
数量	ə³⁵ 二	pən³³ 本	xo³¹ 盒	thiau³¹ 条	zi³⁵ 亿
指代疑问	ta⁵¹xo²³¹ 大伙				
动作行为	tʂŋ³¹ 折叠	tiŋ³³ 叮	tshui³¹ 催	pai³³ 拜	tʂha³¹ 查
性质状态	pjɛ̃³¹ 扁	tshui³³ 脆	tɕhɛ̃³³ 浅	tsə³¹ 窄	luã³³ 乱

在表 4-16 中，汉语借词占比最高的是"宗教意识"类（71.43%），其次是"方位时间"类（67.36%），再次是"天文地理"类（61.14%）。

从词类角度来看，汉语借词全面覆盖梁河阿昌语词汇系统的实词和虚词。例如：

表 4-17

	名词	kəu³³ 沟	tɕhin³³mjin⁵¹ 清明	zi³³sɿ⁵⁵ 意思
	代词	ta⁵¹xo²³¹ 大伙		
实词	动词	tuã³³ 拦	tsai³³ 猜	kã³³mau³³ 感冒
	形容词	tɕhau³³ 巧 [灵巧]	tʂɿ²³¹ʂuaŋ³⁵ 直爽	khuã³¹ 宽
	数词	ə³⁵ 二	ti³⁵zi³¹ 第一	tɕɛ̃³³ 千
	量词	xo³¹（一）盒	tiɛ³⁵（一）滴	xu³¹（一）户
	副词	tɕu⁵⁵ 就	zɛ³³ 也	tʂən³³tsai³³ 正在
虚词	连词	so³¹zi³¹ 所以	pu³¹ko³³ 不过	pu³¹kuã³³ 不管
	助词	pji³³ 差比助词	tɕi²³¹ 为动助词	ma³³ 疑问助词
	叹词	ai³¹ 唉	ai³³ 哎	mɛ³¹mɛ³¹ 哎呀

在 3321 个分类词语中①，汉语借词共有 1727 个，占词语总量的 52.00%。在各个不同的义类中，从词性的角度来看，汉语借词的比例超过 50% 的，有"名词"（52.94%）、"数词和量词"（60.26%）、"动词"（50.25%）、"形容词"（50.44%）及"虚词"（57.72%）等。汉语借词（词性分类）的数量及其所占比例见下表：

---

① 不包括四音格词（60 个）。

表 4-18

分类词汇（词性分类）	汉借词数量	词汇数量	比例（%）
名词	980	1851	52.94
数词和量词	138	229	60.26
代词	1	54	1.85
动词	407	810	50.25
形容词	115	228	50.44
虚词	86	149	57.72
总计	1727	3321	52.00

（3）部分核心词汇为汉语借词所替代

在斯瓦迪士核心词列表（Swadesh list）中[①]，部分核心词汇已被汉语借词全部替换或部分代替。被全部替换的核心词见下表：

表 4-19

xui^{33} 灰（色）	la^{231} tha^{33} 脏	phjau^{31} 漂浮	ləu^{31} 落下
thui^{33} tsʅ^{55} 腿	tsʅ^{231} 直	ʂʅ^{33} 死	u^{31} 五
tɕhuã^{31} 所有、一切、全部	xa^{31} khai^{31}/tʂa^{33} khai^{31} 裂开	ʑin^{31} 云	xua^{33} 花
tsuai^{33} 切、切开	tso^{33} pjɛ̃^{33} 左边	liau^{33} 扔	xuaŋ^{31} 黄
ʑi^{31} ɕɛ^{33} 一些、有些	khuã^{31} 宽	ɕi^{33} 膝	tʂuã^{33} 转
ta^{31} 和、并	ʐau^{33} 数［动词］	xui^{33} 飞	sʅ^{35} 四
tɕi^{ʔ31} 给［动词］	ʐau^{33} ʂʅ^{33} 如果	phjin^{31} 光滑	ə^{35} 二、两
mjin^{31} tsʅ^{33} 名字	ʐu^{33} pjɛ̃^{33} 右边	ʑi^{31} 一	tsə^{31} 狭窄
kuŋ^{33} lu^{33} 路	thuã^{31}/ʑɛ̃^{31} 圆	sa^{33} tsə^{31} 沙	tu ã^{55} 短
sat^{55} 杀、杀死	tɕi^{33}、tʂa^{33} 挤、榨	kã^{31} 干	sə^{31} 蛇
xo^{33}、kã^{31} 厚、粗	ta^{231} 与……一起	ʐa^{231} 牙齿	sã^{33} 三

---

① 斯瓦迪士核心词列表是美国语言学家莫里斯·斯瓦迪士（Morris Swadesh）在20世纪40—50年代提出的一个词汇表。斯瓦迪士从统计学的角度对不同语言（以印欧语系语言为主）进行分析，得出了一个大约200个词的核心词列表。斯瓦迪士认为，世界范围内的所有语言基本上都包含这些核心词，只要掌握了这些词语，就能使用该语言进行最为基本的交流。

从表 4-19 中可以发现，被全部替换的核心词共 44 个①，约占斯瓦迪士核心词表中词语总数（207 个）的 21.26%。

在斯瓦迪士核心词表中，被部分代替的核心词共有 5 个，约占斯瓦迪士核心词表中词汇总数（207 个）的 2.42%。被部分代替的核心词如下：

nuŋ³³pjɑʔ⁵⁵ 背、背后　　khɑ⁵⁵tɕhi³³ 什么时候
后　边　　　　　　　　哪　期
（本）（汉）　　　　　（本）（汉）

ɑ³¹-mjin³³ 名字　　　　tʂɯŋ³¹tʂui³¹ 打猎
PRE-名字　　　　　　　山　追
（本）（汉）　　　　　（本）（汉）

u³³-tɕhɑu³³ 角
PRE-角
（本）（汉）

综上，在斯瓦迪士核心词表中，被全部替换及部分代替的核心词语共计 49 个②，占到词语总数（207 个）的 23.67%。

在藏缅语的核心词汇中，部分核心词已经为汉语借词所全部代替，例如：

表 4-20

| sɑ³³tsə³¹ | 沙子 | ʑin³¹ | 云 | xui³³ | 灰（色） | zɛ̃³¹ | 烟 |
| ɕi³³ | 膝 | tɕi³¹ | 给 | zɛ̃³¹ | 圆 | ŋuɑi³¹ | 弯曲 |

还有一些核心词被部分代替，例如：

---

① "同义（功能）异构"的词语按一个词语来计数，例如，thuɑ̃³¹/zɛ̃³¹ "圆"；同一个词条中的两个词语按一个词语来计数，例如，tɕi³³、tʂɑ³³ "挤、榨"。

② 在斯瓦迪士核心词表中，"名字"（ɑ³¹mjin³³/mjin³¹tsɿ³³）既是全词替换的词语，也属于部分代替的词语。

u³³-tɕhau³³ 角   a³¹-mjin³³ 名字
PRE-角   PRE-名字
（本）（汉）   （本）（汉）

（4）部分亲属称谓词语为汉语借词所替换

亲属称谓反映人类最基本的社会关系，主要包括亲属关系和婚姻关系。在词汇系统中，亲属称谓词通常属于较为古老的词汇，大多使用本族语的固有词，具有相对稳定的性质。受汉语影响，在3381个分类词语中，亲属称谓词语约有95个，其中，大约33个为汉语借词，汉借亲属称谓词的数量（33个）约占全部亲属称谓词数量（95个）的34.74%，超过三分之一。汉借的亲属称谓词举例如下：

表4-21

pa³¹pa³³	爸爸	ma³³	妈妈	ta³³tiɛ³³	伯父	ta³³ma³³	伯母
la³³zɛ³³	叔父	lau³³ʂən³³	叔母	pjau³³ɕuŋ³³	表哥	pjau³³tɕɛ³³	表姐
pjau⁵¹ti³⁵	表弟	pjau⁵¹mɛi³⁵	表妹	ko³³	哥哥	tɕɛ³³	姐姐
tʂʅ³¹ə³³tsʅ⁵⁵	侄子	tʂʅ³⁵n̠u³¹	侄女	sun³⁵tsʅ⁵¹	孙子	sun³⁵n̠it⁵¹	孙女

（5）汉语借词处于词语竞争中的优势

从核心词汇的角度来看，与语义相等或相近的固有词相比，梁河阿昌语的汉语借词往往处于词语竞争的优势地位。例如：

表4-22

汉借词	固有词	汉义
ləu³¹	tɕit³¹	落下
sa³³tsə³¹	sə²³¹tsa³¹	沙
ui³³pa⁵⁵	n̠it³¹tsha³¹	尾巴

在表4-22中，汉语借词 ləu³¹ "落下"、sa³³tsə³¹ "沙"、ui³³pa⁵⁵ "尾巴"与对应的固有词 tɕit³¹ "落下"、sə²³¹tsa³¹ "沙"、n̠it³¹tsha³¹ "尾巴"属于"同义（功能）异构"词语，在话语交际中，汉语借词兼用于

老派话语与新派话语，固有词主要用于老派话语，汉语借词的使用频率高于固有词，词语使用的竞争优势显而易见。

从亲属称谓词语的角度来看，固有词与汉语借词并存共用，汉语借词的使用频率较等义的固有词高，使用范围广。例如：

表 4–23

汉语借词	固有词	汉义
ta^{33} tiɛ^{33}	pha^{31} ma^{33}	伯父
ta^{33} ma^{33}	ŋɛ^{33} ma^{33}	伯母
pjau^{33} ɕuŋ^{33}	nuŋ^{33} sai^{33}	表哥
pjau^{51} mɛi^{35}	nuŋ^{33} naŋ^{33}	表妹

表 4–23 中的汉语借词 ta^{33} tiɛ^{33} "伯父"、ta^{33} ma^{33} "伯母"、pjau^{33} ɕuŋ^{33} "表哥"、pjau^{51} mɛi^{35} "表妹" 分别对应固有词 pha^{31} ma^{33} "伯父"、ŋɛ^{33} ma^{33} "伯母"、nuŋ^{33} sai^{33} "表哥"、nuŋ^{33} naŋ^{33} "表妹"，在话语交际中，汉语借词不仅用于新派话语，也用在老派话语里，固有词通常仅用于老派话语，汉语借词的使用频率、使用范围明显高于固有词。

从非核心词汇的角度来看，汉语借词的使用频率比语义相等的固有词更高，功能域更为广泛。例如：

表 4–24

汉语借词	固有词	汉义
tsɿ^{33}	tɕa^{231} khɯ^{33} lia^{55}	字
ma^{51} xuaŋ^{31}	nu^{33} tsa^{55}	蚂蟥
ʂai^{33} tsɿ^{55}	pə^{31} sɔ^{231}	筛子
la^{31} tsɿ^{55}	ŋa^{231} ŋɛ^{33}	辣椒

固有词、早期汉语借词与新近汉语借词并用的，新近汉语借词的使用频率最高，早期汉语借词次之，本族语固有词最低，使用频率由低及高，依次为"固有词" < "早期借词" < "新近借词"。例如：

表 4-25

固有词	早期汉语借词	新近汉语借词	汉义
kɯŋ³³kɯŋ⁵⁵	n̥uŋ³³n̥uŋ⁵⁵	tu³³	都
tʂhau³¹	fu³¹	xu³¹	炖煮
n̥aŋ³³	fui³³	xui³³	会（客）

在上述例词中，使用频率最低的是 kɯŋ³³kɯŋ⁵⁵ "都"、tʂhau³¹ "炖煮" 和 n̥aŋ³³ "会（客）"，居中的是 n̥uŋ³³n̥uŋ⁵⁵ "都"、fu³¹ "炖煮" 和 fui³³ "会（客）"，使用频率最高的是 tu³³、xu³¹ 和 xui³³。使用频率由低到高，依次为：kɯŋ³³kɯŋ⁵⁵ < n̥uŋ³³n̥uŋ⁵⁵ < tu³³；tʂhau³¹ < fu³¹ < xu³¹；n̥aŋ³³ < fui³³ < xui³³。

（6）词汇的增容以"全词借入"为主

在梁河阿昌语中，词语的借用方式主要包括"全词借入""借词释义""半借半译"和"借入意译"等。目前，"全词借入"是梁河阿昌语最重要的词语借入方式，梁河阿昌语词汇库的快速增容主要依靠"全词借入"的方式来实现。

"全词借入"，即"整体借贷"，指的是意义与形式均被借用或者"同化"，仅在语音系统方面略做调整的一种借用方式。随着汉语影响的不断深入，梁河阿昌语的"全词借入"更为"纯粹"，词语的语音形式、语义所指以及发音特征等均与当地汉语中语义平行的词语渐趋一致。例如：

表 4-26

khən³³	肯	lin³¹ʂə³⁵	邻居	pau³³pau³³	包
tin³³	叮	tshui³¹	催	pei³³	焙
tshui³³	脆	xo³¹tɕhi³³	和气	maŋ³¹	忙
kuã³³ɕin³³	关心	ui³³pa⁵⁵	尾巴	tuã³³	拦

表 4-26 所列词语在语音形式及语义内涵方面与当地汉语的对应词语完全一致或大同小异，均是通过"全词借入"的方式进入梁河阿昌语词

汇系统的汉语借词。

3. 语法方面

语言的本质是语法，语法是语言系统中最保守，也是最具稳定性的一个语言要素。但是，在汉语影响下，梁河阿昌语的语法结构发生了较为明显的变化。该变化可以从词法、语序、语法范畴以及句法结构等方面来考察。

（1）词法的变化

主要表现为汉语虚词的借入与语法标记的脱落。

①汉语虚词的借入

梁河阿昌语从汉语中借入了为数不少的汉语虚词，汉借的虚词（86个）约占全部虚词总量（149个）的57.72%。

汉借的副词主要有 fɛi³³tʂhaŋ³¹/tʂa³¹ʂɿ³¹ "非常"、kɯ³¹wai³⁵ "格外"、tsui³⁵/tin³³ "最"、thai³⁵ "太"、thə³¹pjɛ²³¹ "特别"、ko³⁵ȵi³¹ "过分"、ʑi³³tɕin³³ "已经"、tɕin³³tʂhaŋ³¹ "经常"、ʑi³¹tin³⁵ "一定"、kho⁵¹nəŋ³¹ "可能"、tau³⁵ti⁵¹ "到底"、ko⁵¹ʐã³¹ "果然" 和 tʂɿ³³xau⁵¹ "只好" 等。这些从汉语借入的副词在一定程度上改变了梁河阿昌语的语义呈现形式。以汉借的语气副词为例（下划线部分是汉借的语气副词）：

ʂɿ³¹tuŋ³⁵　tau³⁵ti⁵¹　kə³³tə³³　tə³¹?
3pl　　　到底　　哪里　　在
他们到底在哪里？

naŋ³³　ko⁵¹ʐã³¹　lɑ²⁵⁵　kəu³³.
2sg　　果然　　　来　　TAM
你果然来了。

ŋu³¹tuŋ³³　tʂɿ³³xau⁵¹　tsai³⁵　ta³¹　tɕhi³³　laŋ³¹　nɛi²⁵⁵.
1pl　　　 只好　　　　再　　一　　CL　　等　　TAM：PROG
我们只好再等一等。

在梁河阿昌语中，固有的语气副词数量较少，若要表示"强调""推测""感叹"之类的"主观量"，通常需要借助重读、停顿、重复或改变音长之类的方式来实现。在上述例句中，tau³⁵ti⁵¹ "到底"、ko⁵¹ʑã³¹ "果然" 和 tʂɿ³³xau⁵¹ "只好" 均为借自汉语的语气副词，用来表示"主观量"，这样，本族语中表示相应语气的非音段方式就转变为主要使用汉借的副词性手段。

汉借的连词主要包括表示选择关系的 xai³¹ʂɿ³³/xã³¹ʂɿ³³ "还是"，表示转折关系的 tã³³ʂɿ³³ "但是"、kho⁵¹ʂɿ³⁵ "可是"、pu³¹ko³³ "不过"、tʂɿ³³ʂɿ³¹ "只是" 和 tau³¹ʂɿ³¹ "倒是"，表示条件关系的 tsɿ³¹ʂɿ³¹ "只要/只有" 和 pu³¹kuã³³ "不管"，表示假设关系的 ʐau³³ʂɿ³³/ʐau³³ "要是/要" 和 tɕu⁵⁵ʂɿ³¹ "就是"，以及表示因果关系的 so³¹ʑi³¹ "所以" 等。借自汉语的连词在一定程度上改变了固有词语的语义表达形式以及句法结构特征。例如（下划线部分为汉借连词）：

ʂaŋ³¹ tɕa³¹ xəu³³ xai³¹ʂɿ³³ m³¹ tɕa³⁵ ui³¹?
3sg 吃 TAM CONJ NEG 吃 TAM：INTROG
他吃了还是没吃呀？

tʂau³¹kə³³ la³³ tʂau³¹kə³³, pu³¹ko³³ ŋa²³¹ ka³³ ɛi⁷⁵⁵.
好看 TOP 好看 LNK 太 贵 TAM
好看是好看，不过太贵。

pu³¹kuã³³ naŋ³³ la⁷³¹ ɛi⁷⁵⁵ n³¹ la³⁵, ŋa³³ ku³³tshu⁷⁵⁵
LNK 2sg 去 TAM NEG 去 1sg 今年
kuai³³mja³³ thuŋ³³ la⁷³¹ ɛi⁷⁵⁵.
夏天 都 去 PROS
不管你去不去，我今年夏天都要去。

ʐau³³ʂɿ³³ ʂɿ³¹uŋ³¹ tɕa³¹ kuaŋ³³ xəu³⁵, ŋa³³ tɕu⁵⁵ tsai³⁵ u³³
LNK 桃子 吃 光 TAM 1sg 就 再 买
lɛi⁷⁵⁵.
DIR：PROS
要是桃子吃光了，我就再买来。

mau³¹ wa³³　　　n³¹ kɯ³¹,　so³¹ʑi³¹　kha⁵⁵nai³³　ŋo³¹tuŋ³³　zu³⁵
雨　下　　　　NEG 大　　LNK　　今天　　　1pl　　　又
lɑ²³¹ xɛi²⁵⁵.
去　　TAM：TAM
因为雨不大，所以今天我们又去了。

在梁河阿昌语中，"假设""因果""转折""条件""范围""时间""频率"等语义关系主要借助上下文语境以及变调、停顿、重读等方式来实现，此外，也可以使用本族语的连接助词"kun³³""kɑ³³"等。随着表示前述语义关系的汉语连词的大批量借入，梁河阿昌语中表示"假设""因果""转折"等语义关系的方式变得更为缜密，句法结构的分析性特征也更为凸显。

在梁河阿昌语中，汉借的叹词主要有 mɛ³¹、mɛ³¹mɛ³¹、ɑi³³、ɛi²³¹、m³¹、ɑi³³zo²³¹ 和 ŋ³¹ 等，汉借的语气词主要有 ɛi³⁵、po³⁵、mo³¹ 和 ɑ²⁵⁵ 等。这些汉借的叹词和语气词在一定程度上改变了梁河阿昌语的句类形式及语义表达方式。例如（下划线部分是相应的汉借词）：

<u>mɛ³¹</u>!　tã³¹–khau³¹　tə³³　　ŋɑ³¹ʂɑ³¹　ɑ⁵⁵su³¹　ȵɑ³¹　ɛi²³¹!
INTER　水田–LOC　POST　鱼　　　这么　　多　　　TAM
哎呀，水田里这么多鱼啊！

<u>mɛ³¹mɛ³¹</u>,　ŋɑ³³　lɑ²³¹　kɑ³⁵　mja³¹　xɛi²⁵⁵.
INTER　　　1sg　来　　PRT　晚　　TAM：TAM
哎，我来晚了。

ȵi³¹tuŋ³³ <u>ɑ²⁵⁵</u>,　　　kə³¹ʂɿ³⁵　ʑin³³　tə³³　lɑ²³¹　ɛi²⁵⁵.
2pl　　TAM：TOP　赶快　　　家　　ACC　去　　TAM：IMP
你们啊，赶快回家吧。

naŋ³³ <u>nɛi³⁵</u>,　　　tɕu⁵⁵　ɑ⁵⁵su³¹　kai³³　khui²⁵⁵.
2sg　TAM：TOP　就　　这样　　　说　　AUX
你们呢，就该这么说。

梁河阿昌语从汉语中借入为动助词 tɕi⁵⁵，用在谓语动词后，指明动作、行为、活动的明确受益者，与汉语的"给、帮、替、为"等词语对等。例如（下划线部分为汉借的为动助词）：

ŋɑ³³　nɑŋ³³　tə³³　liɑ³³　<u>tɕi⁵⁵</u>　zɑ²³¹　pɑŋ³³！
1sg　2sg　ACC　地　BEN　扫　TAM

我来帮你扫地吧！

梁河阿昌语从汉语中借入了表示强调的对比助词 li³³/liɛ̃³³，用在受事者之后，强调事实、常态与常理，凸显对比焦点（constrastive focus），并表达一定的主观性。例如（下划线部分是借自汉语的对比助词）：

nɑŋ³³　kun³³　khɑ⁵⁵su³¹　tʂɿ³³lɑ²³¹phɑ²³¹　zi³¹　pei³³　<u>li³³</u>
2sg　TOP　怎么　茶水　一　CL　PRT：EMPH

n³¹　ʂu²³¹？
NEG　吸

你怎么连一杯水也不喝？

ŋɑ³³　khiɑŋ³³　<u>liɛ̃³³</u>　　n³¹　khut³¹　lɑu³³.
1sg　什么　PRT：EMPH　NEG　做　想

我什么都不想做。

②语法标记的脱落

受汉语影响，梁河阿昌语中有一部分语法标记脱落，这样，有标记的结构相应地变为无标记的同义结构，语法系统进一步趋简。以工具格标记 xɑ³³、中心词前关系小句标记 xɑ³³ 以及强调标记 xɑ³³ 等的脱落为例。

在梁河阿昌语中，固有的工具格标记 xɑ³³ 大多能被替换为普通动词 tɕu³³ "用"，替换后的句法结构由原来的简单动词谓语句变为语义平行的多动词句。例如：

nɑŋ³³　tɕɑŋ³¹tʂu³⁵　xɑ³³　ɑŋ³¹　tə³³　ŋɑŋ³¹　ɛi²⁵⁵！
2sg　筷子　INS　菜　ACC　夹　TAM：IMP

你用筷子夹菜呀！

naŋ³³　tɕaŋ³¹tʂu³⁵　tɕu³³　aŋ³¹　tə³³　n̥aŋ³¹　ɛi²³⁵！
2sg　筷子　　　用　　菜　ACC　夹　　TAM：IMP
你用筷子夹菜呀！

xa³³在第一个例句中是工具格标记，与前面的工具名词组配，充当句法结构的状语，修饰谓语核心n̥aŋ³¹，整个句子是"S = NP₁ + NP₂ + VP"的简单动词性谓语句。在第二个例句中，及物动词tɕu³³代替工具格标记xa³³，与后续的动词n̥aŋ³¹共同充当句法结构的谓语核心，整个句子是"S = NP₁ + VP₁ + NP₂ + VP₂"的多动词句。也即，工具格助词xa³³脱落后，原句法结构发生了较大的变化，由简单动词性谓语句变为多动词句。

受汉语的影响，梁河阿昌语中固有的中心词前关系小句（pre-head relative clause）标记xa³³容易脱落，这样，中心词前关系小句充当句法结构的定语就由有标记的结构变为无标记的结构。例如：

naŋ³³　xa³³　tɕɛ̃³¹　ka³³　wa²³¹paŋ³³　kə³³tə³³　tə³¹？
2sg　PREH　砍　　PRT　竹子　　　　哪里　　在
你砍的竹子在哪里？

naŋ³³　tɕɛ̃³¹　ka³³　wa²³¹paŋ³³　kə³³tə³³　tə³¹？
2sg　砍　　PRT　竹子　　　　哪里　　在
你砍的竹子在哪里？

在第一个例句中，naŋ³³ xa³³ tɕɛ̃³¹做定语，修饰名词中心语wa²³¹paŋ³³，xa³³是中心词前关系小句的标记。在第二个例句中，xa³³脱落，naŋ³³ tɕɛ̃³¹充当句法结构的定语，修饰名词中心语wa²³¹paŋ³³。目前，在梁河阿昌语中，主谓结构修饰中心语通常不再使用中心词前关系小句标记。

梁河阿昌语的xa³³是强调施事助词，为后置性成分，用于被强调的成分之后。受汉语影响，表示强调的固有助词xa³³脱落，语句的强调意义由原来使用本族语的强调助词xa³³变为使用汉借的判断动词ʂɿ³¹"是"。例如：

kha⁵⁵ʑu²³¹　xa³³　　　　naŋ³³　tə³³　kai³³tɕi²³¹　ɛi²⁵⁵？
谁　　　　AGT：EMPH　2sg　　ACC　告诉　　　TAM：HAB
是谁告诉你的？

ʂɿ³¹　　　　　kha⁵⁵ʐu²³¹　naŋ³³　tə³³　kai³³tɕi²³¹　ɛi²⁵⁵？
COP：EMPH　谁　　　　2sg　ACC　告诉　　　TAM：HAB

是谁告诉你的？

在上述句子中，强调施事助词 xa³³ 用于句子主语后，强调动作的发出者 kha⁵⁵ʐu²³¹，强调施事助词 xa³³ 脱落后，句子的强调意义由判断动词 ʂɿ³¹ "是"来实现，ʂɿ³¹ "是"处在句首的位置，强调施事 kha⁵⁵ʐu²³¹。

此外，受汉语影响，梁河阿昌语中固有的话题助词数量减少，话题化的实现由主要使用话题标记与语序手段变为主要借助语序来实现（例子见第三章第六节相关内容）。

（2）语序的变化

受汉语影响，梁河阿昌语的基本语序与一般语序均发生了不同程度的变化。

①基本语序的变化

梁河阿昌语从汉语中借入本族语中不存在或不够发达的新型语序，固有的基本语序在一定程度上发生了变化。这种情况可以基于短语和语句两个层面来考察。

从短语层面来看，随着语言影响的深入，梁河阿昌语中有一部分"宾动"结构可以两读。例如：

表 4–27

本族语的固有结构	汉借的后起结构	汉义
tʂaŋ³⁵（账）tʂha³¹（查）	tʂha³¹（查）tʂaŋ³⁵（账）	查账
xo⁵¹kuã³⁵（火罐）pa²³¹（拔）	pa²³¹（拔）xo⁵¹kuã³⁵（火罐）	拔火罐

在上述例子中，tʂaŋ³⁵ tʂha³¹ 和 xo⁵¹kuã³⁵ pa²³¹ 是固有的"宾动"结构，tʂha³¹ tʂaŋ³⁵ 和 pa²³¹ xo⁵¹kuã³⁵ 是汉借的"动宾"结构。两种语序并存共用，固有的"宾动"语序大多用于老派话语，汉借的"动宾"语序主要用于新派话语。

从语句层面来看，梁河阿昌语借入"S + V + 小句宾语"格式①。梁河阿昌语是 SOV 语言，属于 OV 型配列。受汉语影响，在梁河阿昌语的小句宾语句中，谓语动词可以前移，形成"V + O（小句）"式的动宾语序。例如（下划线部分是小句宾语）：

ŋa³³　ṣaŋ³¹　pjɛ²³¹ṣa³⁵　m³¹　tɕa³⁵　kai³³saŋ³³tɕa²³¹． （固有顺序）
1sg　3sg　羊肉　　　　NEG　吃　听说

我听说他不吃羊肉。

ŋa³³　kai³³saŋ³³tɕa²³¹　ṣaŋ³¹　pjɛ²³¹ṣa³⁵　m³¹　tɕa³⁵． （新型语序）
1sg　听说　　　　　　3sg　羊肉　　　　NEG　吃

我听说他不吃羊肉。

在上述例句中，第一例是梁河阿昌语的固有语序，充当句法结构宾语的小句（ṣaŋ³¹ pjɛ²³¹ṣa³⁵ m³¹ tɕa³⁵）居前，谓语动词（kai³³saŋ³³tɕa²³¹）在后，整个句子是"S + 小句宾语 + V"的语序。在第二例中，动词（kai³³saŋ³³tɕa²³¹）在前，充当句法结构宾语的小句（ṣaŋ³¹ pjɛ²³¹ṣa³⁵ m³¹ tɕa³⁵）居后，整个句子是受汉语影响的"S + V + 小句宾语"语序。

梁河阿昌语借入 S→NP₁ +ṣʅ³¹ "是" + NP₂ 格式。在梁河阿昌语中，本族语的判断句式是 S→NP₁ + NP₂ + ȵɛ²⁵⁵ "是" + ɛi²⁵⁵，受汉语影响，梁河阿昌语借入汉语的判断动词 ṣʅ³¹ "是"，ṣʅ³¹ "是"的使用频率高，且处在句法结构中名词性成分（NP₂）的前面。该语序与梁河阿昌语固有的 S→NP₁ + NP₂ + ȵɛ²⁵⁵ "是" + ɛi²⁵⁵ 语序相背离。例如：

xɑ³³ – tʂu⁵⁵　kai³¹ko³⁵lo³³　ȵɛ²³¹　ɛi²⁵⁵． 　（使用固有的 ȵɛ²⁵⁵）
这 – DEF　鸭鸟　　　　COP　HAB

这是鸭鸟。

xɑ³³ – tʂu⁵⁵　ṣʅ³¹　kai³¹ko³⁵lo³³．　　　（使用汉借的 ṣʅ³¹）
这 – DEF　COP　鸭鸟

---

① 单从成因角度来看，梁河阿昌语的"S + V + 小句宾语"格式，既有汉语影响的因素，也有语言系统本身为避免内嵌成分过长的"重成分移位"（heavy shifit）因素。

这是鸭鸟。

在上述例句中，第一例的 xa³³tʂu⁵⁵ 占据判断句的主语位置，ŋɛ²³¹ 是固有的判断词，处在句末的位置，是梁河阿昌语判断句的固有顺序。在第二例中，xa³³tʂu⁵⁵ 占据判断句的主语位置，ʂɿ³¹ 是汉借的判断动词，处在主语（NP₁）后，名词性成分（NP₂）前，是受汉语影响的新型语序。

②一般语序的变化

梁河阿昌语的"名+形""名+数+量""名词+指示代词+量词"是固有、原生的修饰语序。受汉语影响，形容词、数量结构和指量结构等均可前置于名词中心语，构成"形+名""数+量+名""指示代词+量词+名词"的语序。目前，在梁河阿昌语中，固有的原生修饰语序与后起的汉借修饰语序并置共用。例如：

本族语语序　　　　　　　汉借语序

wa²³¹　pjau³¹　　　　　　pjau³¹　ɛi⁵⁵　wa²³¹

猪　　肥　　　　　　　　肥　　PRT　猪

肥猪（形容词修饰中心语）

ŋa³¹ʂa³¹　ta³¹　tɕaŋ³³　　ta³¹　tɕaŋ³³　ŋa³¹ʂa³¹

鱼　　　　一　　CL　　　一　　CL　　鱼

一斤鱼（数量结构修饰中心语）

phjin³¹taŋ³¹　xa³³　tʂu⁵⁵　　xa³³　tʂu⁵⁵　phjin³¹taŋ³¹

花　　　　　这　　CL　　　这　　CL　　花

这种花（指量结构修饰中心语）

在梁河阿昌语中，有一部分固有的状语修饰语（主要为副词、助动词等）倾向于用在动词性成分之后（"动词中心语+状语修饰语"），而语义平行的汉借状语修饰语（副词、助动词等）则以前置于动词性成分（"状语修饰语+动词中心语"）为常。例如（下划线部分为相应的副词和助动词）：

ʂɿ³¹tuŋ³³　zin³³　tə³³　la²³¹　ʂɿ⁵⁵　kəu³³．（固有的修饰语序）

3pl　　　家　　ACC　去　　先　　TAM

他们先回家了。

naŋ³³　tɕhɛ̃³³　zɛ̃³¹　ta³¹　paŋ³³　ʂu²³¹　a⁵⁵．　（汉借的修饰语序）

2sg　　先　　　烟　　一　　CL　　吸　　TAM：IMP

你先抽一支烟啊。

ŋa³³　xai⁵⁵tɕhi³³　m³¹　tha⁽²³¹⁾　la²⁵⁵　ʂən³¹．（固有的修饰语序）
1sg　现在　　　NEG　起　　　DIR　　还
我现在还没起床。

ʂaŋ³¹　xai³³　tɕa³³　m³¹　tɕa³⁵．（汉借的修饰语序）
3sg　　还　　饭　　NEG　吃
他还没有吃饭。

ŋa³³　a³¹thiɛ³⁵　la⁽²³¹⁾　khui⁽²⁵⁵⁾．（固有的修饰语序）
1pl　自己　　　去　　　AUX
我应该自己去。

nuŋ³³tɕhe³³　tə³³　thuŋ³³　zin³³kai³³　kai³³tɕi⁽²³¹⁾　a²⁵⁵．
亲戚　　　　ACC　都　　　AUX　　　告诉　　　　TAM：IMP
亲戚都应该告诉啊。
（汉借的修饰语序）

上述例句的 ʂɿ⁽²⁵⁵⁾"先"、ʂən³¹"还"属于固有的副词，按照本族语固有修饰语序的要求，分别用于谓语动词 la⁽²³¹⁾"去"、tha⁽²³¹⁾la²⁵⁵"起来"之后，tɕhẽ³³"先"、xai³³"还"为汉借副词，遵循汉语语序的规则，用在谓语动词 ʂu⁽²³¹⁾"吸"、tɕa³⁵"吃"之前。上述例句的 khui²⁵⁵"应该"是固有的助动词，按照本族语固有语序的要求，用在动词 la⁽²³¹⁾"去"之后，zin³³kai³³"应该"是等义的汉借助动词，遵循汉语语序的规则，用于谓语动词 kai³³tɕi⁽²³¹⁾"告诉"之前。

（3）语法范畴呈现方式的变化

受汉语影响，梁河阿昌语中某些语法范畴的呈现方式逐渐由偏重形态的屈折式变为主要使用词汇手段的分析式。以动词的使动态为例。

在梁河阿昌语中，动词使动态的固有表现方式主要是使用屈折性的手段（通过声母的送气与不送气、鼻音声母的清浊以及零声母与清擦音的交替等来实现），也兼用分析性的手段（在自动词的前面或者后面加上一个语义较实或较虚的词语来实现）。受汉语影响，目前，在梁河阿昌语中，动词的使动态主要是通过在自动词的前面加上一个语义较实的动词来实现。例如：

a³¹nuŋ³¹　ɯ³³　kəu⁵¹．（自动）
弟弟　　　笑　　TAM
弟弟笑了。

a³¹nuŋ³¹　təu³³　ɯ³³　kəu⁵¹．（təu³³加 ɯ³³构成使动）
弟弟　　　逗　　哭　　TAM
弟弟被逗笑了。

ləu³¹tsʅ³⁵　lɯŋ³³　kəu³³．（自动）
楼　　　　倒　　　TAM
楼倒了。

ləu³¹tsʅ³⁵　tə³³　kau³³　lɯŋ³³　kəu³³。（kau³³加 lɯŋ³³构成使动）
楼　　　　ACC　 弄　　　倒　　 TAM
楼被弄倒了。

上例的两个动词 təu³³"逗"和 kau³³"弄"均借自汉语，语义实在，分别用在自动词 ɯ³³"笑"、lɯŋ³³"倒"的前面，表示动词的使动态。

受汉语影响，梁河阿昌语中某些语法范畴的呈现方式由偏重形态的屈折式向主要使用词汇手段的分析式（或者兼用屈折式与分析式）转变。以动词的互动态为例。

动词的互动态在本族语中以往主要通过动词加后缀 kɑ³³的形式来实现①。受汉语影响，目前，梁河阿昌语中有一部分动词（主要是双音节动词）的互动态使用词汇手段，或者兼用 kɑ³³和词汇的手段。例如：

---

① 按照藏缅语族缅语支语言的描写习惯，本书将互动态标记统一归入助词类，但该标记实际上也可视为"准形态"的后缀。

ʂɿ³¹tuŋ³³sɿ⁵⁵ʐuʔ³¹   ma³¹lau³³   ka³³   xɛiʔ⁵⁵.   （动词加 ka³³）
3dl   爱   REC   TAM：TAM
他俩相爱了。

ʂɿ³¹tuŋ³³sɿ⁵⁵ʐuʔ³¹   fu³¹ɕaŋ⁵¹   ma³¹lau³³   xɛiʔ⁵⁵.   （动词加 fu³¹ɕaŋ⁵¹）
3dl   互相   爱   TAM：TAM
他俩相爱了。

ʂɿ³¹tuŋ³³sɿ⁵⁵ʐuʔ³¹   fu³¹ɕaŋ⁵¹   ma³¹lau³³   ka³³   xɛiʔ⁵⁵.
3dl   互相   爱   REC   TAM：TAM
他俩相爱了。
（动词加 ka³³ 和 fu³¹ɕaŋ⁵¹）

在上述三个例句中，第一个例句中的"相爱"通过动词 ma³¹lau³³ "爱"后加 ka³³ 来实现，第二个例句通过在汉借副词 fu³¹ɕaŋ⁵¹ "互相"的后面加上动词 ma³¹lau³³ "爱"来实现，第三个例句通过使用 fu³¹ɕaŋ⁵¹ "互相"与本族语固有的互动标记 ka³³ 并存共用的手段来实现。目前，在梁河阿昌语中，双音节动词互动态的表示方法大多使用汉借副词 fu³¹ɕaŋ⁵¹ "互相"，该副词既可以单用，也可以与本族语固有的互动标记 ka³³ 并置。

（4）句法成分的变化

受汉语影响，梁河阿昌语的宾语类型进一步丰富，述补结构发达。

①宾语类型进一步丰富

在梁河阿昌语的本族语结构系统中，宾语主要包括受事宾语、对象宾语、结果宾语、处所宾语、存在宾语和数量宾语等。受汉语影响，在原有的宾语类型中，新增工具宾语，宾语的类型进一步丰富。例如（下划线部分为工具宾语）：

pha³¹ʐaŋ³³－ma³³   mau³¹pji⁵¹   tə³³   tɕaŋ³³   thau³¹   ɛiʔ⁵⁵.
叔叔－AUG   毛笔   ACC   AUX   写   HAB
大叔会写毛笔字。

ŋa³³   pɛi³³tsɿ³³ – tsa³¹   tə³³   ʂu²³¹   lau³³   ɛi²³¹.
1sg   杯子 – DIM   ACC   喝   喜欢   HAB
我喜欢喝小杯子。

上述例句的 mau³¹pji³¹ "毛笔"、pɛi³³tsɿ³³tsa³¹ "小杯子" 均为工具名词，在句法结构中处在宾语成分的位置，分别充当句法结构中谓语核心 thau³¹ "写"、ʂu²³¹ "喝" 的工具宾语。

②述补结构发达

普遍的语言调查显示，在属于 OV 型配列、核心居后型的后置词语言类型中，状语结构类型多、数量大，句法操作多样。比较而言，该语言类型中的述补结构不够发达。梁河阿昌语属 OV 型配列，为核心居后型的后置词语言，状语结构发达，但是，梁河阿昌语中同时还存在着大量的述补结构，这些述补结构类型多样，句法呈现复杂，有固定的语法标记。从充当补语的成分来看，动词（包括助动词）、形容词（包括形容词重叠式）、代词、四音格词以及小句等，均可充当句法结构的补语。从补语的类型来看，有结果补语、程度补语以及趋向补语等。从补语的语法标记来看，梁河阿昌语中有专门的补语助词 ka³³（在语流中可以变读为 ka³⁵）。梁河阿昌语中述补结构的发达或与汉语的影响直接关联。例句如下（下划直线部分是句法结构的补语，下划波浪线部分是补语标记）：

mji³¹   mət⁵⁵   tu²³¹   xəu³³. （动词 tu²³¹ 做补语）
火   吹   燃   TAM
火吹着了。

u³¹ – u³¹ – ɛi²⁵⁵   zək³¹   ka³⁵   aŋ³³   kəu³¹. （形容词 aŋ³³ 做补语）
头 – 剃 – NMLZ   站   PRT   累   TAM
剃头匠站累了。

ȵi³¹tuŋ³³   tɕa³¹   ka³³   khiaŋ³³la²³¹ma³³   ɛi²⁵⁵?
2pl   吃   PRT   怎么样   HAB
你们吃得怎么样？
（代词 khiaŋ³³la²³¹ma³³ 做补语）

ŋo³¹tuŋ³³　khã³¹tɕhin³¹　tə³³　phu³¹　tha²⁵⁵　ʑi³³　kaŋ³³.
1pl　　　甘蔗　　　　ACC　捆　　DIR　　DIR　TAM：IMP
我们把甘蔗捆起来吧。
(趋向动词 tha²⁵⁵ʑi³³ 做补语)

ŋu³¹tuŋ³³　tɕa²³¹　ka³³　tɕhin³³tɕhin³³tʂhu⁵⁵tʂhu⁵⁵　kəŋ³¹　ɛi²⁵⁵.
1pl　　　　听　　　PRT　清清楚楚　　　　　　　　很　　TAM
我们都听得清清楚楚的。
(四音格 tɕhin³³tɕhin³³tʂhu⁵⁵tʂhu⁵⁵ 做补语)

ʂaŋ³¹　mji³¹sau³¹　tʂau³¹　ka³³　ɲa²³¹tɕit³¹　na³³　ɛi²⁵⁵.
3sg　　书　　　　　看　　　PRT　眼睛　　　　疼　　TAM
他看书看得眼睛疼。
(小句 ɲa²³¹tɕit³¹ na³³ 做补语)

此外，梁河阿昌语中还有一种"动词（形容词）中心语+ka³³"的结构，该结构可以视作具体语境下补语成分的缺省或者隐含。例如（下划直线部分是谓语核心，下划波浪线部分是补语标记）：

naŋ³³　a³¹ʐa³³　tə³³　tɕhi³³　ka³³.
2sg　　奶奶　　ACC　气　　　PRT
你把奶奶气得。

tsu³³maŋ⁵⁵　xəu⁵⁵　tiu²³¹　aŋ³³　ka³³.
老人　　　　那　　一：CL　累　　PRT
那一个老人累得。

（5）句式的变化

受汉语影响，在梁河阿昌语中，有一部分句式发生了较为明显的变化，固有的句式逐渐向汉语相应的句式靠拢。以比较句、话题句为例。

①比较句式的变化

主要指的是差比句和等比句的变化。受汉语的影响，梁河阿昌语借入汉语的"主体+pji³³+基准+结果"格式以及差比标记 pji³³"比"，在一定程度上改变了本族语固有差比意义的表现方式。

在结构形式方面,梁河阿昌语的差比句式主要有以下两种:

第一种是"主体+基准+标记+结果"。例如:

ʂɿ³¹tshaʔ²³¹　xɑ⁵⁵　tɕhaʔ²³¹　xəu⁵⁵　tɕhaʔ²³¹　khɯ³³　maʔ²³¹　phã³³　ɛiʔ²⁵⁵.
橄榄　　　　这　CL　　　那　CL　　　COMPR　涩　　TAM

这把橄榄比那把涩。

第二种是"主体+基准+结果+标记"。例如:

ʂaŋ³¹　ŋa³³　tə³³　mjaŋ⁵⁵　pa³³　ɛiʔ²³¹.
3sg　　1sg　ACC　高　　　COMPR　TAM

他有我高。

受汉语影响,目前,在梁河阿昌语中,主要使用汉借的"主体+pji³³+基准+结果"格式。例如(下划线部分为汉借的差比标记,下同):

xɑ⁵⁵thaʔ²⁵⁵　pji³³　xəu⁵⁵thaʔ²⁵⁵　kuai³³　ɛiʔ²⁵⁵.
这里　　　　COMPR　那里　　　　热　　　TAM

这里比那里热。

汉借的差比标记pji³³"比",前置于比较基准。差比标记由后置词变为前置词。例如:

wa³³　xɑ⁵⁵　ku³³　pji³³　xəu⁵⁵　ku³³　kɯ³¹　ɛiʔ²³¹　po³⁵?
寨子　这　　CL　　COMPR　那　　CL　　大　　TAM　　 TAM;INTROG

这个寨子比那个大吧?

受汉语的影响,梁河阿昌语将汉语等比句的"主体+tɑ²³¹+基准+ʑi³¹ʐaŋ³³+结果"格式连同框式的比较标记tɑ²³¹……ʑi³¹ʐaŋ³⁵"跟……一样"一并借入,一定程度上改变了本族语等比意义的固有表现方式。

梁河阿昌语本族语的等比句式结构为"主体+基准+标记+结果",等比标记主要为后置词①。例如:

a³¹sai³⁵　a³¹pə³⁵　maʔ²⁵⁵　ta³¹tɕhɛ³³　kɯ³¹　ɛiʔ²⁵⁵.
哥哥　　　嫂子　　COMPR　一起　　　　大　　TAM

---

① 受汉语影响,梁河阿昌语中固有的等比标记maʔ²⁵⁵也可前置于比较基准。

哥哥跟嫂子一样大。

受汉语的影响，目前，梁河阿昌语的汉借等比句主要使用"主体 + ta²³¹ + 基准 + ʑi³¹ʑaŋ³³ + 结果"句式，在该句式中，汉借的框式等比标记 ta²³¹……ʑi³¹ʑaŋ³⁵ "跟……一样"中的 ta²³¹ 前置于比较基准。例如（下划线部分为汉借的等比标记）：

kua²³¹　xa⁵⁵　to³³　<u>ta²³¹</u>　xəu⁵⁵　to³³　<u>ʑi³¹ ʑaŋ³⁵</u>　kɯ³¹　ɛi²³¹.
老鼠　　这　　CL　COMPR　那　　CL　　一样　　　大　　TAM
这只老鼠跟那只（老鼠）一样大。

在上例中，整个句子的结构与汉语相应的句子结构等同一致，框式的汉借标记（ta²³¹……ʑi³¹ʑaŋ³⁵）与汉语的对应标记无明显的差异。

②话题句式的变化

受汉语影响，梁河阿昌语的话题句发生了较大的变化，主要表现在话题标记的借用、并置以及脱落等方面。

梁河阿昌语从汉语中借入了大量的话题标记，丰富了本族语话题句式的表达手段。汉借的话题标记主要有 ʂɿ³¹、a²⁵⁵、ʐa²³¹、po³¹ 和 nɛi³⁵ 等。例如（下划线部分为汉借的话题标记）：

tsai³³　xai³³－tʂuŋ⁵⁵　<u>ʂɿ³¹</u>　　ʂu²³¹　ka³⁵　tsəŋ³³.
酒　　　这－DEF　　　COP：TOP　喝　　　PRT　　东西
这酒是喝的。

ȵi³¹tuŋ³³　<u>a²⁵⁵</u>,　　　xã³¹ʂɿ³³　ʂaŋ³¹　tə³³　a³¹nuŋ³¹　<u>kɯ³³</u>　ka²³¹.
2pl　　　TAM：TOP　　还是　　　3sg　　ACC　弟弟　　　叫　　　TAM：IMP
你们啊，还是叫他弟弟吧。

ŋo³¹tuŋ³³　<u>ʐa²³¹</u>,　　xã³¹ʂɿ³³　tɕhɛ³³　ʂaŋ³¹　tə³³　ʑi³¹　xa³³
1pl　　　TAM：TOP　　还是　　　先　　　3sg　　ACC　一　　VCL
laŋ³¹　　na²⁵⁵.
等　　　TAM：IMP
我们呀，还是先等等他。

a³¹ phau³¹ po³¹, maŋ³¹ sʅ³¹ ta³¹ tshuʔ⁵⁵ nai³³ wa³³ kəu³¹.
爷爷　　　TAM：TOP　芒市　　一　年　住　EXP　TAM

爷爷吧，在芒市住过一年了。

ŋa³³ nɛi³⁵, tɕu⁵⁵ tɕhɛ̃³³ aŋ³¹ mjɛ³¹ na³³ paŋ³³.
1sg　TAM：TOP　就　先　菜　做　PROG　TAM

我呢，就先做着菜。

话题标记并置的情况还分两种：本族语话题标记与汉借话题标记的并置、汉借话题标记与汉借话题标记的并置。

本族语话题标记与汉借话题标记并置的，例如（下划线部分是并置的话题标记，下同）：

kha³³ nɯk⁵⁵ la³³ sʅ³¹ tɕa³³ ʂɯk⁵⁵ tɕa³¹.
明天　　　　TOP　COP：TOP　尝新节

明天是尝新节。

在上述用例中，sʅ³¹ 是汉借的话题标记，也是判断动词，la³³ 是本族语的话题标记。本族语的话题标记与汉借的话题标记并存共用于同一个句子中，指明前面的名词性成分是句子的话题。

汉借话题标记与汉借话题标记并置的，例如：

ʂaŋ³¹ ka³⁵ a³¹ maŋ³⁵ nɛi³⁵, sʅ³¹ tɕin³³ pho³³ tshu³¹.
POSS：3sg　GEN　姐夫　　TAM：TOP　COP：TOP　景颇族

他的姐夫呢，是景颇族。

在上述例子中，nɛi³⁵ 是借自汉语的兼用话题标记，兼表一定的语气，话题标记 sʅ³¹ 借自汉语，同时也是一个判断动词，二者并置，指明前面的名词性成分是句子的话题。

受汉语的影响，梁河阿昌语的话题标记脱落，数量减少。例如（下划线部分是话题标记）：

sʅ³¹ tuŋ³³ sʅ⁵⁵ ʐu²⁵⁵ = ʂu³³ la³³ tɕaŋ³³ ɕɛ³³ n³¹ tɕaŋ³⁵ ɕɛ³⁵?
3dl = CLITIC　　　　　　TOP　AUX　知道　NEG　AUX　知道

他们俩会不会知道？

（老派话语）

ʂɻ³¹ tuŋ³³ sɻ⁵⁵ zu²⁵⁵ =ʂu³³　tɕaŋ³³　ɕɛ³³　n³¹　tɕaŋ³⁵　ɕɛ³⁵?　（新派话语）
3dl = CLITIC　　　　　　AUX　知道　NEG　AUX　知道

他们俩会不会知道？

naŋ³³　ʂu²³¹　kun³³，　ŋa³³　tɕu⁵⁵　ʂu²³¹．（老派话语）
2sg　　喝　　TOP　　1sg　　就　　喝

你喝，我就喝。

naŋ³³　ʂu²³¹，　ŋa³³　tɕu⁵⁵　ʂu²³¹．（新派话语）
2sg　　喝　　　1sg　　就　　喝

你喝，我就喝。

在上述例句中，梁河阿昌语老派话语的话题化优选强制性共现的本族语专用话题标记，新派话语的话题化手段主要借助语序来实现。

（二）基本特点

汉语的影响具有全方位性、深层次性、层级性以及阶段性等特征。

1. 从语言要素的角度来看，汉语的影响具有全方位性

语音方面，梁河阿昌语的语音系统中新增部分声母、韵母和声调；部分清化音与非清化音、鼻音清化音与送气塞音、鼻音清化音与擦音可以自由变读；部分音节中的辅音韵尾"ʔ"脱落；语音系统中出现了"元音+辅音""辅音+元音+辅音""辅音+元音+元音+辅音"等新型音节结构。词汇方面，梁河阿昌语从汉语中借入了大量的词语，汉语借词的数量已经超过固有词语；汉语借词广泛地分布于各个义类中，涉及梁河阿昌族的生活、劳作、娱乐等各个方面；汉语借词已经完全覆盖梁河阿昌语词汇系统的实词与虚词；梁河阿昌语中的汉语借词与表达同一概念的固有词语并置，在使用频率上目前已占据绝对优势，固有词、早期汉语借词与新近汉语借词并用的，新近汉语借词的使用频率最高，早期汉语借词居中，固有词最低。语法方面，梁河阿昌语动词的使动态主要借助词汇手段来实现，双音节动词的互动态或通过词汇手段来实现，或借助词汇手段与原有表示手段（加 ka³³）的并置来实现；梁河阿昌语从

汉语中借入大量虚词，一定程度上改变了本族语语义呈现相对隐性的特征，本族语凸显焦点由主要使用重读、停顿等手段变为主要使用词语的音段方式；梁河阿昌语的语法系统出现"动词核心＋小句宾语""数词＋量词＋名词""指示代词＋量词＋名词""状语修饰语＋动词中心语"的语序，这些汉语影响下的新型语序与梁河阿昌语"小句宾语＋动词核心""名词＋数词＋量词""名词＋指示代词＋量词""动词中心语＋状语修饰语"的固有语序并存共用，相互竞争；受汉语影响，梁河阿昌语的宾语类型更为丰富，述补结构类型由"单一"到"多样"，句法呈现由"简单"到"复杂"。此外，在汉语影响下，梁河阿昌语的比较句式（主要指的是基本结构、比较标记等）、话题结构（主要指的是话题标记、话题化的实现手段等）等也与汉语相应句式、结构等渐趋一致。

综上所述，不难发现，汉语的影响广泛涉及语音、词汇和语法三个要素，汉语对梁河阿昌语的影响具有全方位性的特征。

2. 从核心词、构词法以及语法的角度来看，汉语的影响具有深层次性

在语言接触的过程中，源语（source language）对受语（recipient language）的影响有表层与深层之分。表层影响改变受语的若干外在特点，深层影响则往往会触及受语的核心，能够在一定程度上改变受语的语言属性特征。汉语对梁河阿昌语的影响深及核心领域，具有明显的深层次性特点。

核心词方面，受汉语影响，汉语借词已进入本族语的核心词汇领域。从斯瓦迪士核心词列表、藏缅语核心词的情况来看，梁河阿昌语词语系统中有一部分核心词汇已经被汉语借词替换，与汉语借词并存共用的那一部分，也大都处在话语交际竞争中的劣势。在语言接触过程中，词汇的借用一般发生在一般词汇层面，而梁河阿昌词汇对汉语词汇的借用已深及本族语的核心词汇领域，这是汉语影响具有深层性的一个主要指标。构词法方面，受汉语影响，目前，"全词借入"是梁河阿昌语实现词语快速增容最重要的一种手段。通常，受语在吸纳借词的过程中，首先需要充分挖掘自身的"潜力"，尽量使用本族语的固有成分来创设新词，以应对因本族语词语数量不断匮乏以及词义细化、泛化程度不够等所引发的交际"窘境"。梁河阿昌语原有的构词方式主要包括"并列""修饰"

"主谓""支配"等复合构词方式以及附加"前缀""后缀"等的形态构词方式，受汉语影响，本族语的构词机制渐失活力，目前仅有附加"前缀"（a^{31} -）的形态构词法尚存有一定的能产性（比如，可以构成 $a^{31}kə^{33}$ "大的"、$a^{31}tuŋ^{31}$ "洞"、$a^{31}khok^{31}$ "壳"等），本族语的构词方式已基本让位于汉语的"全词借入"。总之，目前，梁河阿昌语中固有的构词能力几近丧失，本族语词汇量的进一步扩容主要借助"全词借入"的手段，这是汉语影响深层性的一个基本指标。语法方面，语法是语言的本质，是语言类型中的一个重要区别参项。在语言的三个要素中，语法最稳固，也最不容易发生改变。在语言接触过程中，表层影响通常不会引发受语对源语结构系统中虚词的规模性借贷，也不会改变受语的基本语序与一般语序。深层影响则不然，不仅能够促发受语去主动吸纳源语的虚词，而且会在一定程度上改变受语的一般语序甚至基本语序。在梁河阿昌语中，除了分句中可以缀连本族语的"kun^{33}""ka^{33}"外，原有的表"假设""因果""转折"等语义关系的手段，主要借助上下文语境、变调、停顿以及重读等方式来实现。而随着汉借虚词（主要指的是表"假设""因果""转折""范围""时间"和"频率"等语义关系的后置连词）的批量性借入，梁河阿昌语的逻辑语义呈现方式"由隐及显"，语义所指逐渐清晰、明确；句法结构趋于缜密、简约。梁河阿昌语中固有的语气副词数量较少，若要表示"强调""推测""感叹"之类的语气，通常需要借助重读、停顿以及改变音长等语用性的操作手段。受汉语影响，梁河阿昌语批量性地借入了表示不同语气的汉语副词，这样，本族语中原来表示不同语气的非音段的方式（重读、停顿以及改变音长等）就渐变为词汇方式（使用语气副词）。在汉语的影响下，梁河阿昌语固有的"SOV"语序以及修饰语序均不同程度地出现了"松动"。显然，梁河阿昌语的语法规则目前已经不同程度地发生了变化，这是汉语影响深层性的一个重要指标。

综上所述，可以发现，无论从核心词方面，还是从构词法、语法方面，汉语对梁河阿昌语的影响都具有明显的深层次性特征。

3. 从地域、语域、年龄段以及语言要素的角度来看，汉语影响具有层级性

在地域方面，基于语言转用程度的不同，可以将梁河阿昌族的村寨

从总体上分为两大类：一类是"语言转用型村寨"，另一类是"语言保存较好型村寨"。"语言转用型村寨"受汉语的影响较大，语言转用的程度较高；"语言保存较好型村寨"受汉语的影响较小，语言转用的程度较低。目前，在梁河阿昌族地区，"语言保存较好型村寨"主要集中在囊宋阿昌族乡和九保阿昌族乡的部分阿昌族村寨中，这些村寨的母语保存情况较好，母语的使用状况没有明显的差别，可以不做进一步的程度层级区分。而在"语言转用型村寨"中，不同村寨的母语转用情况在母语的使用人数、母语人所处的年龄段以及母语的自然传承等方面均具有明显的程度差异，语言转用程度的层级性区别明显。据此，可以将"语言转用型村寨"进一步区分为"整体转用型村寨""主体转用型村寨"和"局部转用型村寨"，在这三类村寨中，汉语的影响程度依次递减。可见，就地域范围方面看，汉语对梁河阿昌语的影响呈现出明显的层级性特征，汉语影响由大及小依次为："整体转用型村寨" > "主体转用型村寨" > "局部转用型村寨" > "语言保存较好型村寨"。

语域方面，汉语的影响也呈现出明显的层级性特征。语域（Register）指的是语言使用的场合或领域，主要包括家庭域、交往域、教育域等。家庭域是梁河阿昌语保存最好的语域，无论是在语言保存较好的村寨中，还是在部分已经发生了语言转用的村寨里，母语在家庭中都保存得较好。教育域是母语保存最差的语域，即便是在母语保存情况较好的村寨里，学校的课堂教学语言也一律都是汉语，课间活动或课外活动，师生也都基本上使用汉语。交往域是母语保存情况居中的语域，在不同的村寨类型中，交往域的母语使用情况各有参差，存在着明显的程度差异。显然，在梁河阿昌族地区，家庭域受汉语的影响最小，交往域次之，教育域受汉语的影响最大。汉语的影响由大及小，依次为："教育域" > "交往域" > "家庭域"。

在年龄段方面，汉语的影响同样具有明显的层级性特征。以"局部转用型"的村寨为例。在这类村寨中，70—80岁的阿昌族基本上没有接受过正规的汉语教育，母语人的活动范围多囿于本村本寨，母语水平大都属于"熟练"等级，母语的使用频率通常略高于汉语。50—60岁的阿昌族基本上都接受过小学阶段的教育，部分还接受过中学教育，这部分阿昌族的母语水平主要为"熟练"等级，在日常交际中，汉语和阿昌语双语兼用。30—40 岁的阿昌族基本都接受过小学教育，相当一部分还受过初中甚至高中教育，母语水平大都属于"略懂"等级。该年龄段母语人的活动范围不限于本村本寨，在日常交流中多已转用汉语。12 岁左右的少年儿童，从小就接受汉语教育，母语水平属于"不会"等级，"听""说"能力均已丧失，是彻底的汉语单语人。可见，从年龄段的角度来看，汉语影响最大的是"12 岁左右"的年龄段，最小的是"70—80 岁"年龄段。汉语影响"由大及小"的排列顺序为："12 岁左右" > "30—40 岁" > "50—60 岁" > "70—80 岁"。

　　汉语影响的层级性在语言要素方面的表现可以从两个角度来考察：其一，从语言三个要素方面来看，汉语的影响具有层级性特征。承前所述，梁河阿昌语的语音、词汇和语法均受到汉语不同程度的影响，但在这三个语言的要素中，汉语影响的程度高低有异，各有侧重，存在着明显的层级性。词汇最具开放性，受汉语的影响最大。语音是语言系统中较为保守的部分，受汉语的影响较小。语法最保守，受汉语的影响最少。就语言要素而言，显而易见，汉语影响的程度由高及低，依次为："词汇" > "语音" > "语法"。其二，就某一个语言要素的情况来看，汉语的影响也呈现出明显的层级性特征。以词汇为例。从前引数据来看，在语义域方面，梁河阿昌语各类词汇中汉语借词的占比由高及低，依次为："宗教意识"（71.43%） > "方位时间"（67.36%） > "天文地理"（61.14%） > "数量"（60.26%） > "房屋用品"（59.29%） > "食品"（59.05%） > "衣着服饰"（58.46%） > "人物亲属"（51.42%） > "性质状态"（50.44%） > "动作行为"（50.25%） > "植物"（45.69%） > "人体器官"（32.19%） > "动物"（30.81%） > "指代疑问"（1.85%）。词性方面，汉语借词的占比由高及低的顺序是：数词和量词（60.26%） > 虚词（57.72%） > 名词（52.94%） > 形容词（50.44%） > 动词（50.25%） > 代词（1.85%）。显然，梁河阿昌语的词汇呈现出明显的层级性。语音和语法的情况亦是如此，此处不赘。

　　以上情况表明，无论从地域、语域、年龄段的角度，还是从语言要素的角度来看，汉语的影响都具有明显的层级性特征。

　　4. 从历史分期的角度来看，汉语的影响具有阶段性

　　汉语对梁河阿昌语的影响总体上可以分为中华人民共和国成立之前

与中华人民共和国成立之后两个阶段。中华人民共和国成立之前，傣族是德宏地区的主体民族，人口众多，分布广泛，政治上居于主导地位，经济较发达，文化较先进。傣语是当地的强势语言，是德宏地区不同民族之间的交际通用语。中华人民共和国成立前，梁河阿昌族大多兼用傣语，大部分人都属于"傣语＋阿昌语"双语兼用类型，少部分属于"傣语＋阿昌语＋汉语"三语兼用类型，个别的还能够兼用其他民族的语言（景颇语等）。相比之下，当地汉族人口较少，分布零散，汉族与梁河阿昌族的接触仅存在于木材加工、房屋建筑、手工制作以及物品交易等几个有限的领域，汉语是当地的一种非主流的弱势语言，对梁河阿昌语的影响有限，在语言影响的范围、深度以及广度等方面，都远逊于傣语。

中华人民共和国成立之后的阶段还可以再分为改革开放前与改革开放后两个不同的历史发展时期。中华人民共和国成立后，随着政治的高度统一，经济、文化、教育水平的不断提升以及跨语言人员的密集流动，德宏地区的主流文化逐渐由傣文化变为汉文化，汉语取代傣语成为当地的强势语言，广泛地应用于政治、经济、教育、文化以及生活等各个领域，成为本地区不同民族之间日常交际的通用语言。傣语的影响则日趋微弱，梁河阿昌族所受到的语言影响转而以汉语为主。随着语言接触程度的不断加深，语言兼用也发生了明显的改变，绝大部分梁河阿昌族都逐渐成为"汉语＋阿昌语"双语兼用类型，仅有一小部分属于"汉语＋阿昌语＋傣语"三语兼用类型或其他类型。在与汉语的竞争过程中，傣语的使用范围逐步收窄，使用频率不断走低，兼用傣语的人口逐渐固定于一些特定的语言群体（部分老一辈的母语使用者、"傣族—阿昌族"族际婚姻家庭中的成员等）。在该历史发展阶段，梁河阿昌族的生产力水平仍旧较低，经济活动主要以农业生产为主，交通不甚便捷，加之汉语文化教育尚未全面普及，现代传媒技术也远未达到发达的程度，因而，在中华人民共和国成立后一直到改革开放前，梁河阿昌语的本体结构总体上保持尚好，本族语词汇系统中虽有一定数量的汉语借词，但本族语的语音系统总体上完整，音位格局的改变不甚明显，语法体系所受冲击较小。据当地60—70岁梁河阿昌族母语人的介绍，他们的父母一代当年阿昌语还是"满口"（当地汉语方言，指的是语言熟练、地道），在日常交际中，虽然有时也不得不使用汉语词语，但完全可以通过简单的词语置换，做到基本不露"汉话"。改革开放后，随着国内经济的快速发展，国家对少数民族经济建设投入的不断加大，梁河阿昌族地区的经济发生了天翻地覆的变化。尤其是进入21世纪以来，国家从战略发展的层面积极推进"整体扶贫""精准扶贫""精准脱贫"，针对人口较少民族，大力实施"对口帮扶"政策，先后投入巨资，兴建基础设施，"通水""通电""通路"，着力发展地方经济，改善民生条件。当地政府积极落实党和政府的政策，在大力发展经济的同时，还大力推进、落实国家九年制义务教育，社会进入了一个快速发展的转型期。在这个历史发展阶段，梁河阿昌族地区的经济发展模式也呈现出多元化的态势，当地农民不再局限于水稻、甘蔗等农作物的种植，而是积极从事茶叶制作、酿酒制造、烟草种植、肉牛生猪的养殖与加工等产业，尤其是一批有知识、有文化、有胆识的年轻一代，他们善于抓住时机，紧跟潮流，大力发展电子商务。在这个阶段，大规模的人口流动也比历史上任何一个发展阶段都要频繁，除了外来的汉族人口外，越来越多的本民族青年也开始大胆走出山寨，跨过大盈江，远赴外地求学、谋职、创业。随着经济的快速发展、教育水平的不断提升、人口的密集流动，梁河阿昌族的思想认识也在不断走向开放，老一辈"族外不婚"的传统早已被打破，年轻一代的婚恋观念开放、理性、与时俱进，"婚恋自由"的现代理念深入人心，如今，阿昌族的每一个寨子都有一定数量非本民族的外来媳妇和上门女婿。在这种情势之下，汉语作为地区通用语的地位得到进一步的巩固与加强，汉语的影响进入了一个全面深化的历史发展新时期。其间，汉语以其前所未有的规模与力度，全面、深入地影响着阿昌语，在汉语的冲击下，阿昌语的词汇、语音发生了明显的变化，本族语中最具稳定性的语法结构也受到了"撼动"。汉语的影响规模大、覆盖面广、冲击力强，阿昌语语言系统短时间内难以将大量涌入的汉借成分予以完全消化和吸收，有效地补充、融会到本族语的结构系统中去，汉语的影响一定程度上破坏了梁河阿昌语的结构系统，导致其语言功能的衰退。

以中华人民共和国成立为分界线，汉语对梁河阿昌语的影响差异明显，迥然有别。在改革开放前后的不同历史发展阶段，汉语的影响在范围、深度及广度方面也存在着较大的差异。汉语对梁河阿昌语影响的阶段性特征显而易见。

二　梁河阿昌语本体结构的衰变

承前所述，汉语对梁河阿昌语的影响具有全方位性、深层次性等方面的特征，而随着汉语影响的日益广泛与不断深入，梁河阿昌语的本体结构出现了较为严重的衰变，语言结构的特征逐渐向汉语靠拢，语言的系统性受到明显的破坏。

（一）语言结构特征逐渐向汉语靠拢

梁河阿昌语属于汉藏语系藏缅语族缅语支，在语音、词汇和语法等方面具有鲜明的系属特征。受汉语影响，梁河阿昌语固有的语言结构特征日趋减弱，语言结构逐渐向汉语靠拢。这种情况可以从语音、词汇和语法等角度来考察。

1. 语音方面

主要表现在声母、韵母、声调以及本民族的母语人惯使用汉字来"拼读"母语等方面。

在梁河阿昌语的语音系统中，固有的擦音没有唇齿清音与舌尖后浊擦音，受汉语影响，梁河阿昌语语音系统借入汉语唇齿清音 f 和舌尖后浊擦音 ẓ。在梁河阿昌语固有的语音系统中，鼻音（"m̥/m""n̥/n""ŋ̊/ŋ"）和边音（"l̥/l"）分清化与非清化，音位对立的区别性特征明显，固有的语音系统中仅有极个别的鼻音、边音，其清化音与非清化音可以自由变读，但在目前，梁河阿昌语的语音系统中已有部分鼻音、边音（"m""n""ŋ""l"）能够与对应的清化音（"m̥""n̥""ŋ̊""l̥"）自由变读，非清化的鼻音、边音（"m""n""ŋ""l"）使用频率不断上升。在汉语的影响下，部分清化鼻音（"m̥""n̥""ŋ̊"）与发音接近的送气塞音和擦音（"ph""th""x"）可以自由变读，这些音位变体（送气塞音、擦音）与汉语的送气塞音、擦音仅在发音特征方面存有细微的差别，音位的区别特征不明显。在某些词语中，清化的鼻音、边音已经消失，本族语的语音系统中仅保留非清化的鼻音（"m""n""ŋ"）和边音（"l"），这些非清化音（鼻音和边音）与汉语语音系统中的对应音位大同小异，区别性特征不明显。受汉语的影响，梁河阿昌语语音系统中展唇后高元音 ɯ 的使用范围不断收窄，目前，ɯ 仅存在于部分老派母语使用者的话语中，使用频率呈不断下降的趋势，而与之可以自由变读的展唇后次高元音 ɣ 的使用范围不断扩大，既能用于新派母语人的话语中，也可以出现在大部分的老派话语里，使用频率不断上升。梁河阿昌语从汉语中借入了部分复合元音韵母（"εi""ɑi""əu""iɑu""uɑi"）、带辅音尾的韵母（"ɑŋ""ən""iɑŋ""uɑŋ"）以及鼻化音韵母（"ã""iɛ̃""uã"），这些韵母进入梁河阿昌语的语音系统以后，尽管与当地汉语对应的韵母仍有一定的差异，但二者的趋同性特征明显[①]。梁河阿昌语的高升调（35调）与全降调（51）随汉语借词进入本族语并逐渐固定下来，成为本族语语音系统中的基本调，高升调（35调）、全降调（51）与汉语的相应声调无明显的差别。

梁河阿昌语的语音系统逐渐向汉语靠拢的状况还表现在本民族母语使用者习惯使用汉字来"拼写"母语方面。在当地，部分梁河阿昌族喜欢使用汉字来记录、整理本民族语言中的词语、语句及长篇语料。有些通过该方式辑录下来的语言材料已汇编成册，成为保留、研究梁河阿昌语的重要的参考资料[②]。还有一些母语使用者，尤其是新派母语人，他们热衷于在社交软件上使用汉字来"拼写"母语。这种通过使用汉字"拼写"交流的方式固然在科学性、规范性与准确性方面尚有所欠缺，但用于母语人之间的交际基本上不存在沟通的障碍。至于本族语中个别音位在汉语中没有对应汉字的问题，母语人通常会采用个别注明或者借助交际软件的语音功能来妥善解决。这种使用汉字来"拼写"母语的情况表明，梁河阿昌语的语音系统已经与汉语的语音系统渐趋一致。

2. 词汇方面

主要表现在汉语借词的数量大、覆盖面广、本族语词语类别方式的构成变化明显等方面。

首先，汉语借词的数量大。在梁河阿昌语的3381个分类词语（包含四音格词的全部词语）中，汉语借词有1748个，约占词语总量的51.70%，在3172个分类词语（语义域分类）中，汉语借词有1641个，约占词语总量的51.73%，在3321个分类词语（词性分类）中，汉语借词有1727个，约占词语总量的52.00%，以上统计数字均表明，在梁河

[①] 详见附录五"梁河阿昌族的汉语方言语言系统"。

[②] 主要包括梁其仓主编的《神师古语》（2014）和中国人民政治协商会议梁河县委员会编写的《梁河阿昌语词汇》（2018）等。

阿昌语的词汇系统中，汉语借词的数量已过半数。事实上，汉语借词的数量及其所占比例还要远远超出目前的统计数字。原因在于，在梁河阿昌语的 11 类词语中，半数以上的词语均具有开放性的特征，也即，这些词语在理论上可以无限扩容，从目前梁河阿昌语的借用趋势以及借用方式来推断，随着汉语影响的进一步深入，梁河阿昌语词汇系统中后续增加的词语绝大部分都应该是通过"全词借入"的方式吸纳的汉语借词，在语音形式、语音特点、语义所指等方面均应与汉语相对应的词语等同或基本一致。从语义域的角度来看，随着社会的发展、经济活动的频繁、文化教育的进步以及现代传媒的影响，"宗教意识""方位时间""天文地理""数量""房屋用品""食品""衣着服饰"等语义域的词语因与国家政策、思想意识、日常劳作、衣食住行等相关程度较高，因而更容易从汉语的词汇库中借入相应的词语，补充到梁河阿昌语的本族语词汇系统中，这样，汉语借词的比例势必还会进一步提高。其他语义域的词语虽然不及前述语义域中汉语借词的比例高，但随着语言接触程度的不断加深，这些词语中汉语借词的数量会明显增多，汉借词的占比也会相应地提高。此外，梁河阿昌语中的"四音格词"也是汉语借词进一步扩容的增长点。随着当地九年制义务教育的全面普及，梁河阿昌族初中以上文化水平的母语人占总人口的比例会进一步加大，汉语中常用的成语势必会通过"全词借入"的方式逐步进入梁河阿昌语的词汇系统中。

其次，汉语借词的覆盖面广。梁河阿昌语中的汉语借词已经覆盖目前已知的所有语义域，包括"宗教意识""方位时间""天文地理""数量""房屋用品""食品""衣着服饰""人物亲属""性质状态""动作行为""植物""人体器官""动物"以及"指示代词"等。汉语借词涉及梁河阿昌语的所有词类，包括实词（名词、代词、数词、量词、动词、形容词）和虚词（副词、连词、助词、语气词、叹词）。在 3321 个词语（词性分类）中，名词共计 1851 个，其中，汉借名词 980 个，汉借名词约占名词总数的 52.94%；数词和量词共计 229 个，汉借的 138 个，汉借词所占比例为 60.26%；代词 54 个，汉借的 1 个，占 1.85%；动词 810 个，汉借的 407 个，占 50.25%；形容词 228 个，汉借的 115 个，占 50.44%；虚词 149 个，汉借的 86 个，占 57.72%。梁河阿昌语不仅从汉语中借入了大量的一般词汇，而且吸纳了一定数量的核心词语。单从斯瓦迪士核心词列表的情况来看，在 207 个核心词语中，汉借词语（包括全部汉借和半汉借两种情况）就有 49 个，约占核心词总数的 23.67%。

最后，词语构成的类别方式变化明显。一方面，梁河阿昌语的词汇系统新增了大量表示概括意义、抽象意义的汉语借词。在梁河阿昌语中，固有词汇系统有一个明显的特征：表示概括意义的词语数量少，表示具体、形象意义的词语数量多。受汉语影响，目前，梁河阿昌语词汇系统的这种特征已不再明显，本族语词汇系统中存在着大量的具有概括性、抽象性特征的汉语借词。比如 mjin^{31}tshu^{231}"民族"、tɕhin^{31}tʂuŋ^{33}"群众"、ɕin^{31}li^{33}"行李"、kã^{35}pu^{35}"干部"等。另一方面，梁河阿昌语的词汇系统新增了部分借自汉语的词语小类，词语的语义类别进一步细化。比如，本族语中亲属称谓的排行序列通常实行"二分法"，即排行最先的使用一个相对固定的本族语词语，排行第二到排行最后的，统一使用另外一个相对固定的本族语词语。受汉语影响，目前，梁河阿昌语中亲属称谓的排行均有不同的赋名方式。比如，在兄弟的排行序列中，原本只有一个 a^{31}sai^{35}ma^{33}"大哥"，其他排行在后的一律不予区分，称作 a^{31}sai^{35}tsa^{33}（对"大哥"之后所有兄长的称呼），目前，兄弟排行顺次，主要使用汉语的 ta^{35}ko^{33}"大哥"、ə^{33}ko^{55}"二哥"、sã^{33}ko^{33}"三哥"、sɿ^{13}ko^{55}"四哥"等表达方式。又如，在梁河阿昌语的词汇系统中，khɯ^{33}tin^{33}"鞋子"是一个统称，本族语中缺乏"鞋子"外延（词语小类）的固有表示方法。受汉语影响，梁河阿昌语中新增加了"鞋子"的词语小类，比如，pu^{35}xai^{31}"布鞋"、sa^{35}xai^{31}"拖鞋"、ɕui^{51}xai^{31}"雨鞋"、tshau^{51}xai^{31}"草鞋"、phji^{31}xai^{31}"皮鞋"和 tɕu^{31}xai^{31}"球鞋"等，扩大了"鞋子"的外延。再如，本族语以往使用同一个词形"u^{33}lu^{33}"来表示"云"和"雾"，受汉语影响，目前，"云"大多使用汉借的"ʑin^{31}"，"雾"大都使用固有的"u^{33}lu^{33}"，这样，就将"云"和"雾"有效地区别开来。综上所述，从汉语借词的数量、语义覆盖面以及词汇构成类别方式等方面的变化中不难发现，在汉语影响下，梁河阿昌语的词汇面貌已经发生了明显改变，与当地汉语的词汇系统进一步趋同。

3. 语法方面

主要表现在虚词的借入、语序的改变以及句式的变化等方面。

梁河阿昌语从汉语中借入了一定数量的叹词和语气词，这些词语的语义功能、句法分布特征、语用偏向等均与汉语中相应的词语完全相同或近乎一致。在一个具体的母语交际现场，即便是一个全然不懂梁河阿昌语的交际参与者，也可以根据话轮转换中汉借叹词与汉借语气词的频繁使用，对交际话语中语义所指及语用表达的偏向性等做出基本的判定。梁河阿昌语还从汉语中借入了大量的语气副词和连词，这些词语借入后，梁河阿昌语的语义表达方式与汉语的表达方式进一步趋同。在梁河阿昌语中，部分固有的修饰类、限定类副词在句法结构中主要后置于谓语核心，而与之相对的汉借副词则大多要依照汉语的句法要求，前置于谓语核心，对谓语核心加以限定和修饰，可见，梁河阿昌语中的部分汉借副词在句法分布、句法功能等方面已经与汉语的副词没有实质性的差别。在梁河阿昌语中，固有的等比标记是后置词"$mɑ^{255}$"，借自汉语的等比标记是前置词"$tɑ^{231}$"，汉借的"$tɑ^{231}$"在句法结构中的位置前移，用于比较基准之前，词性与汉语等比标记的词性（前置词）一致，同样，汉借的差比标记"pji^{33}"是前置词，也要用于比较基准前，其词性、句法位置与汉语的差比标记等同无异。在梁河阿昌语的固有结构中，对比焦点大多通过改变音长或者重读、停顿、重复等方式来实现，借助类似语用性的操作手段来实现对焦点域的强调与凸显。梁河阿昌语从汉语中借入了表示强调意义的对比助词 li^{33} 和 $liɛ̃^{33}$，对比助词的语音形式、句法位置以及语义表达等与汉语的词语基本一致。此外，梁河阿昌语借入汉语的"数词+量词+名词""指示代词+量词+名词"等修饰性、限定性语序，本族语固有的"名词+形容词""名词+数词+量词""名词+指示代词+量词"与借自汉语的"形容词+名词""数词+量词+名词""指示代词+量词+名词"并用，形成修饰语与名词中心语语序两式并存的语法格局。受汉语影响，本族语中的部分句式逐渐向汉语的相应句式靠拢。比如判断句，目前，在梁河阿昌语中，使用频率最高的判断句式是 $S = NP_1 + ʂɿ^{31} + NP_2$，该句式与汉语的判断句相同。再如，梁河阿昌语差比句的基本句法结构是"主体 + pji^{31} + 基准 + 结果"，该句式随汉语差比标记 pji^{31} "比"的借入而逐渐固定下来，与汉语差比句的语序、结构、差比标记一致，目前，汉借的差比句式在使用频率方面已经超过本族语固有的差比句式。

综上所述，在汉语的影响下，无论在语音、词汇方面，还是在语法方面，梁河阿昌语固有的语言结构已经发生了明显的变化，语言结构特征向汉语逐渐靠拢的趋势非常明晰。

(二) 语言结构的系统性受到破坏

语言是一个音义结合的符号系统，是一个由音位、词素、词语、短语和句子等结构单位组成的符号层级体系。语言的系统性要求语言结构应具有内部一致性、层级性的特征，应符合语言的经济性原则。

受汉语影响，梁河阿昌语语言系统的一致性、层级性以及经济性等受到了不同程度的破坏。

1. 语言系统内部的一致性受到破坏

语言的系统性要求语言结构内部各组成成分应具有基本"同质"的特征，以完成不同语言符号之间的组合与聚合关系，有效保持语言系统中语言成分的扩展度与开放度。

受汉语影响，梁河阿昌语语言系统内部的一致性受到破坏，这种情况在语音、词汇和语法方面均有明显的表现。

(1) 语音内部的不一致性

语音内部的不一致性可以从语音形式、音位对立、语流音变以及元音和谐等方面来考察。首先，从语音形式的角度来看，梁河阿昌语从汉语中借入了部分声母、韵母和声调，新增的语音成分有些已经不同程度地融入本族语中，广泛地参与到本族语语音系统的组合关系与聚合关系中。但是，也有部分汉借成分仍旧保留着自身的语音形式及语音特征，语音的总体面貌没有因语音系统的影响而发生相应的改变，无法有效地参与到梁河阿昌语语音系统的组合关系与聚合关系中。以韵母为例：梁河阿昌语从汉语中借入了一定数量的复合元音韵母、带辅音尾的韵母和鼻化音韵母。这些韵母大都具有一定的类推性，可以不同程度地用于汉语借词以及部分固有词语的拼读。但是，也有一些韵母（像"əu""iau""uaŋ"和"uã"等），目前主要用于汉语借词的拼读，类推性有限，与其他韵母相比，这些韵母在梁河阿昌语语音系统中的参与程度较低。再以声调为例：梁河阿昌语从汉语中借入曲折调（213）①，但该调目前仅用于一小部分的汉语借词中，类推能力受限，且无法参与变调，这表明汉借的曲折调（213）尚未融入梁河阿昌语的语音系统中，属于语音系统的冗余成分。其次，从音位对立的角度来看，随着本族语语音系统内部某些音位的消失，梁河阿昌语中原本齐整的音位对立关系发生了实质性的改变，音位系统出现分化，本族语的音系不再齐整划一。在固有的语音系统中，鼻音 m、n、ŋ 和边音 l 等均有严格对应的清化音m̥、n̥、ŋ̊和l̥，受汉语的影响，部分非清化音与对应的清化音可以自由变读，这样，音位之间就不再是一一对应的关系，而是呈现"一对多""多对一"的错配格局。显然，在汉语影响下，由于音位变体数量的变化，梁河阿昌语语音系统中原本对应齐整的音位"矩阵"出现了不同程度的缺项或者赘余，音系不再规整，缺乏类推性的音节或者音位游离于语音系统之外，与语言系统中的其他部分均不"同质"。此外，梁河阿昌语中新近借入的汉语词语发音随意性较大、规范性较差，表示相同概念的词语在语音形式方面往往因不同的发音人、不同场景而出现无规律的变更。加之汉语借词的来源不一，有些是当地汉语方言，有些为汉语普通话，借入的时间也前后不等，因而，表示相同语义所指的汉语借词无论是语音形式，还是语音特点，都或隐晦或显豁地存在着一些差异，这些都进一步凸显了梁河阿昌语语音系统内部的不一致性。再次，从语流音变的角度来看。以变调为例：梁河阿昌语的变调主要分为三类：后一音节变调，前一音节不变；前一音节变调，后一音节不变；前后两个音节均变调。梁河阿昌语固有的语音系统基本遵循以上三种变读规律，但随着固有的语言系统中汉语借词数量的扩容，声调变读的随机性加大，变调规律不再严格，仅适用于部分声调，原有的变调规律渐失普遍性。如今，即便是在同一个语音采集点，使用同样的语言片段，不同的发音人语音变调也往往不尽一致，即使是同一个发音人，在不同的场合与时间，语音的变调也存在着明显的无规律性差异。此外，承前所述，梁河阿昌语的高升调（35）和全降调（51）通常不完全接受变调规律的限制，在3381个分类词语中，属于这两类声调的词语共有

---

① 在《梁河阿昌语参考语法》（2009）中，曲折调（213）仅用于汉语借词，类推性差，且不具有区别语义的作用，因而未予单立，书中的曲折调均并入低降调（31）。

523 个，其中，319 个（高升调的有 222 个，全降调的有 97 个）基本上不参与变调，接近词语总量的 10%，也即，梁河阿昌语中有近十分之一的词语不再遵循或者不再完全遵循变调规律。显然，梁河阿昌语原本相对严格的变调规则目前已被不同程度地打破。最后，从元音和谐的角度来看，梁河阿昌语中固有的并列短语通常要遵循元音舌位高低有序的和谐原则，而随着汉借并列短语的不断增多，梁河阿昌语并列结构中的元音和谐规则也不再严格。

（2）词汇内部的不一致性

词汇内部的不一致性大体上可以从词汇构成与分布不均质、汉语借词在本族语词汇系统中融入程度存有差异等方面来考察。

从词汇的构成与分布情况来看，在梁河阿昌语的词汇系统中，固有词语多是单音节词，汉语借词大都为双音节词。目前，在受汉语影响较大的词类中，梁河阿昌语固有词汇的构成与分布情况均发生了较明显的变化，目前，在梁河阿昌语的词汇系统中，汉语借词既可以是单音节词，也可以是双音节词。在受汉语影响相对较小的词类中，词汇构成与分布的情况基本上仍保持着原有词汇构成的特征。以形容词为例。形容词受汉语的影响较大，在 3381 个分类词语中，形容词有 228 个，其中，单音节词语 135 个，单音节的汉语借词 62 个，占单音节词语总数的 45.93%；双音节词 93 个，双音节的汉语借词 53 个，占双音节词语总数的 56.99%。而在受汉语影响相对较小的词类或者某一词类的语义场中（比如，名词的"人体器官""动物"等语义场），词语的构成与分布大多仍旧保持着本族语词汇以单音节词为主，汉语借词以复合词为主的固有词汇分布格局。

从汉语借词在本族语词汇系统中的融入情况来看，早期借入的汉语词汇与新近借入的汉语词汇在梁河阿昌语词汇系统中的"内化"程度存在着明显的差异。这种情况指的是，在语言使用过程中，早期的汉语借词（主要指的是早期借入梁河阿昌语的复合词、离合词以及部分四音格词）因借入时间早、使用时间长，已经被母语人视作固有词语，因此，在语言的使用过程中，其内部的词素与固有词语内部的词素大多可以从词汇中析出，以词素的形式直接参与到新的组合关系与聚合关系中，构成新词新语，或者可以单独成词，直接或间接地（与其他词语组合后）

参与到句法结构中，充当某个句法成分。承前所述，受汉语影响，梁河阿昌语在一个较短的时间段之内就吸纳了大量的汉语借词，其固有的词汇系统难以在短期内对这些借自汉语的词语进行有效厘析，将词语中的词素析出，吸纳到本族语的语言结构系统中，用于新词新语的组合与聚合。也即，在梁河阿昌语中，新近借入的汉语词语通常会在一个较长的时间段内，被母语使用者视作单纯词，作为一个无法进一步分析的整体单位，参与到话语交际中。显然，梁河阿昌语中新近借入的汉语词语在本族语词汇系统的融入程度方面与早期的汉语借词、固有词语存在着明显的差异，词汇内部的不一致性显而易见。

（3）语法内部的不一致性

语法内部的不一致性可以从词法、语序、句式等不同的角度来考察。

从词法角度来看，梁河阿昌语从汉语中借入大量的语气副词、连词等虚词，这些借自汉语的虚词进入梁河阿昌语之后，其语法位置、语法作用与汉语相应词语的基本一致，在一定程度改变了梁河阿昌语固有的语义呈现方式。但是，在梁河阿昌语的语言系统中，还不同程度地存在着与前述汉借词语语法作用相同或近似的语法手段，两种不同的方式长期并置，共存于同一个语言系统中，在语言交际的过程中交互使用、相互竞争。梁河阿昌语将汉语的差比标记与等比标记借入本族语的语言系统中，汉借的比较标记（前置词）与本族语的比较标记（后置词）同现于一个语言系统中。梁河阿昌语的工具格助词 xa^{33} 是非必有论元的标记，后置于工具格，在本族语固有的结构中，"工具名词 + xa^{33}" 充当句法结构的状语，修饰、限定谓语动词核心，受汉语影响，工具格助词 xa^{33} 可以被替换为普通动词 $tɕu^{31}$ "用"，这样，整个句法结构就由"工具名词 + 后置词"充当句法结构状语的简单动词性谓语句，变为动词"$tɕu^{31}$ + 名词性成分 + 谓语动词核心"的多动词句，目前，工具格助词 xa^{33} 与普通动词 $tɕu^{31}$ "用"共存于梁河阿昌语的语法系统中。从语序的角度来看，汉借的"S + VP + 小句"与本族语固有的"S + 小句 + VP"、汉借格式 $S = NP_1 + sɿ^{31} + NP_2$ 与 $S = NP_1 + NP_2 + ŋɛ^{255} + ɛi^{255}$ 可以并用，两类不同的语序在语言交际过程中总体上分属新派话语与老派话语，长期共存并用。从句式的角度来看，梁河阿昌语的话题句式具有明显的代际性差异，老派的话题句较多地使用本族语的话题标记，话题化的实现大都需要借助话题标记，兼顾语序手段。新派的话题句话题化的实现一方面可以借助汉语的专用话题标记与兼用话题标记，另一方面还可通过语序的手段来实现。综上所述，在梁河阿昌语中，目前存在着大量并置的词法、语序与句法格式，长期共用于同一个语言系统中，在语言交际过程中此消彼长、互相竞争。同时，这些"同义/近义（功能）异形"的词法、语序及句法格式还存在着交际对象、交际内容、交际风格以及交际场景等方面的差异，这些无法预知的"变数"在客观上进一步加大了语法内部的不一致性。

20世纪60—70年代，美国语言学家温瑞奇（Weireich，U）、拉波夫（Labov，W）等提出"有序异质"（orderly heterogeneous）理论模型，认为语言不是完全同质的系统，在任何一种语言中，都会或多或少地存在着异质成分[①]。该理论模式具有较强的解释力，在一定程度上能够反映出语言的事实与本质。但是，假如语言系统中的"异质成分"不是源于语言的不同风格变体，而是来自语言接触背景下语言结构自身的冗余成分或者"同义（功能）异构"成分，则表明该语言系统已经无法满足，或者基本上无法满足语言系统有序运行的内在需求，是一种"问题系统"。从前述的分析中可以发现，无论在语音系统、词汇系统还是在语法系统中，梁河阿昌语中都不同程度地存在着为数不少的冗余成分以及具有相同语义内涵、句法功用和语用特征的并置共用成分，这些成分的存在凸显了梁河阿昌语语言系统的"异质性"特点，一定程度上破坏了其语言系统内部的一致性特征。

2. 语言系统的层级性受到破坏

语言是一个层级性的系统。语言系统的底部是音位层，通常包括几十个数量不等的音位，这些音位按照一定的规则组成音节。语言系统的上层是音义结合的符号及符号序列，该层还可以再分为三个不同而又彼此相互关联的层面。第一层面是词素，第二层面是词语，第三层面是语句。低一级的层面按照组合关系与聚合关系，构成高一级的层面，也即，按照一定的组合关系与聚合关系，词素层组成词语层，词语层组成语句层。在语言系统的层级序列中，从音位层到词素层是整个层级体系运行

---

① 参见陈松岑《语言变异研究》，广西教育出版社1999年版，第54—55页。

保障的关键。

受汉语影响，梁河阿昌语语言系统的层级性受到一定的破坏。承前所述，在梁河阿昌语的语言系统中，目前仅有一部分音质音位与非音质音位（调位）能够有效地参与到音位的组合关系与聚合关系中，另有一部分（从汉语借入的音位、调位）仅限于汉语借词的拼读，缺乏广泛的类推性，无法进入本族语固有词语的组合关系与聚合关系中，不能为语言符号提供形式方面的储备，也即，这些相关的音位均无法进入音义结合的符号层面。词素层的情况也是如此。梁河阿昌语原有的构词方式主要包括复合构词的"并列""主谓""修饰""支配"以及属于形态构词的加"前缀""后缀"等。随着汉语影响的进一步深入，固有的构词方式受到不同程度的抑制，本族语的构词方式渐失活力，如今，梁河阿昌语中词语数量的有效扩容主要通过"全词借入"来实现。语言是一个符号层级体系，从音位层到语义层是整个层级体系运行的关键，就梁河阿昌语的情况而言，音位层面存在着"多对一""一对多"的关系。前者指的是阿昌语的音位系统中有多个音位变体，导致多个语音形式对应同一个语义。后者指的是阿昌语的音位系统中的多个音位变体，导致同样一个音节对应多个语义。这种"错位"关系的普遍存在主要源于梁河阿昌语的词语具有不断"泛化"的趋势。可见，从音位层到语义层，无论是"一对多"，还是"多对一"，都会干扰下一个层级的有效实现，进而逐级影响，最终破坏语言系统的层级性。

总之，从音位到音节，由音节到词素，再到词语、短语和语句，目前，梁河阿昌语的语言系统已经无法有效地实现语言系统内部不同层面的逐级提升，本族语中语言系统的层级性受到破坏。

3. 语言的经济性受到破坏

语言的经济原则，指的是在表意清晰的前提下，交际过程中尽可能采用最简洁的语言符号形式，以提高语言的交际效果。语言的经济原则是语言系统性的重要体现，涉及语言系统的语音、词语与语法三个要素。

承前所述，受汉语影响，梁河阿昌语的音位对立不再严格规整，语音系统中存在着为数不少的冗余音位。声调的情况也是如此。梁河阿昌语从汉语中借入曲折调（213），但该曲折调仅存在于很少的一部分汉借词中，无法推及本族语词语，在语流中也不能参与变调，属于冗余声调。可见，梁河阿昌语的语音系统存在着一定数量的冗余成分，这些成分游离于语言系统之外，无法进入语言系统的组合关系与聚合关系，不能参与交际，与语言的经济性原则相抵牾。

在梁河阿昌语的词汇系统中，随着汉语借词数量的增多，目前已经形成了两套词语，一套为本族语所固有，另一套是与之语义平行或者基本平行的借自汉语的词语，两套词语并存共用于同一个词汇系统，在语言的交际活动中相互竞争，长期共存。这些并置共存的词语在语义表达方面大同小异，构成词语的近义关系。普遍的语言调查显示，语言系统中一定数量的近义词是语言不断走向精细化、细致化的内在需求，而在梁河阿昌语的词汇库中，大量表示同一概念的词语共置并存，无助于语义表达的精细化与细致化，属于词汇系统的冗余成分，与语言的经济性原则相左。

在梁河阿昌语的语法系统中，汉借成分与固有成分并用的情况大量存在。以助动词、差比标记以及动词的互动态标记为例。先看例句（下划线部分是相应的词或标记）：

naŋ^{33}　tɕu^{55}　ʑin^{33}kai^{33}　a^{55}su^{31}　khut^{31}　khui^{231}　ɛi^{255}.
2sg　　就　　AUX　　　　这么　　做　　AUX　　HAB
你就该这么做。

tʂʅ^{33}　ma^{55}　xəu^{55}　thiau^{31}　pji^{33}　xai^{55}　thiau^{31}　khɯ^{33}ma^{231}
河　　那　　CL　　　长　　　COMP　这　　CL　　　COMPR
sɯŋ^{33}　ɛi^{255}.
长　　　TAM
那条河比这条（河）长。

tsa^{31}ȵit^{31}　ta^{231}　ɕau^{33}nau^{33}　fu^{31}ɕaŋ^{51}　ma^{31}lau^{33}　ka^{31}　xɛi^{255}.
姑娘　　　CONJ　小伙　　　　互相　　　爱　　　　REC　TAM；TAM
姑娘和小伙相爱了。

在上述三个例句中，第一例中的 ʑin^{33}kai^{33} "应该"是汉借的助动词，

khui²³¹"应该"为固有的助动词，汉借的助动词 ʑin³³kɑi³³"应该"用在动词核心 khut³¹"做"的前面，固有的助动词 khui²³¹"应该"用在后面，汉借助动词 ʑin³³kɑi³³"应该"主要用于新派话语，固有的 khui²³¹"应该"大多用于老派话语。这两个助动词可以叠置共用，并存于同一个语句中，也可以仅保留一个助动词，整个语句的语义所指及语言风格都不存在明显的差异。第二例中的 pji³³"比"是汉借的差比标记，khɯ³³mɑ²³¹"比"是固有的差比标记，两个标记的差别主要在于词性、语法位置的不同，前者为前置词，处在比较基准前，后者是后置词，用于比较基准后。此外，pji³³"比"的使用频率高，兼用于老派话语与新派话语。khɯ³³mɑ²³¹"比"的使用频率低，仅通行于老派话语。在该例句中，差比标记可以并置，也可仅保留一个，句子完全合法，语义所指无明显差别。第三例中表示"相互义"的汉借副词 fu³¹ɕaŋ⁵¹"互相"和本族语 kɑ³¹ 的并置与前述两个句子的情况并无二致。普遍的语言调查显示，使用并置结构的语句或表示强调，或有韵律方面的规约，或有其他语义、句法和语用方面的特殊要求，这是语言表达的常规，而梁河阿昌语的情况有所不同，类似语言单位的并置共用往往与强调无关，与语言的韵律规约没有明显的关联性，也没有其他语义、句法以及语用方面的需求。在梁河阿昌语的语法系统中，目前，此类并置共用的成分大量存在，在一定程度上破坏了语法系统的简洁性，原本简省、经济的语句因之拖沓冗余，语言系统的经济性特征受到明显的破坏。

综上所述，无论在语音系统、词语系统，还是在语法系统中，都存在着大量的重复、冗余成分，这些成分有违语言表达的有效性、简洁性要求，与语言的经济性原则相背离。

第二节　语言转用背景下梁河阿昌语语言功能的衰退

语言转用指的是一个族群或者族群中的一部分人放弃本族语言，转而使用另外一种语言的现象[①]。语言转用属于语言功能方面的变化，是语

---

① 戴庆厦：《社会语言学教程》，中央民族大学出版社1993年版，第123页。

言发展演进过程中自然而然会出现的一种语言关系的转换。长期以来，在民族杂居、经济发展、文化教育以及现代传媒等多种因素的综合作用下，我国境内有相当一部分的少数民族语言都发生了程度不等的语言转用。

梁河阿昌语的转用在我国少数民族尤其是人口较少民族的语言转用中具有一定的代表性。在语言转用的背景下，梁河阿昌语的语言功能出现了严重的衰退，语言功能的衰退主要表现在社会功能与交际功能两个方面。前者主要指的是梁河阿昌语族母语使用者绝对人数的减少、母语使用者占总人口比例的下降、母语使用者年龄的老化、母语代际传承的断裂、母语使用场所的缩小、母语使用频率的降低以及母语人语言态度的开放，等等。后者主要表现在"汉语—阿昌语"语言社团之间语言通解度（mutual intelligibility）提升、母语使用代际差异加大、母语交际始终在语言监控下进行以及母语的工具性特征减弱等几个方面。

以下就梁河阿昌族语言转用的主要类型、基本特点以及制约因素等进行考察，在此基础上，对语言转用背景下梁河阿昌语语言功能的衰退进行重点的说明和分析。

一 梁河阿昌族的语言转用

（一）语言转用的主要类型

根据语言使用的不同情况，语言的转用大致可以分为"局部转用型""主体转用型"和"整体转用型"。

"局部转用型"以曩宋阿昌族乡、九保阿昌族乡的丙岗、丙盖、南林等自然村为代表。在这类村寨里，70岁以上阿昌族的母语水平大都属于"熟练"等级，第一语言是阿昌语，第二语言是汉语，在日常交际中，"汉语—阿昌语"双语兼用，母语的使用频率略高于汉语。50岁左右的阿昌族母语水平多为"熟练"等级，第一语言是阿昌语，第二语言是汉语，在日常交际中，"汉语—阿昌语"双语兼用。与父辈（70岁以上）相比，处在该年龄段的母语使用者，本族语的词汇数量略少，使用频率略低。30岁左右的阿昌族母语水平大多属于"略懂"等级，"听"的能力尚存，"说"的能力多已丧失，是母语的不完全使用者。由于该年龄段母语人的活动范围并不囿于本村本寨，因而这一年龄段的母语使用者在日常交流中多已转用汉语。12 岁左右的少年儿童，母语的水平基本属于"不会"等级，"听""说"能力均已丧失，为彻底的汉语单语人。在这类村寨里，母语的使用范围主要集中在 50 岁左右由母语使用者组成的语言社团中。此外，母语自然传承的"断层"也较明显。30 岁左右的阿昌族大多已经不再能够或不再愿意教授晚辈"学得"母语，儿童"习得"本族语的自然环境也已消失殆尽。

"主体转用型"以曩宋阿昌族乡弄别村委会的上弄别、瑞泉村委会的张家寨、大芒丙等自然村以及芒东镇湾中村委会的部分自然村为代表。在这些村寨里，70 岁以上本族人的母语水平大多属于"熟练"等级，日常交际以母语为主，同时兼用汉语，语言转用程度较低。50 岁左右的阿昌族，母语多为"略懂"等级，个别为"熟练"等级，"听""说"能力发展不均衡（听力水平略高于口语水平），是母语的不完全使用者。该年龄段母语人的汉语使用频率已超过本族语，语言转用明显。30 岁左右的阿昌族，母语多为"不会"等级，个别属于"略懂"，"听""说"能力基本丧失，日常交际大多已经转用汉语。12 岁左右的少年儿童已彻底放弃母语，为汉语单语人。在这类村寨里，母语的使用范围仅限于由 70 岁以上和个别 50 岁左右的母语人所组成的语言社团。这类社团成员有限，并且相对"脆弱"，在一个具体的交际场景下，一旦有晚辈交际成员加入，社团内部的通用语就会在不知不觉中转为汉语。据村民介绍，老一辈的母语使用者与年轻人交流，年轻人通常以汉语应答，如此"往返"几次，老年人便被"拐"到汉语上去了。在这类村寨里，母语的传承也出现了明显的"断层"，父母一辈的阿昌族已经没有足够的语言能力教会子女一代掌握本民族的语言，家庭社区以及社交社区的几近消失也使儿童自然习得本民族语言的家庭环境与社交环境不复存在。

"整体转用型"以曩宋阿昌族乡的下弄别、河西乡的别董、王家寨以及九保阿昌族乡的新城等自然村为代表。在这类村寨里，70 岁以上的老年人，他们的母语交际能力尚有一定残存，但在日常交际中基本上以使用汉语为主。语言使用的场所主要局限于由同龄人所组成的母语社区内部，家庭范围内基本上不再使用本族语。其他年龄段的阿昌族已经完全失去了母语的交际能力，在日常交际中已全部转用汉语，是汉语单语人。即便是那些仍旧能够使用阿昌语的老年母语者，母语的使用频率也会因为交际范围的收窄、交际对象的缺乏而日趋走低。此外，母语的自然传承也已完全中止，儿童既没有"学得"母语的动机，又没有"习得"母语的机会。在这一类村寨里，阿昌族基本上都已经转用汉语，成为汉语单语人。

（二）语言转用的主要特征

梁河阿昌语族的语言转用具有短时急促性、路径依赖性、大规模性以及语言转用与母语使用者的年龄成反比、与文化程度成正比等方面的特征。

梁河阿昌族的语言转用具有短时急促性。这种情况可以从语言的代际传承与转用时间两个维度来考察。先看语言的代际传承。以"主体转用型"为例：曾祖辈（第一代，70 岁左右）的母语为"熟练"等级，"听""说"能力俱佳，日常交际中"汉语+阿昌语"兼用，语言转用不甚明显；祖父辈（第二代，50 岁左右）的母语多为"略懂"等级，"说"的能力低于"听"的能力，在日常交际中以使用汉语为主，语言转用的程度较高；父辈（第三代，30 岁左右）的母语大多为"不会"等级，个别为"略懂"等级，"听"的能力仍有部分留存，"说"的能力近乎丧失，在日常交际中大多已经转用汉语；儿辈（第四代，12 岁左右）的阿昌语均为"不会"等级，"听""说"能力均已丧失，为彻底的汉语单语人。可见，"曾祖辈—祖父辈—父辈—儿辈"，在四代之内，语言转用（阿昌语转用汉语）就已完成。再看语言的转用时间：从母语保存较好的 70 岁（第一代）到转用最终完成的 12 岁左右（第四代），年龄差值小于 60 年，也即梁河阿昌族仅用不到 60 年的时间就完成了本族语向汉语的转用。综上所述，从语言的代际传承与转用时间来看，梁河阿昌族的语言转用具有明显的短时急促的特征。

梁河阿昌族的语言转用具有以血缘关系为主要转用路径的特点。梁河阿昌族的同一宗族姓氏大都有亲疏不等的血缘关系，这些有着或近或远血缘关系的阿昌族往往会聚落成寨。也有一些是由不同姓氏的阿昌族与其他民族组合成寨。通常的情况是，语言的转用首先自某个村寨的血亲关系开始，然后逐渐波及全寨，最后扩散至其他村落。具体的转用路径是：少数人由于某种原因（务工、入伍、求学、通婚等），最终放弃本民族语言的使用，转用汉语，成为汉语单语人。这种影响起初仅限于家庭内部，随后逐渐扩散到整个家族内部，继而影响本寨具有一定血缘关系的同一姓氏宗族或者其他姓氏的阿昌族。而当单个村寨的语言转用完成之后，语言转用就会通过村寨间频繁的"做事"（"红白事""祭祖茔""续家谱""过家会"等），朝着具有一定血缘关系的其他村寨扩散、蔓延，加快相关村寨语言转用的进程。在梁河，村寨的语言转用大都沿着类似血缘的转用路径逐步推进。当然，由于民族杂居、人口迁徙、经济发展、文化进步、教育普及以及现代传媒的强势介入等多种因素的影响，目前，梁河阿昌族地区语言转用的路径往往会呈现出一定程度的复杂性与多元性。尽管如此，在当地，语言转用以血缘关系为主线的扩散演进脉络至今明晰可辨。

梁河阿昌族的语言转用具有大规模性。这种情况在语言转用的范围以及言语交际的场景等方面都有明显的表现。从语言转用的范围来看，语言转用的范围主要包括地域和年龄段。就地域而言，目前除了囊宋阿昌族乡、九保阿昌族乡下辖的部分村寨[①]母语保存较好之外，其余的村寨大都不同程度地出现了语言的转用，有些村寨甚至已经全部放弃了本民族的语言，转用了汉语。具体而言，在"整体转用型"的村寨里，绝大多数阿昌族已经转用了汉语，成为汉语单语人。在"主体转用型"的村寨里，大约半数甚至超出半数的阿昌族转用了汉语，变为汉语单语人。在"局部转用型"的村寨里，只有一部分阿昌族转用了汉语，成为汉语单语人。据粗略统计，目前，在梁河阿昌族地区，母语保存完好型的村寨大约占到全部阿昌族村寨的四分之一，母语转用型村寨（"局部转用型""主体转用型""整体转用型"）约占全部阿昌族村寨的四分之三。可见，在梁河阿昌族地区，大部分的阿昌族村寨均已发生了明显的语言转用，汉语成为本地区相当一部分阿昌族最主要乃至唯一的交际工具。从年龄段来看，属于"略懂"和"熟练"等级的阿昌族，主要集中于60岁以上的母语人群体中，属于"基本不会"和"完全不会"年龄段的阿昌族，大多处在60岁以下的母语人群体中。而本地区60岁及以上的老年

[①] 据阿昌族作家、文化学者曹先强先生介绍，目前，梁河阿昌族母语保存较好的村寨主要有囊宋阿昌族乡下辖的老关璋、新关璋、弄坵、牛场地以及九保阿昌族乡下辖的横路、曹家寨、勐科、芒掌、荒田等自然村。

人仅占人口总数的 17.3%①，显然，使用本族语进行交际已然成为一种名副其实的"小众"行为。不难发现，无论从语言转用的地域范围来看，还是就年龄段的范围而言，目前，梁河阿昌族地区有相当数量的阿昌族母语人已经放弃母语，转用了汉语。从言语交际场景的角度来看，作为一种交际工具，梁河阿昌语的使用主要囿于家庭内部、邻里之间或者一些民族仪礼中，使用范围相对逼仄、有限，而在更为广阔的劳作、求学、谋职乃至创业等社会领域，本族人主要使用汉语，汉语作为地域通用语言成为大部分梁河阿昌族表达感情、传递信息的最重要的交际工具。可见，无论是从语言转用范围，还是从言语交际的使用场景来考察，梁河阿昌族的语言转用都具有大规模性的特点。

梁河阿昌族的语言转用具有与母语使用者年龄成反比、与文化程度成正比的特征。以"主体转用型"为例②：70 岁以上的阿昌族母语人，本族语的水平均为"熟练"等级，在日常交际中以使用本族语为主，语言的转用不甚明显。该年龄段的母语人绝大多数都没有受过正规的学校教育，大部分都是文盲或半文盲；50 岁左右的母语人，其母语水平属于"略懂"等级，只有少数人的母语较为熟练，语言转用的比例较大。该年龄段的母语人一般都受过小学教育，有些还读过初中，个别的还上过高中；30 岁左右的阿昌族大多都已转用汉语，为汉语单语人，他们普遍受过小学和初中教育，读过高中的也不在少数，还有一部分人甚至接受过高等教育。综上所述，在梁河阿昌族地区，母语人的年龄越大，语言转用的比例越低，母语人的年龄越小，语言转用的比例越高；母语人的文化程度越低，语言转用的比例越低，母语人的文化程度越高，语言转用的比例越高。语言转用与母语使用者的年龄成反比、与文化程度成正比的特征显而易见。

（三）语言转用的制约因素

梁河阿昌族的语言转用主要受汉语影响、民族杂居、经济发展模式、

---

① 《中华人民共和国 2017 年国民经济和社会发展统计公报》，2018 年 2 月 28 日，http://www.stats.gov.cn/tjsj/zxfb/201802/t20180228_1585631.html。

② 与局部转用型、整体转用型相比，主体转用型在转用主体（梁河阿昌族）的特点、转用层次的丰富性等方面均具有一定的代表性，因以为例。

汉语教育与现代传媒的发展以及母语使用者对汉文化的认同等主客观多种因素的制约。

1. 汉语影响

在汉语的影响下，梁河阿昌语在一个较短的时间内就借入了大量的汉语成分，这些汉借成分广泛地分布于本族语的语言系统中，深及本族语结构的核心领域。作为受语，梁河阿昌语短期内无法将大量涌入的汉借成分有效吸纳，融合成为自身语言系统内部的有机组成部分，因而导致系统内大量冗余成分留存。这些游离于母语系统之外的成分无法进入本族语结构的组合关系与聚合关系中，严重地侵蚀了母语系统，破坏了语言系统的一致性、层级性与经济性，影响了话语交际的正常进行，在客观上加速了母语使用者转用汉语的进程。

在语言接触的背景下，受语受到源语的影响，借入一定数量的源语成分并逐步吸纳与内化，这是语言接触过程中的一种正常、普遍现象，也是健康的语言系统进一步丰富本族语，提高语言表现力的一个重要手段。通常，受语优先借入的都是本语言系统内部缺乏的成分，目的在于补足本语言系统存在的缺项，进一步丰富语言交际的表达手段与表现方式。但是，假如固有的语言系统中原本就有的成分，还要设法从其他的语言中大批量地借入，那么，则表明这种语言之间的借贷已经失去了其目的性，本族语的语码不同程度地受到了限制，固有的语言系统已经渐趋僵化。梁河阿昌语的情况正是如此。大量存在于本族语系统的汉借成分，其主要目的不是用以补足本族语系统中的缺项，而是替换其中的固有成分。显然，这种"超常规"的语言借用不是为了进一步丰富本族语的语言系统，提高本族语语言交际的表达能力，而是为下一步转用汉语做准备。

目前，年轻一代的阿昌族母语人在使用本族语进行交际时，在语言表述上通常会感到力不从心，在语言表达手段方面往往会捉襟见肘，交际中忽而使用母语，忽而又转用汉语。对于年轻一代的母语人而言，母语成分与汉语成分的不规律交替大都不受主观意识的有效监控，至于交际过程中哪些成分来自母语，哪些成分又源于汉语，母语人自身也难以厘清。随着梁河阿昌语本族语系统中汉语借入成分的不断增加，大部分的梁河阿昌族已经习惯于使用汉语进行交际，在不同的场景下，面对不同的交际对象，使用汉语已逐渐成为一种无意识的言语行为，汉语理所当然地成为一种占据绝对优势的交际工具。相反，本族语的使用则逐渐变为需要时时予以监控的言语活动，成为一种有意识的言语行为。即便是那些具有完全母语能力的本族母语人之间的交流，倘若交际者不在母语社区内，并且交际现场没有其他民族的成员，或者交际双方认为无须规避交际内容，交际双方通常也会不约而同地首选汉语作为信息传递、情感交流的工具，相较而言，母语的使用主要针对的是一些特殊的交际场景与交际对象，服务于特殊的交际目的①。

综上所述，汉语的影响严重侵蚀、破坏了梁河阿昌语的结构系统，加速了梁河阿昌族母语人转用汉语的进程，成为梁河阿昌族弃用母语转用汉语的一个最基本的因素。

2. 民族杂居

民族杂居具有广泛性与密集性。先看广泛性。民族杂居的广泛性主要表现在地域分布方面。在梁河，阿昌族与汉、傣、佤、景颇、德昂等12个民族在地域上勾连交错，呈现"小聚居""大杂居"的分布态势。除了囊宋阿昌族乡、九保阿昌族乡的部分村寨属于阿昌族大密度的聚居区外，在其他自然村落，梁河阿昌族大都与汉族、傣族、德昂族等其他兄弟民族杂居相处。在梁河阿昌族的5个乡（镇）中②，均有数量不等的其他民族人口，其中，其他民族占到10%—49%的村寨，就有勐科、丙盖、沙坡等42个之多，其他民族占到50%以上的，也有大坪子、南林、孙家寨等7个③。即便是在阿昌族人口大密度聚居的关璋、弄垤和牛场地等村寨，现今也有为数不少的来自其他民族的媳妇或者女婿。近年来，随着族际婚姻数量的进一步增加，其他民族在梁河阿昌族聚居地的人口比例也在不断提升。再看密集性。民族杂居的密集性主要表现在地理分布以及村寨内部的杂居程度等方面。从地理分布的情况来看，梁河阿昌族的村寨多与汉族村寨接壤或者临近。像囊宋乡的上弄别是一个阿昌族

---

① 田野调查发现，在母语保存较好的村寨里，具有完全母语能力的阿昌族在语言社区内部大多仍会选母语进行交流。

② 梁河县勐养镇下辖的英歹（也做英傣）、囊济等村寨使用的是潞西阿昌语。书中梁河阿昌族的乡（镇）数目不包括勐养镇。

③ 详见附录二"梁河县阿昌族村寨一览表"。

村寨，该村寨就毗邻汉族人口占绝大多数的平山乡。在村寨内部，阿昌族也与汉族等其他民族互为邻里，"你中有我""我中有你"的特点非常明显。比如，在大坪子等8个阿昌族村寨里，汉族等其他民族均已占到50%以上，在某些村寨（如大芒丙等），这种比例更是高达70%—80%，不同民族杂居程度之高，不难想见。

长期以来，梁河阿昌族与汉族等其他民族杂居相处，形成了相互依存、荣损与共的密切关系。汉语是国家的通用语，使用的范围广，使用的人数多，用途广泛，因而成为梁河阿昌族日常交际的首选用语。相较汉语，梁河阿昌语则由于其现实的局限性，使用人数逐渐减少，使用频率日趋降低。

不难发现，民族杂居的广泛性与密集性有效地助推了语言的转用，成为梁河阿昌族转用汉语的重要因素。

3. 经济发展模式

梁河阿昌族的经济模式发生了显著的变化。梁河阿昌族喜欢选择于半山半坝地域劳作、生活，传统上以农业生产为主，农产品大多留作自用，少量用于交易。改革开放后，梁河阿昌族在政府的积极引导与帮助下，逐步调整经营思路，开始注重从多个方面发展民族经济，经济模式也从以往以粮食种植为主的单一型产业结构逐步转型为现今以多种作物种植为主、兼顾其他产业发展的复合型产业结构。当地农民除了广泛种植水稻、玉米外，还大量引种甘蔗、茶叶、水果、蔬菜、皂荚树和茶油树等经济类作物。除了农业劳作外，梁河阿昌族经商的意识也随着时代的进步而不断提升，有些阿昌族长年从事长途运输工作，将大量具有地域特色的农副产品输送到外地，南至芒市、瑞丽，北到保山、大理，甚至省会昆明。近年来，随着国家西部大开发战略与"一带一路"倡议的不断推进，当地还涌现出一批具有民族特点与地域特色的企业，从事滇西滇皂荚、猕猴桃、回龙茶叶、小锅米酒、蜂蜜等的加工与制作，带动了地方经济的快速发展。在各级政府的领导下，在云南省烟草专卖局（公司）"整乡推进""整族帮扶"项目的带动下，当地还陆续出现了一批规模不等的文化新村，内设阿昌博物馆、遮帕麻遮米麻传习馆、阿昌民俗婚俗体验区、阿昌织锦馆、窝罗舞队以及山歌表演队等，定期举办各类游艺参观、传习体验以及歌舞表演等活动，广纳四海宾客。当地政府还积极牵线搭桥，组织各类劳务输出推介活动，仅梁河县九保阿昌族乡就于2018年和2019年连续举办了两次劳务协作专项招聘会。如今，在梁河阿昌族地区，有越来越多的阿昌族青年走出山寨，远赴省外，从事建筑、养殖、零配件加工等产业。梁河阿昌族，尤其是那些有理想、有抱负、文化水平高、精通专业技术的年轻一代，还充分利用现代社会发达的电子商务，将本地区的特色产品销往全省乃至全国。如今，电商、微商等已逐渐发展成为当地重要的产业之一，是新一代阿昌族创业、兴业的一个亮点，是阿昌族农民加快脱贫致富步伐的一个经济增长点。

改革开放以来，梁河阿昌族地区的经济模式发生了翻天覆地的变化，传统的具有"封闭性"特征的农耕生产模式逐渐向具有"开放性"特征的外向型经济模式过渡。传统的农耕模式以自产自销为基本特征，农民固守在土地上，活动区域囿于本乡本土，交际对象固定，使用本民族的语言即可满足人们日常劳作与生活的交际所需。外向型经济模式则以商品交易为核心内容，交际活动范围广泛，交际对象多变，在交际过程中，人们必须掌握地域通用语才能完成多样化的交际活动。

可见，经济模式的变迁加快了语言转用的进程，是梁河阿昌族语言转用的一个重要因素。

4. 汉语教育与现代传媒的发展

腾越之地自古以来就是滇西与南亚、东南亚连接的重要通道，也是一个教育、文化重镇。元明以来，随着戍边、屯垦的不断推进，中原文化逐步深入滇西，私学、学宫也随之广泛设立，书院、义学的兴办蔚然成风。梁河毗邻腾冲，历史上，梁河的曩宋与九保曾长期隶属腾冲。由于这种地理位置的毗邻与行政隶属关系的渊源，早在清代乾隆年间，梁河的曩宋和九保就已先后设立了一批私塾，从事汉语文化教育。民国以后，梁河各地陆续兴办了一些以汉语教育为核心的学校。新中国成立以来，梁河阿昌族地区以汉语教育为中心的正规学校教育得到了迅速的发展。早在20世纪50年代初期，政府就先后在梁河设立了"省立小学""阿昌族中心小学"等多所学校，一批阿昌族儿童得以接受系统、正规的学校教育。尤其是改革开放以后，政府大力兴办学校，重视师资培养，注重加大教育资金的投入，有力地促进了当地汉语教育的进一步普及与发展。目前，梁河阿昌族适龄儿童的入学率已达到99%以上。随着"普九"义务教育的全面实施与开展,大部分的阿昌族学生都能够在小学毕业之后,继续完成初中学业。优秀学生还可以继续就读高中,甚至考取各类高等院校,近年来,在梁河阿昌族地区,每年都有一定数量的阿昌学子入读省内外的高等学府,还有一些阿昌族大学生毕业之后选择继续求学深造。

随着我国电视、广播等传播媒体以及互联网技术的发展与普及,以汉语作为通用语,以汉族文化为主要内涵的现代传媒以其特有的强劲力量深刻地影响、改变着广阔的农村与偏远的边疆地区,在现代传媒的冲击下,传统的劳作与生活方式均发生了程度不等的嬗变,以往乡村相对单一的文化生态日趋走向多元。在梁河阿昌族地区,目前,家家户户都有电视,每天播放的都是以汉语为媒介语的新闻、体育、经济以及文化娱乐之类的节目。茶余饭后,梁河阿昌族最喜爱的娱乐方式之一,就是一家人围坐在电视机旁收看各类电视节目。上网是当地阿昌族尤其是年轻一代最喜爱的一种休闲、娱乐方式,而随着智能手机的普及以及网络信号的全区域覆盖,在阿昌山寨,总能看到使用手机浏览信息、聊天、观看各种媒体材料的"低头一族"。年轻人自不必说,就连中年人,甚至老年人,也逐渐学会了使用智能手机,劳作之余、闲暇之际,都喜欢面对着手机与网络上的"山歌匠"(当地汉语方言,指民间的歌唱能手)对唱山歌①。可见,手机上网早已成为当地阿昌族的一种"大众"行为。

梁河阿昌族地区汉语学校教育的普及快速提升了本民族的文化教育水平,极大地改善了青年学子的命运,但同时又在客观上抑制了梁河阿昌语的使用与传播。以电视、互联网为代表的大众传媒扩大了村民的视野,丰富了乡民的业余生活,但无形中也加快了本民族转用汉语的进程。

综上所述,汉文教育与大众传媒的普及是本民族转用汉语的"助推剂",是梁河阿昌族语言转用的有力促动因素。

5. 母语使用者对汉文化的认同

长期以来,梁河阿昌族与周边的汉族往来密切、交流频繁,在漫长、广泛的民族交往过程中,梁河阿昌族逐渐对汉文化产生了高度的认同感,

---

① 梁河阿昌族的山歌使用当地汉语方言。

汉民族的文化习俗、文化传统以及生活习俗等逐渐融入梁河阿昌族寻常百姓的日常生活中。像在宗教信仰方面，阿昌族传统上信奉万物有灵，盛行原始图腾崇拜与自然崇拜，受汉文化影响，梁河阿昌族的宗教信仰与汉族的交叠之处日渐增多。如今，很多梁河阿昌族的厅堂正屋都摆放着"天地君亲师"的牌位，不少人家还常年供奉着佛像，这些做法都与当地汉族几无差异。在服饰方面，梁河阿昌族的男子早在民国时期就已改穿汉装，目前仅在节日庆典、婚庆活动或是其他需要展示民族服饰的场合下，才会临时穿戴民族服装。梁河阿昌族的已婚妇女虽然大多还保持着戴包头、穿筒裙的传统着装习惯，但在政府机关、学校、公司等工作的"在职人员"，平常一律都是工装打扮，在有些村寨里，年轻媳妇甚至已改穿汉装。梁河阿昌族普遍爱认本家，但凡同姓，无论汉族还是阿昌族，均为"自家人"，都可以依照辈分的高低称呼彼此。据文献记载，历史上"阿昌俱以喇为姓"，如今，阿昌族的姓氏已全部换用为"曹""梁""杨"等汉姓。按照梁河阿昌族的习俗，婴儿满月，要先由长辈起个乳名，继而再取一个正式的学名，学名传统上由姓氏加辈分再加个体名组成，这些也都与当地汉族传统的赋名方式基本一致。

　　语言是文化的载体，也是文化的重要组成部分，梁河阿昌族高度认同汉文化，接受汉文化，对汉文化没有任何疏离感与陌生感，那么，自然而然就会对汉文化的载体与重要组成部分——汉语，产生天然的认同感与亲近感，在语言态度方面日趋开放、理性，在生活劳作中积极主动地使用汉语。

　　由此可见，对汉文化的高度认同极大地促进了语言的转用，是梁河阿昌族语言转用的一个必要因素。

二　梁河阿昌语语言功能的衰退

　　梁河阿昌语语言功能的衰退是梁河阿昌族语言转用的直接结果或是由此衍生的间接结果。对梁河阿昌语语言功能衰退的考察可以大致从语言社会功能的衰退以及语言交际功能的衰退两个方面来进行。

(一) 梁河阿昌语社会功能的衰退

梁河阿昌语社会功能的衰退主要表现为母语使用者的绝对人口数量少、母语使用者占总人口的比例低、母语使用者的年龄老化，以及母语的代际传承断裂、使用范围收窄、使用频率降低等几个方面。此外，还表现为母语人的语言态度开放、母语在新语域及媒体方面的参与程度低、记录母语的文献数量与质量存在不足以及当地双语教育材料与读写材料缺失等方面。

1. 母语使用者的绝对人口数量少

目前，在梁河，仍具有本族语交际能力的阿昌族主要聚居于梁河县囊宋阿昌族乡和九保阿昌族乡的部分村寨。这部分仍能使用母语的阿昌族，既包括具有母语"听""说"能力，同时又经常使用本族语进行交际的母语人，也包括那些具有母语"听""说"能力，但不常使用本族语交际的母语人。这两部分母语人加合在一起，总数为4000—5000人。

2. 母语使用者占总人口的比例低

承前所述，梁河阿昌族目前仍具有母语交际能力的绝对人口数量为4000—5000人，而目前梁河阿昌族人口总量为11789人[①]，母语的使用人数仅占梁河阿昌族总人口的33.93%—42.41%。也即，在梁河阿昌族地区，本民族有超过半数，甚至接近2/3的人口已经不再能够使用母语进行日常的交际。

目前，梁河阿昌族放弃母语转用汉语的进程仍在持续，随着老一代母语使用者的陆续离世以及汉语单语人人口数量的不断增加，具有母语完全能力的本民族人口占总人口的比例还会进一步下降。

3. 母语使用者的年龄老化

在母语保存较好的村寨里，从学龄前儿童到白发老者，母语的"听""说"能力俱佳，阿昌语的水平属于"熟练"等级，母语使用者普遍为"汉语—阿昌语"双语兼用类型。学龄前儿童和60岁以上的老年母语人[②]，母语的使用频率略高于汉语或与汉语持平，在其他年龄段，汉语的使用频率稍高，阿昌语的使用频率略低。在这类村寨里，只有部分常年

---

① 不包括梁河县勐养镇的阿昌族人数。
② 主要指的是生活在母语社区的学龄前儿童和老年母语人。

在外务工、就职、创业以及求学的阿昌族母语人，他们的母语"听""说"能力较差，或者发展不够均衡①，这部分人在日常交际中主要使用汉语。

母语保存较差的村寨主要指的是"局部转用型"和"主体转用型"的村寨②，在这两类村寨里，目前尚能熟练使用阿昌语进行交际的母语人，大都集中在60岁以上的年龄段，这些老年母语使用者基本上都属于"汉语+阿昌语"双语兼用类型，但受制于母语社区的不断萎缩，如今，这部分老年母语人在日常交际中主要使用汉语。

综合考虑母语人在绝对人口数量、母语人占总人口的比例以及母语人的年龄分布情况，不难发现，目前，在梁河阿昌族生活的地区，母语的使用主要集中于60岁以上的年龄段。而随着语言转用程度的进一步提高，母语使用者的年龄段还会继续上升，母语人年龄老化的状况还会进一步加剧。

4. 母语的代际传承断裂

通常，母语的传承需要借助两条途径：一是家庭内部的传承，主要指的是由父母向子女传授第一语言；二是语言社区的传承，主要是指儿童在由同龄人组成的语言社区内习得第一语言。

母语代际传承的考察可以基于不同年龄段本族人母语掌握的情况以及儿童掌握母语的不同方式来进行。按照母语的保存程度，母语的代际传承大致可以分为两种：一种是母语保存较好型村寨的代际传承，另一种是母语保存较差型村寨的代际传承。母语保存较好的村寨以梁河县曩宋阿昌族乡关璋村委会的牛场地、老关璋、新关璋和弄坵等为代表。在这类村寨里，大部分母语人在日常交际中都能较为熟练地使用本族语，少数阿昌族母语使用者"听""说"能力一般，或"听"的能力较好，"说"的能力较差。无论在家庭内部，还是村头寨尾，阿昌族母语人聚集在一起，大多数的情况下都会首选本族语，或者主要使用本族语。有时为了规避交际信息的外露，他们还会尽可能地使用本族语，甚至不惜采

---

① 通常是"说"的能力较差，"听"的能力较好。
② 在"整体转用型"的村寨里，目前几乎没有能够使用母语进行交流的本族人，鉴于此，本书对属于此类村寨的母语使用者年龄老化的情况不予讨论。

用以解释性的语句来替代固有词语等的"婉曲"方法。在这些村寨里，尚未接受学龄前教育的儿童大都生活在母语环境中，基本上能够较为自如地使用本族语，儿童的母语在家庭内部习得，从同龄人组成的语言社区内部获取，儿童每时每刻都"沉浸"在本族语的言语环境中，母语的习得在不知不觉中完成。这种状况表明，在母语保存较好的村寨里，梁河阿昌语的使用环境保存良好，语言生活丰富，语言活力强劲，母语自然传承的渠道基本上畅通无碍。

母语保存较差的村寨主要以弄别村委会的下弄别、瑞泉村委会的张家寨等为代表。在这些村寨中，绝大部分的母语使用者已经彻底放弃了本族语，成为汉语单语人，母语的使用范围大多局限在由少数老年母语使用者所组成的语言社团里；随着老年母语使用者人数的不断递减，这类语言社团已呈现出日益明显的萎缩趋势。此外，在这类语言社团里，母语的使用状况不够稳定，交际现场中一旦有本民族年轻一辈或者非母语人的"闯入"，经过短暂的双语话轮转换阶段后[①]，交际用语往往就会转向汉语。在这类村寨，梁河阿昌族母语人大多不愿主动督促子女、儿孙去掌握母语。由于自身母语能力偏低，即便是个别人有传授母语的强劲意愿，通常也无力帮助晚辈有效地掌握本族语。儿童习得母语的语言社区消失殆尽，母语的自然传承出现"断层"。

5. 母语的使用范围收窄

这种情况可以从地域、语域等不同的角度来考察。从梁河阿昌语所处的地域范围来看，阿昌语的使用主要集中于梁河县囊宋阿昌族乡和九保阿昌族乡的部分村寨，在其他自然村落，梁河阿昌族，尤其是年轻一代，大都已经不同程度地转用了汉语，甚至已成为汉语单语人，无法使用母语进行日常交际。语域主要指的是语言使用的场合或者领域，大致可以分为家庭、交往和教育等几个场域。根据梁河阿昌语母语保存程度的不同，还可以将语域的类型进一步分为两种：母语保存较好型村寨的语域和母语保存较差型村寨的语域。在母语保存较好型村寨里，家庭域方面，母语人之间均使用本族语，少年儿童与长辈交流，情况较为复杂，学期中，因在校时间长，孩子接触汉语机会多，因而在与长辈交流时，

[①] 此处双语话轮的转换主要指的是阿昌语与汉语在话轮交互过程中的转换。

长辈用阿昌语，少年儿童通常使用汉语。假期中，因为在村寨中居留的时间长，孩子接触阿昌语的机会多，故而在与长辈交流时，大多已习惯使用阿昌语。阿昌语母语人与非母语的其他家庭成员之间的交流，一律使用汉语。交往域方面，梁河阿昌族与其他民族的交往，语言的选用一般视具体的交际对象而定。交际双方均为阿昌族母语人的，可以使用阿昌语，对方是其他民族的，假如熟悉阿昌语，交际过程中也会兼用阿昌语与汉语。假如对方不熟悉阿昌语，交际双方就只能借助通用语（汉语）。学校在读生的情况略有参差。小学生之间主要使用汉语，小学生与阿昌族长辈交流，长辈用阿昌语，小学生多以汉语应答；中学生同龄人之间主要用汉语，与长辈交流往往会临时换作阿昌语，或者使用汉语。在教育域方面，按照国家教育主管部门的相关要求，阿昌族教师与汉族教师在课堂教学中一律要求使用汉语，年轻教师还要使用符合标准的普通话，否则在年终考核、职级晋升等方面都会受到一定的影响。课下交流时，阿昌族教师与阿昌族学生可以用阿昌语，但从调查的情况来看，主要以汉语为主；汉族教师与阿昌族学生课下交流，一律使用汉语。在母语保存较差型村寨里，家庭域方面，阿昌族的家庭成员之间首选汉语，长辈与晚辈、晚辈与晚辈之间基本使用汉语。母语人与非母语人的家庭成员之间使用汉语，非母语人的家庭成员缺乏学得阿昌语的主观意愿。交往域方面，梁河阿昌族与其他民族交往时，以汉语作为交际的通用语言。与本民族交往时，语言的选用存在着代际性的差异：60岁以上的老一辈母语人与相同年龄段的阿昌族母语人在一起时，兼用阿昌语和汉语；年轻一代的阿昌族已基本转用汉语，为汉语单语人。在老年母语人的语言社团中，一旦有年轻一代的交际者加入，为了交际的达成，老一辈的母语人大多会转用汉语。教育域方面，阿昌族教师在课堂内外一律使用汉语。

综合考察不同地域及语域的情况，目前梁河阿昌语主要用于非正式的交际场景中，大都集中于相对狭小的母语语言社团内。而随着当地阿昌族语言转用程度的不断加深，母语使用的范围还会进一步收窄。

6. 母语的使用频率降低

总体而言，梁河阿昌族目前在日常交际中主要使用当地汉语，当地汉语是本民族最重要的一种交际工具。一方面，大部分的本族人已经不能使用或者不能自如地使用母语；另一方面，具有完全母语能力的使用者只有在母语社区内部才有机会使用母语，才有可能使用母语，一旦离开了特定的语言社团，就别无选择，只能借助交际的通用语（汉语）。即便是那些具有完全母语能力的梁河阿昌族，由于汉语影响的深入，这些母语人的交际话语中一般也会不同程度地夹杂着汉语的词语、语句，甚至是成段的汉语表述。交际中的话轮转换，往往会因某个汉语借词、某种汉语的表达方式或者某个话题，在不知不觉中转向汉语，换用汉语继续进行交际，又或是因为某个固有词、固有的表达方式或者某个话题，不经意间，又"折回"到阿昌语，使用母语继续进行交际。通常的情况是，母语人之间的交际会时而使用阿昌语，时而换用汉语，交互往复，无明显的规律可循。随着时代的发展、经济模式的变迁、交通的便捷、教育的普及、生活习俗的改变以及现代传媒的介入，越来越多的新理念、新信息、新事物涌入阿昌族的寻常劳作与日常生活中，母语的使用因而受到表达方面的诸多限制，逐渐成为一种受限的语码，甚至是严重受限的语码，难以完全满足交际者在更为广阔的时空范围内获取新理念、传递新信息、了解新事物的内在需求，交际过程中不得不转用汉语。目前，梁河阿昌族在日常交际中早已习惯使用汉语，将汉语作为传递信息、表达感情的主要交际工具，母语的使用频率总体上呈现不断下降的趋势。

7. 母语人的语言态度开放

语言态度指的是在社会认同与社会情感等因素的综合影响下，人们对某种语言的价值所产生的心理感受、认识与评价，这种心理感受、认识与评价往往会直接影响言语者本人对该语言的选择与使用[①]。语言态度通常有广狭之分，广义的语言态度指的是语言使用者以及其他人员对某种语言的心理感受、认识和评价，狭义的语言态度专指母语人对本族语的心理感受、认识与评价。本书主要讨论狭义的语言态度。

在梁河阿昌族生活的地区，母语的保存状况不同，语言族群的语言态度具有差异性；母语的使用能力有别，语言族群的语言态度也有参差。

在母语保存较好的村寨里，本民族的知识分子普遍认为，梁河阿昌语是代表民族身份的一个重要标志，梁河阿昌族应主动使用阿昌语。面

---

① 戴庆厦：《社会语言学教程》，中央民族学院出版社1993年版，第144页。

对母语在语言结构及语言功能方面的持续衰变与衰退,梁河阿昌族的知识分子大多认为,各级政府应该采取积极有效的保护措施,加大母语的抢救与保护力度,各类民间机构以及每一位阿昌族,都应积极行动起来,努力传承母语,尽力延缓母语的衰变与衰退进程。其他行业的阿昌族对母语也大都怀有深厚的情感,他们通常认为,尽管本民族的语言在求职、入学以及务工等方面的用途相对有限,但阿昌语毕竟是祖先留下的语言,应予尽力保护。在母语保存较好的村寨里,不论知识分子、务工者还是农民,大部分母语人都能够清醒地认识到,梁河阿昌语的使用人数目前在持续走低,语言转用的速度在不断加快,这是一种无可回避的客观事实,梁河阿昌语的抢救与保护责任重大、时不我待。在语言传承方面,绝大多数阿昌族都认为,阿昌族的少年儿童应掌握母语,但同时他们对中小学生课余时间普遍使用汉语又不予干涉,也不苛求长辈一定要向子女传授母语。在母语保存较差的村寨里,大部分的阿昌族对母语的现状既感无奈,同时又认为这是时势使然,根本无法阻遏。他们大都认为,阿昌语的消亡迟早都会发生,最合理、最现实的做法就是顺其自然、不予干涉。无论是在母语保存较好的村寨,还是在母语保存相对较差的村寨,梁河阿昌族在对待学习汉语的态度方面基本一致,没有明显的认知差异。他们普遍认为,汉语是我们国家的通用语言,梁河阿昌族的未来与发展离不开整个民族汉语水平的不断提升,每一位阿昌族都应认清时势,主动学习、使用汉语,少年儿童更是应该努力掌握汉语。即便是那些对民族语言感情甚笃的母语使用者,也一律将汉语视作日常交往、升学、就业等须臾不可离开的工具,他们深知汉语的重要性,学好汉语是谋生的必要条件,就某种意义而言,汉语水平与个人的工作、生活和幸福息息相关。

梁河阿昌族的语言态度还与母语的使用能力密切相关。母语使用能力不同,对待本民族语言的态度存在着明显的差异。母语能力强的阿昌族通常认为,每个阿昌族都应掌握母语,不会母语的要主动去"补课",他们的看法是,阿昌族只要愿意,就一定能学好本民族的语言。在语言的保护与传承方面,母语能力强的阿昌族认为,各级政府应积极组织人力物力,制定切实可行的保障措施,努力保护母语,传承母语。他们中的大部分人都认为,只要政府及相关部门鼎力支持,广泛动员全社会的力量，采取得力、有效的措施，阿昌语的传承就大有希望。母语能力强的阿昌族还会利用各种机会保持、提升个人的母语水平，即便是身处异地，也热衷于在网上与母语人使用本族语互动（通过汉字"拼写"的方式或者借助音频、视频通话的方式），电话交流时也会尽可能地使用母语。在日常生活和工作中，只要是同母语人在一起，就一定会用阿昌语。母语能力差的阿昌族通常认为，倘若幼年时期没有通过自然习得的方式掌握母语，那么，成年之后则无须专门去学得，他们的看法是，汉语远比阿昌语重要，掌握汉语可以"遍地找钱"，在升学、务工以及入职等方面能够带来直接、可观的"效益"。在母语的保护与传承方面，母语能力差的阿昌族尽管对本民族的语言也多怀有深厚的情感，对现今母语的濒危状态同样深感惋惜，但他们同时又认定，阿昌语的传承几乎是一项不可能完成的任务，与其徒劳无功，不如顺其自然。母语固然有其重要的价值，但生活的幸福与个人的发展永远都是第一位的。母语能力差的阿昌族也会或主动或被动地去尝试学习母语，但大部分人主要是出于从众或者猎奇的心理。

总体而论，梁河阿昌族普遍认可语言转用的现实性与客观性，对待语言转用的态度相对理性，对待汉语的学习充满着热情，语言态度理性、客观，呈现出明显的开放性特征。

8. 母语在新语域及媒体方面的参与程度低

新语域主要指的是伴随科技进步尤其是网络技术的发展而出现的新型语言交际领域，主要包括以微信、QQ、微博、美篇、抖音、快手等为代表的网络社交平台。媒体主要指的是传统的电视、广播、报纸、杂志以及随着科学技术的发展而衍生的电子杂志、电子报纸、自媒体、新媒体、融媒体等。总体来看，在对新语域以及媒体的反映方面，梁河阿昌语的参与程度较低。

在新兴自媒体技术的门槛日益降低、逐渐普及的新时代，国内已有部分少数民族的语言率先进入了该语域，出现了诸多使用民族语、展示民族语、传播民族语的流媒体材料，比如，傣语、景颇语、载瓦语、白语、彝语和瑶语等。有些民族语言还能借助规范、统一的拼写符号，将民族语言作为一种交际工具，广泛应用于微信、QQ和美篇等网络社交平台。在传统媒体方面，国内部分少数民族也多有涉及。比如，在德宏傣族景颇族自治州，就有专门的傣语、景颇语的广播节目和电视节目。

但截至目前，在梁河阿昌族地区，仅有个别"汉语—阿昌语"双语材料的展示，这些材料主要集中于具有民族特色歌曲的演唱、国家政策的宣讲、节日庆典祝福用语的展示等。此外，还有少量可在线欣赏、下载的"双语"（"汉语—阿昌语"）曲目。在网络社交领域，梁河阿昌语对新语域的反映主要见于阿昌族作家、文化学者曹先强先生倡行的"每日一句阿昌语"在线学习活动。另外，在一些由阿昌族热心人士建立的微信群中，部分阿昌族会借助语音手段或者使用汉字"拼写"母语的方式来进行交际。在传统媒体方面，梁河阿昌族地区还没有专门性的使用本民族语言的广播节目、电视节目以及纸质媒体，反映梁河阿昌族政治进步、经济发展、文化传承等方面的材料主要借助汉语媒介语。我们还注意到，即便是一年一度本民族最盛大、最隆重的阿露窝罗节，在新语域及媒体方面的反映也主要限于民族歌舞、织锦大赛、汉语山歌比赛等节目中，鲜有民族语言的集中展示。

综上所述，不难发现，在新语域及媒体方面，梁河阿昌语的参与程度较低，语言活力明显不足。

9. 记录母语的文献数量与质量存在不足

中华人民共和国成立以后，尤其是20世纪80年代以来，国内陆续出版了一系列阿昌语研究的专门性论著，这些文献材料广泛涉及梁河阿昌语的本体结构、使用状况以及发展演变等，是梁河阿昌语抢救、保护与传承的重要参考资料。但相对于人口较多的民族而言，梁河阿昌语的研究无论在记录母语的文献数量方面，还是在质量方面，都还存在明显的不足，有待于进一步的提升。

目前，从语言记录的角度来看，梁河阿昌语缺乏使用国际音标标注的双语或多语的大型词典，缺少基于现代语言学理论，使用莱比锡语法标注规则（Leipzig glossing rules），按照不同体裁分类的深度语法标注话语材料。梁河阿昌语没有基于地理语言学理论与研究范式的梁河阿昌语语言地图集，也没有基于人类文化学与民俗语言学的视角，对梁河阿昌族的迁徙历史、族群生活等加以细致描述，对梁河阿昌语的语音、词汇、语法及篇章等进行详细描写的民族语言志书。此外，进入21世纪，国外针对濒危语言以及衰变语言的相关研究已从仅重视文本材料的记录，发展成为注重语言文本记录与音频视频材料同步进行，文本材料与流媒体材料相互映衬的发展阶段，而目前在梁河阿昌语的记录方面，国内学者大都仍旧停留在单纯的文本记录与分析梳理的阶段，田野调查中获取的少量音频视频材料基本上属于一种可有可无的"陪衬"，尚未完成从单纯的文本记录与整理，到音频视频的规范采录与数位典藏的学术转向。汉语版的史诗《遮帕麻和遮米麻》早在20世纪80年代就已面世，"遮帕麻和遮米麻"也已在2006年被国务院批准列入国家级非物质文化遗产代表性项目名录，以该史诗为蓝本的大型舞剧也于近几年搬上舞台，但遗憾的是，《遮帕麻和遮米麻》至今没有使用国际音标深度标注的文献版本以及与其同步的具有严格规范性的音频视频材料。

总体来看，梁河阿昌语的研究在语言记录的数量与质量方面存在着明显的不足，语言材料的科学记录与音频视频材料的立档典藏任务任重道远。

10. 当地双语教育材料与读写材料缺失

梁河阿昌族的聚居区尚未实行真正意义上的双语教学。个别学校零星开展的双语教学活动，也多限于小学教育的低年级阶段，主要体现在"课堂用语""讲授用语""交流用语"及"反馈用语"[①]中"汉语—阿昌语"的交互使用方面，总体上属于任课教师旨在提升个人课堂授课效率的自发行为。而随着阿昌族小学生汉语水平的提升，师生课堂用语障碍的逐渐去除，此类"准双语教学活动"也就随即中止。显然，在这种系统性与规范性均明显不足的"准双语教学活动"中，本民族的语言教育材料与读写材料严重缺失，可及度近乎为零。

（二）梁河阿昌语交际功能的衰退

在语言转用的背景下，梁河阿昌语的交际功能逐渐衰退，这种情况主要表现在"汉语—阿昌语"语言社群之间语言通解度（mutual intelligibility）的提升、不同年龄段母语使用者词语选用的代际差异加大以及母语的交际始终在语言监控下进行、母语的工具性特征日趋减弱等几个方面。

[①] "课堂用语"用于组织课堂教学的各个环节，"讲授用语"用于知识的传授，"交流用语"用于师生之间的交流、对答或者讨论，"反馈用语"用以回应、评价学生课堂问题。

1. "汉语—阿昌语"语言社群之间语言通解度提升

从词语借入的角度来看,"全词借入"是梁河阿昌语词汇扩容最重要的一种方式。目前,在梁河阿昌语的语言系统中,汉语借词大都保持着音译的形式,固有的构词能力普遍受到不同程度的抑制,使用本族语词素的词语比例持续下降。由于借助"全词借入"方式进入梁河阿昌语词汇系统的汉语借词所占比例较大,使用便捷,因而在实际的话语交际现场中,在没有特定交际目的与语用偏向的前提下,母语人更习惯于优先使用汉语借词,这样,就在客观上促进了"汉语—阿昌语"之间语言通解度的大幅提升。例如(下划线部分为汉借成分,下同):

tɕɛ^{33} la^{31}tsɿ^{55} zi^{31} tʂhuã^{33} ŋa^{33} tə^{33} tɕi^{ʔ31} ɛi^{ʔ55}.
姐姐   辣椒   一   CL   1sg   ACC   给   HAB
姐姐给我一串辣椒。

kha^{33}nai^{33} la^{33} ʂɿ^{31} ɕin^{33}tɕhi^{33}zi^{31} xai^{31}ʂɿ^{33} ɕin^{33}tɕhi^{33}ə^{35}?
今天   TOP   TOP   星期一   CONJ   星期二
今天是星期一还是星期二?

在前述语句中,tɕɛ^{33} "姐姐"、la^{31}tsɿ^{55} "辣椒"、zi^{31} "一"、tʂhuã^{33} "串"、tɕi^{ʔ31} "给"、ʂɿ^{31} "是"、ɕin^{33}tɕhi^{33}zi^{31} "星期一"、xai^{31}ʂɿ^{33} "还是"和 ɕin^{33}tɕhi^{33}ə^{35} "星期二"均借自汉语。这些从汉语借入的语言成分有效地提升了"汉语—阿昌语"之间的语言通解度。在一个由阿昌族母语人组成的言语交际社团里,如果在交际现场有不熟悉阿昌语的成员,他们也能够凭借交际语境下"外露"的有效信息(汉语成分),一定程度上获悉该交际场景下参与者的言语所指。

从语言交际的角度来看,在一个具体的交际话轮转换场景中,阿昌族母语人的汉语与阿昌语语码转换频繁,语流中汉借成分(词、短语、句子)的所占比例较大。而随着语言接触程度的不断加深,汉语成分的比例进一步上升[①]。

例 1 (下划线部分是汉借成分,下同):

[①] 下引"例1"和"例2"均参考戴庆厦主编《梁河阿昌族语言使用现状及其演变》,商务印书馆 2008 年版,第 254—256 页。

A：

lau³³ʑɛ³³,　kha⁵⁵nai³³　ŋui³⁵　　　　　kɛ̃³¹ʑɛ̃³¹　pjɛ³³　xəu³³　n³¹
大叔　　　今天　　　POSS：1sg：家　根源　　　放　　TAM　NEG

pjɛ³³　　ui³¹?
放　　　TAM

B：

khau³³sʅ³⁵　nɛi?²⁵⁵,　　　tɕu⁵⁵　ʑau³³　khau³³　wã³¹　kəu³¹,
考试　　　TAM：PROG　就　　　要　　　考　　　完　　TAM

kə³³tə³³　tə³¹?
哪里　　　在

A：

ʑin³³　tə³³　nai³³　nɛi?³¹.
家　　　ACC　在　　TAM：PROG

B：

khau³³　wã³¹　kəu³¹,　ŋa³³　tɕu⁵⁵　naŋ³³　tə³³　tiɛ̃³³xua⁵⁵　pa²⁵⁵
考　　　完　　　TAM　　1sg　　就　　　2sg　　ACC　电话　　　　打

la?³¹　tɕi?³¹.
DIR　　BEN

A：

uŋ³³　ɛi?²⁵⁵,　uŋ³³　ɛi?²⁵⁵,　ɕɛ³¹ɕɛ³¹!　ɕɛ³¹ɕɛ³¹!
行　　TAM　　行　　 TAM　　 谢谢　　　　谢谢

B：

pu³¹ʑu⁵¹!　pu³¹ʑu⁵¹!
不谢　　　 不谢

参考译文：

A：大叔，今天我家根源放学了没有？

B：在考试呢。就要考完了。（你）在哪里？

A：在家啊。

B：考完了，我就给你打电话。

A：行呀，行呀，谢谢！谢谢！

B：不用谢！不用谢！

例2：

ŋa³³ ŋaŋ³¹ na³³ naŋ³³ ko³⁵ȵi³¹ tɕhɛ̃³³ɕi³³， ŋa³³ ʂo³¹kə³¹ ȵi⁵¹，
1sg 想着 2sg 过分 客气 1sg 告诉 2sg

ȵi³³ tsai³⁵ ŋo³³ tʂə³¹tiɛ̃⁵¹， luã³³ pu³¹ʐau³³ tɕhɛ̃³³ɕi³³，
2sg 在 1sg 这里 一定 AUX：NEG 客气

ʑɛ³³ pu³¹ʐau³³ ȵi³¹sai³¹ pa³³ nɛi²⁵⁵. naŋ³³ n³¹ la³⁵，
也 AUX：NEG害羞 有 TAM：PROG 2sg NEG 来

ŋa³³ xai³¹pu³¹ʂɿ³¹ ku³³ nai³³ nai⁵⁵ tʂau³⁵tʂhaŋ³¹ʐu³¹ʂɿ³³ tə³³
1sg 还不是 每 天 天 照常如是 PRT

taŋ³³ nɛi²⁵⁵， kə³⁵ ʂɿ³¹?
做 TAM：PROG PRT：INTROG COP

参考译文：

我想你过于客气了，我告诉你，你在我这里，一定不要客气，也不要害羞。你不来，我还不是每天照常如是地做饭吃，是不是？

在例1中，汉语和梁河阿昌语的语码转换频繁。像 tɕu⁵⁵ʐau³³khau³³wã³¹（"就要考完"）是汉语成分，后续语句 kə³³tə³³tə³¹（"在哪里"）又转为阿昌语。ʑin³³tə³³nai³³nɛi²³¹（"在家"）和后续的语句都是阿昌语，但接下来的 ɕɛ³¹ɕɛ³³（"谢谢"）和 pu³¹ʐu⁵¹（"不谢"），又转为汉语。在例2中，ko³⁵ȵi³¹tɕhɛ̃³³ɕi³³（"过于客气"）是一个从汉语借入的偏正结构，或是由于语言使用的惯性，后续的若干词语及语句均为汉语，一直到固有的 ȵi³¹sai³¹pa³³nɛi²⁵⁵（"害羞"），才又转而使用母语。在后续的语句中，既有本族语的固有成分，又有汉语的借入成分。可见，在前述两个例子中，"汉语—阿昌语"的语码转换频繁，从汉语中借入的语言成分及表达方式数量较多。而随着当地梁河阿昌族语言转用进程的加快，借自汉语的成分及表达方式等在语言交际过程中的占比还会进一步加大。

除了作为交流信息、沟通情感的交际工具外，语言还起着维系本民族语言族群交际信息私密性的特殊功用，这是语言工具性的一个重要表现。梁河阿昌语中存在着大量的汉借成分，在具体的交际过程中，汉借成分或为词，或为短语，或是整个句子、句段，显然，汉借成分的大量存在大幅度地提升了两种语言的通解度，在一定程度上破坏了梁河阿昌

语作为语言交际工具的私密性，导致梁河阿昌语的工具性减弱，这是梁河阿昌语语言交际功能衰变的一个主要表现。

2. 不同年龄段母语使用者词语选用的代际差异加大

在梁河阿昌族地区，年长一辈的母语使用者倾向于从本族语的语言系统中选取词语，用以遣词造句，年轻一代的母语人则更习惯于选用那些相对熟悉的汉语借词。以反响型量词①和量词短语为例。在梁河阿昌语的固有量词系统中，存在着一定数量的反响型量词，这些量词广泛用于对无生命的自然物（如"天""地""山""洞"等）、物品（如"蒸笼""袋子""斗笠"等）以及身体器官（如"嘴""肾""心"等）等的称量。此外，反响型量词有时也可以用于对生命度/有生性较低的少量植物（如"树""竹""树林"等）的称量。在具体的言语交际现场下，反响型量词多见于老派话语，偶尔才会出现在新派话语里。目前，梁河阿昌族的年轻一代对本族语的反响量词要么知之甚少，要么会误以为此类量词短语有违固有的语法规则，故而在交际中较少使用，或干脆避而不用。再以数量短语修饰名词中心语的结构为例。在语言接触的背景下，梁河阿昌语中部分名词既可以与本族语的量词组配，也能够与汉借量词组合在一起，比如，"一把碎米"可以说成 tɕhin^{33} tsa^{31} ta^{31} tɕha^{ʔ31}（ta^{31} tɕha^{ʔ31} 为本族语的数量结构），也可以说成是 tɕhin^{33} tsa^{31} ʑi^{31} pa^{33}（ʑi^{31} pa^{33} 为汉借的数量结构）。在对量词组配的选取上，老派话语一般倾向于使用本族语的量词 tɕha^{ʔ31}"把"，新派话语则往往会优先选用汉借的量词 pa^{33}"把"。

目前，在梁河阿昌族地区，老派母语社团的交际通常优先选用固有词，新派母语社团则往往会优先选用汉语借词。在由老年母语人与年轻母语人共同组成的语言社团里，年轻人大都需要猜测，才能够似是而非地领会老年母语人的言语所指，而老年母语人则会认为年轻一代的阿昌话是"半汉半昌"，令人匪夷所思。最终，为了交际的达成，在大多数的情况下，老派母语人会选择妥协，经过话轮的几番转换，最终使用含有较多汉借成分的新派阿昌语或者干脆换用交际通用语（汉语）。

---

① 也称"拷贝型量词""反身量词"，指的是与被限定名词的语音形式完全相同或部分相同的一类量词，比如，mau^{31}（mau^{31} ta^{31} mau^{31} "一片天"）、wa^{33}（wa^{33} ta^{31} wa^{33} "一个村"）、mɯŋ^{55}（mɯŋ^{55} ta^{31} mɯŋ^{55} "一个地方"）等。

在话语交际过程中，词语的选用存在代际差异，这是语言生活的一种常态。但是，倘若词语的选用在代际方面的差异过大，以致影响了正常语言交际的进行，导致交际效果的下降，甚至在交际过程中不得不转用交际通用语，否则就难以甚至无法完成正常的话语交际，就表明该语言作为一种交际工具已经存在严重的缺陷。梁河阿昌语在词语选用方面的代际差异便是如此，这是梁河阿昌语社交功能走向衰退的一个重要的表现。

3. 母语的交际始终在语言监控下进行

目前，梁河阿昌族母语人在使用本族语[①]进行交际时，或多或少地会顾及交际用语的语音形式、词语选用、句法格式以及表达方式等，以避免错谬，影响交际的实际效果。也即，梁河阿昌族母语人在使用母语时往往离不开对语言形式及语言表达方式等的直接监控与过滤。这种情形主要表现在以下三个方面。

其一，在话语交际过程中，言语者的语速过缓，语流时断时续，前后语句不够连贯，交际中"卡顿"的时间长、次数多，语言的表达缺乏表情与肢体动作的配合等。这些情况均表明，为了交际的顺畅进行，梁河阿昌族的母语使用者在一定的交际场景下需要对交际用语进行实时、有效的监控。具体而言，言语者在交际过程中语速过缓、语流不畅，原因主要在于言语者对于母语的发音、词语的所指、语句的表达等不够明确、熟练，在话轮转换与衔接过程中，言语者大都需要不断复检语音的准确性、词汇使用的恰切性、语法规则的规范性以及言语表达的得体性，等等。语言表述过程中前后语句连贯性较差，交际中"卡顿"次数较多、停留时间过长，这些情况表明，在话轮转换的过程中，母语人通常需要事先预留出一定的时间用于语言的重新组织，或者用于措辞表达方式的反复推敲。而语言表达缺乏形象性与生动性，其原因或在于交际过程中言语者需要对言语信息进行"无间断式"的监控与过滤，去除那些不合词法、句法或者不尽得体的表达方式，因而，在动态的语流过程中难以兼顾口语表达与表情语言、肢体语言等的适配性与一致性。以上情况均

[①] 此处专指较多地使用固有词、固有表达方式的母语，与交际话语中夹杂大量汉借成分的母语相对。

表明，目前，梁河阿昌族的母语使用者在语言能力方面存在着一定的欠缺，话语交际的进行已经无法离开言语者的语言监控与过滤。

其二，在语言交际过程中，话轮的转换经常被打断，需要反复修正、调整、确认或者补充。原因或主要在于，在一个具体的话语交际场景下，交际双方的母语能力通常难以达到均衡对等，因而，在交际过程中，双方需要对发出语及应答语等予以反复确认，最大限度避免信息输出与信息输入的误读，通过借助交际用语的"技术性处理"手段（修正、调整、确认、补充），最大限度地确保话轮交替与转换的正常进行。

其三，语段中话语标记过多，或者过少。话语标记具有标记话语的作用，主要用于前后语段的有效缀连。在梁河阿昌语中，话语标记主要包括场景变化标记与话语指示标记。在一个正常的语段中，话语标记应适量，不可过多，也不能过少。目前，梁河阿昌族的母语人对于成段的表述往往缺乏足够的言语驾驭能力，交际中会不时地停顿下来，以便更为有效地组织语句，因此，在不同的语段之间，通常会增加一些意义相对虚空的音段成分或者没有明确语义所指的成分，用以填补思维过程的"空白"，这样，语流中势必会出现话语标记过多的问题。话语标记过少的情况在民间故事的讲述方面尤为明显。在梁河阿昌族地区，目前缺乏能够使用母语将一个民间故事完整讲述下来的母语人。大部分的母语人仅能提供一个简略的故事框架，或者故事中的某些情节，假若要将一个民间故事完整地表述下来，通常需要借助汉语的文本材料，依照文本记录，逐词逐句进行翻译，最后才可缀连成篇。由于母语使用者在讲述之前就已经对语言材料进行过多次、不同程度的加工，因而，这些民间故事与其说是"讲"出来的，毋宁说是逐词逐句思考而来。经过反复加工、打磨后的民间故事，语句大都规整有序，但斧凿、修饰的痕迹明显，变式句普遍不足，话题链（topic chain）的跨句篇章组织功能多不完整，前后语句之间缺少必要的承上启下的话语标记。

从语言习得的角度来看，第一语言主要指的是儿童在母语交际的自然环境下轻松自如获取的语言，第二语言通常是指成年人在学校等环境中经过有意识的学习而逐渐获得的语言，二者存在着语言习得顺序、语言习得方式、语言使用以及语言能力等多方面的明显差异。就语言使用方面而言，第一语言的交际依靠语感，语言的交际自然顺畅，交际过程中无须或者较少借助语言的监控与过滤。第二语言的情况则相反，在语言的交际过程中，言语者需要不断对词语、语法规则乃至语言表达风格等进行实时监控，去除那些不合词法、句法的表达方式，以保障语言形式的准确，语义表述的完整，以及语言表达的适当得体。在多数情况下，母语就是第一语言，母语人使用母语交际，在没有特殊语用偏向的情况下，无须对语音、词语、语法以及语言的表达风格等进行判断和分析，交际用语无论是用于发出还是应答，基本上都能做到"脱口而出"。从目前的情况来看，梁河阿昌族的母语交际始终离不开语言的监控与过滤，否则交际就无法顺畅进行，显然，梁河阿昌族母语使用者的语言已经与第一语言的根本特征龃龉不合，语码的使用受到不同程度的限制，语码的活力持续下降，这是梁河阿昌语社交功能衰退的一个重要表现。

4. 母语的工具性特征日趋减弱

受汉语影响，梁河阿昌语在语言族群内部传递信息、交流情感的工具性特征逐渐减弱。这种情况在词汇量、词语的具体运用、词义的泛化与扩展以及长篇话语材料的表述等方面表现明显。

首先，梁河阿昌语的固有词汇量严重匮乏。在言语交际过程中，为了交际的达成，对于一些容易引发交际障碍的词语[①]，母语人往往会换用各类近似的说法（比如，使用概念意义一致，色彩意义存有参差的词语，或使用否定的手段来表示相反意义的谓词性词语），或者刻意使用一些解释性的言语片段（比如，使用短语甚至语句来代替某个词语等），通过类似"技术性"的操作处理手段，对言语交际中的相关内容反复说明，或者干脆借用交际共同语中的等义、近义词语。假如在一个具体的言语交际场景下，交际的达成只能借助不断解释、说明或者借用交际共同语，就表明该语言系统中本族语的词汇量已经匮乏到无法满足正常的交际所需。梁河阿昌语目前的情况正是如此。本族语的词汇库严重固化，使用本族语手段自我更新与不断扩容的能力几近丧失。在交际过程中，母语人或者需要不断借助本族语的解释性言语片段，或者需要直接使用汉语词语甚至整个语句，否则，交际就无法顺畅进行。

其次，梁河阿昌语中词语的使用个性化特点突出。在言语交际过程

---

① 主要指的是母语人难于理解、无法使用，在语言社区内部通行度较低的那部分词语。

中，交际者对于词语的领会不够全面，或者不太准确，因而，在一个具体的交际场景下，表达同样一个概念，不同的母语人往往会选用不同的词语。此外，母语使用者为应急之需，还会临时创造出一些"新词新语"，这些"新词新语"多是基于交际者个人对词义及构词理据的理解，大都具有明显的个性化、即兴化、随机性的特征。在交际现场，母语人面对类似的"新词新语"，首先需要通过"还原"造词的理据性，设法去猜测词义，然后还要兼顾具体的交际语境，再经由言说者逐一确认后，话轮的正常转换方可顺畅进行，交际的达成才能最终实现。对于那些相同或者近似的概念，母语人不同，语境不同，新造的词语在理据性的推演路径方面往往不尽一致，甚至大相径庭。就某种意义而言，梁河阿昌族的每一位母语人都是本族语中"新词新语"的创造者。这种状况导致的结果就是，在话语交际场景下，只有借助"过度沟通"的手段（猜测、解释及说明等），才能最终确认语流中某个言语片段的语义所指，也才能确保正常交际的顺畅进行。

再次，梁河阿昌语中的词义兼有过度泛化与扩展不足的问题。受汉语影响，在梁河阿昌语中，部分词语存在着词义过度泛化的倾向。所谓过度泛化，主要指的是母语人对词语的含义理解过泛，词语概念间的细微差异被不同程度地忽略。比如，在梁河阿昌语中，kə^{33}表示"好"，还可以表示"勤快""孝顺""善良""结实""认真""努力""爽快""老实""忠诚""勇敢""热心""乖巧"等具有正向评价的意义。kaŋ^{31}表示"坏"，也可以表示"差""弱""懒""马虎""虚假""卑劣""下贱"等包含负向评价的意义。再如，ʂa^{31}tɕhu^{31}，表示"油"，也表"香油""煤油""汽油""豆油""花生油""菜籽油"以及"猪油"等诸如此类的油状类液体。前述词义的过度泛化与词语的多义性不同，前者是语言结构衰变在词义方面的表现，后者则是语言经济性原则的体现，是词义变化发展的一种重要方式与途径。同词义的过度泛化相反，在梁河阿昌语中，还存在着词义扩展不足的问题。这主要指的是，母语人对词语含义的理解过于狭窄，本族语的"一词多义"变成"一词少义"，甚至"一词一义"。比如，梁河阿昌语中存在着一定数量的多义词。在多义词的各个义项中，往往有一个是基本义，其他的皆属引申义。像"果子"是阿昌语ʂɿ^{31}的基本义，"结（果子）"则是ʂɿ^{31}的引申义，"筛子"是

pə³¹sə²³¹的基本义，"麻脸"则是其引申义。有些多义词的引申意义还可以再次引申，比如，"蜣螂"是 khɯ³¹tɑu³¹ 的基本义，"轿车"是引申义，而"汽车［统称］"则是再次引申而来的意义。受汉语影响，梁河阿昌语中多义词的义项还有不断减少的趋势。像前述的 sʅ³¹，既表示"果子"，也可以表示"结（果子）"，而新派的母语使用者往往只掌握其基本义，不了解该词的引申义。再如，pə³¹sə²³¹ 主要有"筛子"和"麻脸"两个义项，目前，大部分母语区的梁河阿昌族只了解"筛子"的义项，无从知晓该词还兼有"麻脸"的含义。无论是词义的泛化，还是词义的扩展不足，都是梁河阿昌语固有词语数量减少的一个直接或者间接的表现，均能够从一个侧面表明，该语言的词汇量已严重匮乏，本族语词语语义表达的精确性不断下降，语言的工具性已然衰退。

最后，在梁河阿昌语中，长篇话语材料的表述存在着较大的困难。这种情况在民间故事的讲述方面表现得尤为突出。梁河阿昌族的民间故事类型丰富，包括人物故事、动物传说、民族迁徙以及风俗故事等，但在母语区，目前仅有个别的母语使用者还能使用本族语将一个民间故事从头至尾、较为完整地讲述下来。通常的情况是，母语人讲述长篇故事，语速往往过缓，语流时断时续，语调夸张，语句之间以及语段之间缺乏必要的音段成分或非音段成分的有效缀连。此外，在一个具体的表述过程中，母语人时常需要回想、反复、更正和补充。以民间故事等为代表的长篇话语材料是一种语言富有活力与表现力的重要标志，是日常言语活动中取之不尽、用之不竭的语言素材源泉，这一重要标志的丧失，表明梁河阿昌族语言族群的日常生活用语已渐趋平淡、乏味，母语的工具性大打折扣。

总之，基于词汇量、词语的使用与词义的变化及长篇话语材料的使用等不同角度，可以发现，在汉语影响的背景下，梁河阿昌语的工具性不断受到消磨、剥蚀，工具性特征日趋减弱。

第 五 章

梁河阿昌语的保护与传承

语言是文化的载体，是文化的重要组成部分，是母语使用者独特的世界观与思维方式的真实呈现，是语言族群的社会、历史及文化等发展演进的重要承载形式。语言不仅是某一个民族的特征，也是全人类所共同拥有的、珍贵的非物质文化遗产。一种语言消失于人类的视野，就意味着与之相应的一种社会文明形态、社会属性、思维方式以及生活方式等的永久性消亡，这是一种无可挽回的损失，是人类社会历史发展进程中的一件憾事。

目前，梁河阿昌语正面临着一个史无前例的变局，汉语冲击强烈，语言转用程度加剧，语言结构与语言功能持续衰变与衰退。面对这样一种状况，政府部门[①]、语言学界、民间组织以及语言社区责无旁贷，应立即行动起来，勠力同心，致力于梁河阿昌语的抢救、保护与传承工作。

第一节 政府部门的决策与主导

政府部门是语言保护与传承工作的决策者、领导者，政府部门的决策与行动关乎语言传承与保护工作的成效乃至成败。

一 强化落实梁河阿昌语的传承与保护工作

在新的历史发展时期，我们国家确立了"科学保护各民族语言文字"

---

① 专指梁河当地政府及相关部门。从国家层面来看，梁河阿昌语的抢救、保护与传承还广泛涉及国家语言政策的制订、语言规划的实施、科研项目的立项以及专项经费配置等顶层设计内容。

的语言政策，同时，我国还是联合国教科文组织"语言文化多样性"的主要签约国之一。我国基于保护少数民族语言、维护语言文化多样性的宗旨，相继出台了一系列抢救、保护与传承民族语言文化的政策性文件。各级政府及相关部门应当站在中华民族文化"多元一体"、中华民族精神家园共同守护与坚守的高度，坚决贯彻、认真落实国家有关民族语言、民族文化的保护与传承政策，承担起历史赋予的重责。

目前，梁河阿昌语正越来越受到当地政府及相关部门的重视，无论是政府机关，还是相关的文化、民族宗教和教育机构等，都将梁河阿昌语的抢救、保护与传承视作一项常规性的、重要的工作任务，相继出台了一系列保护、传承阿昌语的工作方案与实施细则，积极探索有效推进梁河阿昌语的保护与传承工作。据阿昌族作家、文化学者曹先强先生介绍，早在20世纪80年代，当地政府就专门组织成立了梁河阿昌族语言调查工作组，一批文教人员（曹先强、赵家义、赵家磊、孙家林等）深入阿昌族语言社区，对阿昌语使用情况进行过调查，借助汉语拼音，记录了大量珍贵的语言文化材料，还尝试创新阿昌文拼写方案，成就斐然可观。

二 探索实施母语人入职与就业的倾斜政策

在统筹兼顾的基础上，当地政府可以考虑从民族语言的保护、传承与发扬光大的大局出发，积极探索实施梁河阿昌族入职与就业等方面的推进政策，重点在一些与梁河阿昌族经济发展、教育培训以及治安管理等民生保障密切相关的工作岗位，向梁河阿昌族在用人、用工方面做出适度的政策性倾斜，将部分岗位予以计划单列，优先选聘那些具有阿昌语母语优势的本民族求职人员。

毫无疑问，梁河阿昌族入职与就业倾斜性政策的探索与实施在客观上能够进一步激发阿昌族母语使用者保护母语、传承民族语言的工作热情，有效助推母语抢救、保护与传承等各项工作的开展。

三 全力提升梁河阿昌族的文化知识水平

梁河阿昌族整体文化知识水平的不断提升，是抢救、保护与传承民族语言的关键所在。为此，当地政府应在积极推进、有效落实九年制义务教育的基础上，统筹全局，循序渐进，努力提高阿昌族学生入读高中、考取高等院校的比例。尽管相对漫长的求学阶段在客观上会不同程度地减少本民族学生使用母语的机会，但是，从长远、发展的角度来看，只有教育才能从根本上提升梁河阿昌族语言族群的文化知识水平，全面优化语言族群的知识结构，从而激发梁河阿昌族传承、保护民族语言文化的内生动力，固化、强化本民族保护、传承母语的主观意愿。可以想见，随着梁河阿昌族文化知识水平整体的提升，历史文化视野的逐步开阔，对于民族历史以及民族文化认识的日趋深化，梁河阿昌族的语言群体必然会自觉、自愿地将民族语言的保护与传承视作一项重要的历史使命，主动成为民族语言的传承者与守护者，在不断追求经济发展水平与民生条件改善的同时，能够站在坚守民族语言文化与民族精神家园的历史高度，积极投身到母语的抢救、保护与传承工作中去。

四　积极推动"幼小初"阶段的双语教育

"幼小初"阶段的双语教育指的是梁河阿昌族的学前、小学及初中阶段的双语教学①。在"幼小初"阶段开展常规性的双语教育是抢救、保护、传承阿昌语的重要手段，梁河地方政府及相关部门应予大力支持，积极推进。

双语教育应适当延伸至学龄前的幼儿教育阶段。也即，在梁河阿昌族儿童入读的幼儿园，着眼于实际情况，配备适当的阿昌族师资，稳步开展、积极推行双语教育活动。目前，在梁河阿昌族地区，学龄前阶段的双语教育尚未真正开展，这种情况导致的直接后果就是，对于具有完全母语能力的阿昌族学龄前儿童而言，其母语水平会在入园之后逐渐降低，使用母语进行交际的主观意愿日趋减弱。以母语保存较好的村寨为例。入园前，儿童通常沉浸于家庭母语社区与社交母语社区内，本族语的语言能力在家庭与村寨的母语环境中自然而然地获取，大多数的儿童都可以较为熟练地使用母语进行交际，母语的"听""说"能力基本上处于"熟练"水平。但入园之后，在长达三年左右的时间里，儿童与幼教、同伴之间的日常交流只能借助汉语，幼儿园开展的各类文娱活动，也一

---

① 目前，梁河阿昌族高中入学率偏低，故此，本书对梁河阿昌族高中阶段的双语教学不做讨论。

律使用汉语，阿昌语的母语环境不复存在，儿童的母语水平逐渐由具有完全母语能力的使用者渐变为只能"听"、不能"说"的不完全母语使用者，直至成为汉语单语人。此外，儿童在汉语语言环境中生活、学习一段时间后，大多都已经习惯于使用汉语进行日常交际，使用母语的主观意愿趋于淡化，即便是与父母或其他长辈等母语人在一起，在交际工具的使用方面，通常也会优先选用汉语。造成以上情况的原因或在于，在梁河阿昌族地区，幼教师资基本上都来自汉族教师，幼儿教育阶段所有的生活以及文化娱乐活动等均全程使用汉语。就民族语言的保护与传承而论，幼儿阶段的母语语言能力能否保持以及保持的效果如何至为重要，幼儿的母语水平，直接关系到母语代际传承的有效性与延续性，与母语的保护与传承息息相关。我们的看法是，地方政府及相关部门可以在统筹兼顾的前提下，在阿昌族儿童占有一定比例的幼儿教育机构，着手配备、充实阿昌族一线幼儿教学师资，有条件地提供阿昌语的语言辅助，适当调整幼儿文化娱乐的活动设计内容，定期组织带有阿昌族文化元素的娱乐项目，将双语教育适当延伸至幼儿教育阶段。假如条件不够成熟，也可以尝试在幼教阶段，提供一定的阿昌语辅助教学方式，这样既符合双语教育的要求，同时也是阿昌族儿童入园期间健康生活、快乐成长的实际所需。

　　双语教育应予有效嵌入小学及初中阶段的教学活动中。承前所述，目前，在梁河阿昌族地区，严格意义上的双语教育相对缺乏，部分学校仅有零星开展的"准双语教学活动"，系统性不足，规范性缺失。我们的建议是，双语教育应适时进入小学生和初中生的课堂，纳入小学生、初中生的常规教学活动之中。目前，在梁河阿昌族地区，小学生、初中生的汉语能力均属"熟练"等级，相比之下，阿昌语的水平则参差不齐。在母语保存较好的村寨里，阿昌族学生一般都能兼用汉语和阿昌语，但汉语水平要明显高于阿昌语。在母语保存较差型村寨里，阿昌族学生基本上都是汉语单语人，还有一小部分能"听"但不能"说"，属于阿昌语母语的不完全使用者。基于上述情况，可以尝试在这两个教学阶段适当增加一部分与民族语言文化相关的内容，组织专业人员编写本民族的语言教学材料，酌情安排、组织双语教学活动。根据学生知识获取与知识内化的认知规律，结合民族语言的特点及学生学习生活的实际所需，学期中,每周安排一到两次民族语课程,假期中,采取集中强化的教学形式,每周四到五次。学习内容由浅入深、循序渐进。语言是文化的一个重要组成部分,语言与文化密不可分,据此,学校在传授民族语的同时,还要兼顾民族文化传习活动的开展,比如,组织春灯的制作与演出、打秋千、蹬窝罗①、织锦学习以及民间故事的讲习等民族文化活动,在各类文化活动体验中做到民族文化与民族语言的相互映衬,相互融合。

五 定期举办社区语言与文化的传习活动

社区语言文化传习活动主要指的是针对当地阿昌族成年人举办的民族语言文化宣讲与传习活动,是常规性学校双语教育的一种自然延续与有效补充。

对于成年人而言,平日大都忙于劳作,闲暇时间较少且不够固定,因此,政府相关部门可以组织本民族熟悉母语与民族文化的相关人员担任教员,根据村民劳作与日常生活的实际情况,适时举办"农闲学校""夜间学校",组织丰富多彩的语言文化宣讲与传习活动。农闲时节每周安排三到四次,或日间或夜晚,农忙时节每周一次,主要安排在夜晚。语言文化传习活动需要注意统筹民族语言的讲解与操练,兼顾民族语言的讲习与民族文化的传承,切实提高本民族同胞的民族文化水平与母语表达能力。其实,早在21世纪初期,梁河阿昌族地区就已经举办过多种形式的民族语言及民族文化的宣讲传习活动,在传承、保护母语与文化方面进行过有益的尝试。据悉,梁河县政府及相关部门就曾多次牵头组织,举办过母语教学与文化的宣讲与培训,还大力支持当地阿昌族研究会,聘请熟悉阿昌语、通晓本民族语言文化的热心人士担任教员,组织阿昌语的传习、阿昌语歌曲的传承等活动。当地类似的语言文化传习工作均取得了预期的效果,激发了本民族同胞使用阿昌语、传承阿昌语,热爱本民族文化的热情。

---

① "蹬窝罗"是流传于滇西阿昌族地区最富民族特色的传统民间舞蹈,舞蹈动作古朴、灵动、欢快。2006年,阿昌族"蹬窝罗"被列入云南省第一批非物质文化遗产名录。

六　着力弘扬民族文化助推语言的传承与保护

文化乃民族之魂，民族文化的发扬光大能够有效激发民族自豪感与民族自信心，有助于提升语言族群使用母语、学习母语的主动性与积极性，就这种意义而言，民族文化的大力弘扬对于民族语言的保护与传承大有助益。

梁河阿昌族的文化历史悠久、博大精深，新中国成立以后，尤其是近年来，地方政府及有关部门全力贯彻党和国家民族文化保护与传承的政策方针，着力组织专门人员，致力于民族文化的发掘、整理与传播工作，梁河阿昌族的文化事业得到了长足的发展：民族的节日成为当地具有重要影响力的重大庆典；民族的服饰与美食走出了乡村，走出了云南，民族的史诗成功入选首批国家级非物质文化遗产名录……伴随着民族优秀传统文化的振兴，梁河阿昌族同胞的民族自豪感与自信心也得到了空前的提升，本民族积极主动地使用母语、学习母语的热情不断高涨。

尽管如此，我们也注意到，梁河阿昌族文化的发扬光大还有进一步提高与拓展的空间：梁河阿昌族的文化特色有待于进一步的打磨，民族文化的影响力尚需不断提升，民族文化的弘扬还需要实现真正的"内化"，让更多的人加入母语的抢救、传承与保护队伍中……在这方面，地方政府及相关部门责无旁贷、任重道远。

首先，梁河阿昌族的文化特色需要进一步的打磨。承前所述，长期以来，由于政治、经济、教育以及迁徙历史、分布格局等多方面因素的影响，梁河阿昌族的某些文化与周边其他民族的文化交叠共生，彼此之间"你中有我""我中有你"，差异不够明显，本民族文化的独特性与专属性凸显程度不够。比如，梁河阿昌族的山歌曲调优美、委婉动听、意韵深远，但是，无论是歌词、曲调，还是其他相关的艺术表现形式，阿昌族的山歌都与周边其他民族（尤其是汉族）的山歌存在着较多的叠合之处，二者的"边界"不甚清晰。有鉴于此，在统筹兼顾的基础上，地方政府及相关部门可以尝试组织专门的"攻关"团队（包括文化学者、行业专家以及非物质文化传承人等），在对本民族文化充分调研、深入挖掘的基础上，努力打出具有更高区别度的民族文化品牌，将本民族独特、唯一、专属的文化"亮色"凸显出来。

其次，梁河阿昌族的文化影响力尚需进一步提升。诚然，阿昌族的服饰文化、饮食文化、民族庆典以及文学艺术等，有些早已经走出了云南，甚至走向了全国，受到各民族的喜爱与赞赏。但是，我们也注意到，时至今日，梁河阿昌族的文化大都仍旧贴有地域性的"标签"，民族文化在影响的力度及广度方面还有待于深化与拓展。如何在现今发展的基础上更上一层楼，将民族文化做强、做大、做优，助力本民族优秀文化在中华民族文化大观园中脱颖而出，这些都离不开"地方首脑"的决策与指导。地方政府及相关部门应站在弘扬民族文化、助力民族语言传承与保护的高度上，多方谋划，上下联动，努力提高本民族优秀文化的外宣力度，提升本民族的文化影响力。

最后，梁河阿昌族文化的弘扬仍需进一步的"内化"。民族文化固然要走出去，要扩大知名度，但是民族文化更需要进村寨，入社区，落实到人心，让每一位阿昌族都能真切地感受到本民族的进步与伟大，以能够成为本民族中的一员、拥有本民族的身份而感到由衷的自豪，以能够使用母语自如地表达与交际为光荣。

近些年来，梁河当地政府及有关部门已采取了多样化的措施，积极推动文化下乡村、入村寨、进社区的工作，通过免费发放相关的图书资料以及广泛组织节庆活动等，大大丰富了村民的业余文化生活，激发了他们的民族自豪感，有效地助推了语言的传承与保护工作。下一步，地方政府及相关部门可以在民族庆典（比如"阿露窝罗节"）的组织与举办方面，动员全民族广泛参加，深度参与，在民族文化读本的编纂与出版发行方面，可以通过协同各方力量，尽快整理、出版一批"汉语—阿昌语"双语对照的简易读物或者民族文化的经典之作，传承、保护母语，将本民族的语言文化发扬光大。

七 全力打造"双语双文化示范区"与"双语双文化生态区"

当地政府及相关部门可以尝试在母语保持较好的区域建立"双语双文化示范区"。这种示范区类似民族语言文化的保护区。在示范区内，长期聘请本民族具有教学资质的相关人员，充实到中小学的教学一线，并负责主持编写相关的双语教材及教辅材料。同时，在示范区内，广泛开展民族文化活动。通过这种小范围内"树典型""立标杆"的活动，培养本民族"双语双文化"人才,为民族语言、民族文化的传承与保护做好人才方面的储备。"双语双文化示范区"的推行可以选择从某一个文化积淀深厚、母语保存尚好的自然村落开始,作为一个推广的试点,待条件成熟后,再逐渐扩展至整个行政村、整个乡镇。据悉,梁河阿昌族近年来在"双语双文化示范区"的建设方面已经做出了积极有益的探索与实践。比如,梁河县囊宋阿昌族乡的关璋新村目前就已具备了"双语双文化示范区"的雏形架构。关璋新村占地114.3亩,共有59户民居,村内拥有配套的阿露窝罗广场、遮帕麻和遮米麻传习馆以及其他文化活动室,设有阿昌族织锦馆,集中展示阿昌族织锦工艺、手工艺品以及婚俗文化、茶文化等民族风情。村内的建筑上随处可见"青龙""白象""葫芦"等阿昌族文化的图案,就连街面两侧路灯上的纹饰都体现着阿昌族传统文化的独特元素。在关璋新村,村民们不管男女,无论老少,均要求身着阿昌族传统服装,日常交际中也都尽量使用阿昌语。在当地政府的大力支持下,关璋新村特别注重阿昌族文艺团体的培育,重视阿昌族文艺人才的培养,曾先后组建阿昌族民族歌舞表演队、阿昌族舞狮队以及阿昌族山歌队,通过"非遗+旅游"的模式,在致力于改善民生、发展经济的同时,强化阿昌族语言文化的有效传承。目前,关璋新村已粗具规模,小有名声,近年来已陆续接待内地、港澳台以及海外的游客,社会效果反映良好,未来的发展前景大有可期。在关璋新村现有硬件设施的基础上,假如在幼儿园和学校内推行双语教育,组织专业人员编写双语教材及相应的教辅材料,将阿昌语的教学纳入整个教学体系中,那么,关璋新村就已经基本达到了"双语双文化示范区"的建设要求。

在"双语双文化示范区"的基础上,当地政府还可以逐步扩大示范区的范围,强化、深化内涵建设,待条件相对成熟后,将民族语言的保护整体性地纳入县级旅游文化管理区域,打造滇西阿昌族专属的"双语双文化生态区",将梁河阿昌族地区最终建设成为地域性的民族文化旅游经济开发区,同时也是一个民族语言文化保护的生态区。在"双语双文化生态区",一切都要与民族语言的传承与民族文化的保护相关,尤其是中小学教育,要全面推行双语教育,积极开展民族传统文化的讲习活动。围绕着"双语双文化生态区"的建设,地方政府还应着力发展民族文化旅游经济,让民族语言与民族文化相得益彰,产生经济效益,阿昌族从另外一个侧面看到民族语言与民族文化的价值,自然会更加珍惜、热爱本民族的语言和文化。

八 探讨推进母语标准化测试工作与双语人才联合培养模式

地方政府及相关部门可以借鉴兄弟民族相对成熟的做法(比如,大理白族自治州的白族、德宏傣族景颇族自治州的傣族等),与民族语言教学研究机构合作,聘请专家学者,做好面向本民族少年儿童的口语标准化测试工作,待条件成熟后,着手在中小学阶段试点推行。

地方政府及相关部门还可以尝试通过多种途径,争取州政府、省政府的大力支持,积极与高等院校沟通协商,在"互惠互利""共同发展"的合作框架下,探讨实行"学校+政府"订单式双语人才的联合培养模式,将口语测试成绩纳入到高校录取成绩中,优选录取那些通过阿昌语口语标准化测试的考生。通过此项举措,有效激发阿昌族学生努力掌握本族语言的内在动力,为梁河阿昌族双语人才的培养铺就一条通向未来发展的成才之路。

此外,地方政府还可以在相关部门设立一个民族语言规划研究类的机构,主要负责统筹安排梁河阿昌语的抢救、传承与保护工作,负责整合域内民族语言文化的各类活动事项。该机构的工作重点主要包括培养梁河阿昌语的后备人才,落实、推进梁河阿昌族的双语教学进程,探索使用规范性拼写符号来记录、整理梁河阿昌族民间文学,在母语整体转用与主体转用的村寨有序开展民族语言文化的培训工作等。

第二节 语言社区的认识与行动

语言社区是语言传承与保护能够取得成效的关键所在,一种语言传承与保护的落脚点最终在于语言社区的认识与行动。梁河阿昌语的传承与保护要重视强化语言社区的认识,着力落实语言社区的行动。

一 强化语言社区的认识

语言社区应具有语言濒危的忧患意识。语言不只是一套符号系统,更是一个储存了人类文化知识财富、历史遗产以及人类对于整个世界的认知系统的宝库。对于梁河阿昌语而言，其固有的语音系统、词汇系统、语法结构以及语言风格等，是在世世代代口传心授的基础上，经过不断的发展与演变，最终才一步步走向成熟，固定下来，成为梁河阿昌族整个语言族群沟通情感、传递信息的交际工具，成为讲述本民族语言族群身份、传统习俗以及迁徙历史的最重要的一种方式。承前所述，梁河阿昌语是一种已经显露出濒危特征的语言，目前，其语言结构的衰变仍在持续，语言转用的程度还在不断加深，每一位阿昌族对此都应有一个明确的体认。在梁河阿昌族地区，大部分的阿昌族对现今母语的处境都深感忧虑，但也有一部分阿昌族在该问题上或多或少地还存在着一些认知性的偏差。对于梁河阿昌语的保护与传承，最终能够发挥作用的，还是本民族语言族群内部的每一位成员。只有本民族自觉、自愿、自发地去保护与传承民族语言，母语的保护与传承才能真正落到实处。母语的保护人人有责，每一位阿昌族都应该行动起来，在政府部门的主导下，积极、主动地配合语言学者以及民间组织的各项工作，各尽其能，努力保持梁河阿昌语的语言活力，尽力延缓阿昌语的衰退。

　　语言社区要有足够的民族自信。阿昌族源出氐羌，民族历史源远流长，在辗转南进的过程中，阿昌族先民始终都保持着自身鲜明的文化特色。阿昌族的文化绚丽多彩，是一个孕育了"遮帕麻与遮米麻"伟大叙事史诗，具有独特的"活袍"文化以及丰富多彩的民间传说、故事歌谣等口传文学的民族。梁河阿昌族的经济近些年来发展迅速，除了传统的农业、手工业外，烟草加工、茶叶种植、酿酒制造以及现代物流、电子商务、生态旅游等新兴产业也都快速发展起来，极大地改善了当地的民生条件。阿昌族的教育事业蓬勃发展，人才辈出，目前，在各行各业都活跃着一批有文化、有胆识、有热情的阿昌族知识精英，他们奋发有为、自信进取、实干奉献，在行政管理、科学研究、文化教育以及新闻传播等广阔的领域都做出了重要贡献。阿昌族只有建立起足够的民族自信，才能自发、积极、主动地去强化本民族语言的传承与保护意识。近年来，随着时代的进步、教育水平的提升、民族文化活动的广泛开展以及生活水平的不断提高，梁河阿昌族的族群意识、民族自豪感不断提升，对待本民族的语言态度也发生了积极、可喜的变化，越来越多的梁河阿昌族开始重视本民族语言的使用，注重民族语言的传承与保护。

语言社区要对语言的保护充满信心。其一，从国家层面来看，我们国家历来倡导语言平等，注重民族语言的使用，重视语言多样性的保护。2011年，中共十七届六中全会指出，要"科学保护各民族语言文字"，这是继宪法提出"各民族都有使用和发展自己的语言文字的自由"之后，国家语言文字方针政策方面的又一个重要的历史发展节点。作为国内阿昌族的聚居地，云南也相继出台了有关民族语言保护的政策，积极践行对少数民族语言尤其是人口较少民族语言科学保护的理念。2013年5月，《云南省少数民族语言文字工作条例》发布，从立法层面有效地助推了少数民族语言文字的抢救、保护、发展与繁荣工作，对促进民族团结进步与少数民族文化事业的繁荣发展具有重要的里程碑意义。近年来，"国家队"在濒危语言以及衰变语言的抢救、传承与保护方面频频出手。2008年，云南省民委承担教育部"中国语言资源有声数据库——云南省少数民族语言资源库"建设委托项目，积极参与拟定民族语言资源库建设的总体构架，开通运行相关的资源库网站，开展语音采集培训和试点工作，广泛采集少数民族濒危及衰变语言的材料。2015年，国家正式启动中国语言资源保护工程。这是继1956年开展全国汉语方言和少数民族语言普查以来，我国语言文字领域又一个由政府组织实施的大型语言文化国家工程。目前，语言资源保护工作的一期工程已经收尾，以深化濒危语言文化调查、强化整理转写调查语料以及进一步研发平台建设运营等为重点的二期工程也已进入积极的筹备进程中。我们国家一直以来重视少数民族教育事业的发展，针对少数民族学生的教育与培养，相继出台了一系列倾斜政策，目前，国内部分高等院校大力推进并有效实施的少数民族语言测试录取政策就是其中的一项重要举措。以中央民族大学为例。多年以来，中央民族大学国家级重点学科中国少数民族语言文学专业对云南等五省（自治区）考生进行少数民族语言网络测试，提前批次投放招生专用计划，根据高考分数，择优录取民族语加试合格的考生。此外，中央民族大学还着力选拔一批有志于深入学习、研究少数民族语言文化的考生，将他们吸纳到"国家文科基础学科人才培养与科学研究基地"，通过提高教学师资与强化科研培训，为民族语言文化事业的薪火相传做好人才方面的储备。其二，从现代科技发展的角度来看，目前，尽管梁河阿昌语的语言状况不容乐观，已呈现出明显的濒危状态，但是，现代科技的快速发展在濒危语言、衰变语言的抢救、传承与保护方面积累了一定的经验，提供了新的可能。很多人只是看到了现代科技的进步、汉语教育的推广以及现代传媒的冲击对语言保护与传承所带来的负向影响，尚未注意到现代科技"一体两面"的功用。计算机技术、AI 技术、阿里云、大数据等现代科技与理念，为语言的保护与传承带来了新的机遇。比如，音频视频摄录与纸笔记录的互相映衬，可以长期有效地将面临危险的语言鲜活地保留下来，这些材料不仅可以用于当前的研究，还能够用于日后语言的恢复。随着人工智能的快速发展与不断进步，大容量的电脑芯片可以原汁原味、应有尽有地将母语词语、语句等储存下来，有效实现海量数据的云存储。民族语言交流者严重缺乏的历史难题如今也已被逐步破解，以"科大讯飞"为代表的一批国内人工智能研究方面的领军企业，在"人机交互"智能机器人的研制方面已取得重大突破，具有足量语言文化知识存储功能的机器人也已下线，能够基本满足人机对话互动交际的实际所需，这是对语言保护工作中母语能力者乏缺窘境的一次重大突破。

二 落实语言社区的行动

梁河阿昌族当前最重要的任务是摆脱贫困，奔向小康，与其他民族一道，实现整体脱贫，共同富裕。但是，母语的保护、传承与对美好生活的追求并不矛盾。在积极发展民族经济、改善物质生活条件的同时，梁河阿昌族还应积极行动起来，尽力使用母语，努力掌握母语，倾力传承母语。

首先，语言族群要尽力使用母语。语言族群中的每一位成员，只要具有母语能力，都应尽可能地使用母语，尤其是那些具有完全母语能力的阿昌族，更应带头担负起尽力使用母语的责任。在梁河阿昌族地区，还有一部分"隐性"母语人，之所以称其为"隐性"，主要是因为在梁河阿昌族的语言族群中，这部分"听""说"能力俱佳、具有完全母语能力的阿昌族，在日常交际中基本上不去使用母语或者很少使用母语。个中原因复杂多样，或是因为民族感情逐渐淡漠，或是因为对民族文化不够自信，抑或是因为常年在外，缺乏母语交际的环境，已经渐渐失去使用母语去表达情感、传递信息的强烈意愿。但是，不管因何原因，只要自身具备母语交际能力,就应积极、主动地去使用本民族的语言。母语的不完全使用者也应该充分利用、创造各种时机去使用母语,着力提高母语水平。语言是一种交际工具,其生命力主要在于口语的使用频率,频率越高,语言保存与传承下去的可能性就越大。反之,语言功能的衰退就越快,最终会导致语言的转用。母语人尽力使用本族语是保持语言活力的最为有效的手段,是对母语保护与传承的最大支持。诚如阿昌族作家、文化学者曹先强先生所言:"大家在日常生活中坚持使用阿昌语,就是保护母语、传承母语的一种最好的方式,就是最好的国际音标。"

其次,语言族群要努力掌握母语。在梁河阿昌族地区,目前,相当一部分的阿昌族已经不能使用母语进行正常的交际,或者基本上不能使用母语。面对这种严峻的形势,梁河阿昌族应该行动起来,积极、主动地去掌握母语。学得母语的方式没有一定之规,可以参加专门的母语辅导班,也可以通过自学,在母语的环境下慢慢回忆、逐渐熟悉,还可以请教母语人,或者借助网络平台。总之,只要有心,就必有所得,只要持之以恒,就必有所获。母语的不完全使用者如此,完全不懂母语的阿昌族也是如此。

最后,语言族群还要倾力传授母语。每一个具有完全母语能力的阿昌族都是母语保护与传承的"星星之火",都有帮助其他阿昌族掌握母语的责任。语言的传承需要一定的语言环境,使用的人数越多,语言传承下去的可能性就越大,具有完全母语能力的阿昌族理应积极行动起来,承担起历史赋予的责任,主动传授母语,帮助他人掌握母语。母语传授的具体形式不限,可以担任阿昌族语言文化培训的教员,也可以采取"一对一"的"传帮带"方式,还可以积极参与"汉语—阿昌语"双语对照读物的编撰工作。在日常生活中,具有完全母语能力的阿昌族还要"好为人师",努力做一个母语传承的热心人士。母语的传授还表现在家庭内部母语的传承方面,语言通过代际传承得以延续,具有完全母语能力的阿昌族要致力于家庭内部母语环境的营造,让儿童在家庭中自然而然地习得母语,尽个人所能,努力规避阿昌语的非母语化,避免语言代际传承的断崖式下降。

第三节　语言学者的任务与担当

语言学者是语言传承与保护的有力助推者，语言学者应适时调整自身角色，发挥学业专长，承担起历史所赋予的语言传承与保护的任务与使命。

一　重视有声资源的记录与保存

进入 21 世纪，国外濒危语言研究的主流已经转向重视有声资源的记录及数字化的有声典藏，注重濒危语言的抢救、保护与传承。相较而言，国内仍有相当一部分的语言学者仅专注于个人学术研究的旨趣，囿于传统的研究习惯，侧重在语言本体、语言使用以及语言的历史发展演变等个人相对熟悉或者感兴趣的领域深耕不辍，在语言有声资源的记录与保存、语言的传承及保护等方面重视不够。语言是一种不可再生的非物质文化资源，将濒危语言以及那些不同程度地出现"问题"的语言原原本本地记录下来，以规范、科学的形式立档典藏，是历史赋予这一代语言学者的一个重要历史使命。近十多年来，国家相关部委、国内部分高校及研究机构等都已着手建立少数民族语言语音数据库。比如，2008 年，教育部正式启动了"中国语言资源有声数据库"建设试点工作，在有声数据库的建设方面进行了大胆的探索，成功地培训了一批专业人员，有效地测试了相关设备及软件，为下一步的工作积累了宝贵经验。再如，2009 年，中国社会科学院主持开发了"少数民族语言声学参数数据库"建设工程，该工程立足于中国少数民族语言的特点，聚焦国际前沿，用语音学、声学以及统计学的理论和方法，采用最新的语音信号处理分析仪器及软件，对我国少数民族的语言，包括诸多弱势语言与濒危语言的语音和韵律特征进行了系统性的声学分析，在此基础上，初步建立起一个统一的语音声学参数数据库平台。此外，国内部分高校也从各自的研究专长出发，摄录、保存了一定数量的有声语料。但总体来看，这些工作大多仍偏重于纯粹的学术研究。2015 年，在"中国语言资源有声数据库"的基础上，我国政府正式启动"中国语言资源保护工程"，该工程重视濒危语言有声资源的记录和保存，注重广泛运用现代信息技术手段采录语言数据，经转写、标记等加工程序后，将相关的文本文件、音频文件以及视频文件等整理入库，以数据库、互联网、博物馆和语言实验室等不同的形式向学界和全社会提供服务。"中国语言资源保护工程"是我国历史上最大的，也是目前世界上最大的一项语言保护工程，截至2018年年底，参与这项保护工程的高校及科研院机构已逾350所，专业人员超过4500余名。通过几年来语言保护实践活动的广泛开展，如今，有越来越多的语言学者认识到，基于语言传承与保护的文本记录与音视频采录在当今语言学研究领域中占据着一个极其重要的地位，有着无与伦比的价值。

总体来看，国内语言学者从偏好个人学术旨趣的研究向以语言保护与传承的转向尚需时日，此外，语言学界对有声语料的采集、记录和立档，无论是理论规范，还是记录与保存的具体实践操作，都还处在一个不断探索与实践、逐步走向成熟与完善的发展过程中。就梁河阿昌语的情况而言，目前国内仅有一部分纸质记录的阿昌语研究材料，在母语的音频数位典藏方面基本上还是一个空白。有鉴于此，语言学界应积极行动起来，着手组织专业的语言调查团队，按照统一的技术标准与操作规范，将梁河阿昌语的活态生活语料与口传文学语料加以集中采录，借助电子化介质的形式，规范、科学地归档典藏，将梁河阿昌语尽可能长久地保留下来。

二　注重调查团队的建设与分工协作

对语言调查团队的建设与分工协作应予特别关注。从目前国内调查团队组织构成与运行的总体情况来看，部分语言调查团队在这方面仍有一定的欠缺。个别调查团队名不副实，在正式的项目申报材料上，调查团队一律由具有调查研究资质的项目主持人、具备技术专长的项目参与人员等组成，但在实际的调查工作中，大部分的调查任务均由课题主持人一人担纲，独自一人承担起原本需要整个团队通力协作才可完成的全部调研任务，工作任务之繁重可想而知，调查效果之不尽人意也便在预料之中。还有一些调查团队在组队与分工协作方面问题突出。项目申报材料填写的是完全符合项目研究要求的调查人员，而实际的调查工作往往由项目主持人与一两个学生共同完成，项目申报书上的成员与实际调查团队的组成人员严重不符。参加调查的学生大都由项目主持人临时吸纳,这些进入调查团队的学生受到的语言培训有限,语言调查的必备知识欠缺,在实地调查中通常需要一个较长时间的"打磨",才能逐渐熟悉相关的工作程序及相应的任务要求。这种临时拼凑的调查团队工作效率低下,调查效果不尽理想。

语言调查与保护工作复杂繁重,既离不开专业技术人员的全身心投入,同时还需要大量人力、物力的支持,绝非个人单打独斗或者临时拼凑一个团队即可大功告成。语言调查需要一支敬业、专业、务实、严谨的团队,需要团队成员之间通力合作,密切配合,语言调查团队的建设与分工协作至关重要。

目前,国内大部分的调查团队大多采用的是"专家+专业团队成员"的模式。在这种模式下,专家统领,团队成员分工协作,整个团队通力合作,共同完成语言的调查、采录以及后期的整理工作。从事语言调查工作的团队主要由具有奉献精神和使命感,具有一定学术造诣的专家学者统领,由接受过语言调查基本训练,较为熟悉调查方法与调查工具的年轻学者、在读学生等共同组成。人员、数量的匹配依据语言调查工作的轻重难易、丰约多寡而定。在该调查模式下,调查团队若要顺利完成调研任务,还离不开当地热心人士的大力协助。通常,调查团队选定的当地热心人士,或是熟人介绍的"老关系",或是调查过程中萍水相逢的"露水朋友"。当地热心人士不隶属于调查团队,其调查期间的付出主要由调查团队以支付劳务费或者误工费的形式来体现。总体来看,在这种"专家+专业团队"的模式下,调查过程虽也辛苦,但调查任务大都能够顺利完成,调查效果也较为理想。但是,该模式还存在一些问题,主要表现在调查团队对当地热心人士的定位不够恰切。事实上,所谓的热心人士大多都是当地通晓民族语言、熟悉民族文化的权威人士,在调查过程中的作用举足轻重,关乎调查任务的成效甚至成败,他们理所当然应该被视作调查团队的正式成员,而不应仅仅被视为发音人或是调查的协助者。我们的建议是,在综合考量各种因素的基础上,语言调查团队可以采用"专家+专业团队成员(含当地热心人士)"的组构模式。调查团队由专家统领,团队成员分工协作,共同完成语言调查任务。作为团队的一员,当地热心人士主要负责提供必要的语料或者帮助提供语料,协助调查团队完成"随意访谈""定题约谈"等任务,此外还要兼顾安排、协调与调查任务相关的其他工作事宜。作为调查团队中不可或缺的一员,当地热心人士在科研经费的使用以及科研成果的共享等方面应与调查团队中的其他成员等同一致。与传统调查团队的模式相比,该新型的团队建设与分工协作模式优势明显,不仅能够进一步激发当地热心人士的责任感、使命感与工作热情,大大提高调查团队的工作效率与调研成果的质量,而且也与当前学术界所倡行的语言调查伦理观念相符。

三 关注惠及语言族群的教育培训工作

长期以来,我国民族语言学者在从事语言调查工作中偏好个人学术旨趣,重视个人的学术收获,不同程度地存在着忽视惠及语言族群教育培训工作的惯性。但是,就学术伦理以及语言学者的责任而言,仅仅为语言学研究而从事的语言调查工作,与学术道德、学术责任的标准和要求还存在着一定的差距。语言学者的调查与研究固然应顾及个人的学术成长,但语言学者更应具备宽广的的学术胸怀与人文情怀,具有更多的社会责任感与使命担当,在兼顾个人学术旨趣与学术成就的同时,还要综合考虑如何利用自身的学术背景与学术专长,服务语言社区,回馈语言族群。就梁河阿昌语的调查与研究而言,我们的看法是,语言学者除了积极从事语言科学研究以外,还要密切关注本民族语言爱好者的发掘与培养工作,注重专业知识的培训,重视研究成果的分享,帮助创制拼写符号并予必要的解释与说明。

第一,要注重对民族语言爱好者的发掘与培养工作。梁河阿昌语的保护与传承离不开语言社区内对民族语言充满热情且具有民族使命感的骨干成员。语言学者在从事语言调查期间,要注意发现那些为语言调查积极提供帮助的本民族骨干人员,尤其是热心助人,并且具有一定语言学基础的优秀青年。在田野调查中,语言学者可以根据具体的调研活动安排,与当地本民族优秀青年一道,对梁河阿昌语濒危状态的表现、本民族放弃母语转用汉语的成因以及相应的语言保护措施等展开广泛、深入的讨论,注重从语言学的角度帮助他们有效提升母语材料的记录水平与整理能力,同时还要密切关注其中可堪造就的青年人才,尽力为他们争取在语言学方面成长与发展的机会。

第二，要注重语言调查基本知识与基本技能的共享。语言学者要重视将个人从事语言记录、语言保护的经验与设想毫无保留地与梁河阿昌族母语人分享，尤其是那些热心母语传承与保护的骨干人员。最重要的是规范记音的方法。假如当地母语人对国际音标的掌握存在一定的困难，可以采用循序渐进的方法，先将母语中无法使用"汉字"拼读的那部分音位（比如，清化鼻音、清化边音、带辅音尾的韵母等）单列出来，逐个练习，然后，再去逐渐熟悉母语中的其他音位。对于已经学习过汉语拼音的梁河阿昌族，只要本人有学习的意愿，正确、熟练地使用国际音标规范记音并不是一件难以完成的任务。此外，语言学者还可以根据调研的时间安排等具体情况，适当介绍语言调查工作中音频、视频采录技术的规范与标准、常用辅助软件的使用方法以及语法材料标注的规范性要求等。

第三，要重视语言调查研究成果的分享。语言学者在调研活动期间，会逐渐形成阶段性的研究心得与成果，这些研究取之于田野，自然应予无偿回馈到语言社区中去，服务于语言族群的交际。目前，梁河阿昌语的濒危状态明显，在语言的本体结构方面，语音、词汇以及语法等要素在汉语的冲击下均出现了不同程度的衰变，语言学者在经过一段时间的调研后，会从不同的母语人那里，尤其是老派母语人那里，汇集、整理一批有价值的母语材料，这些材料大部分都不为一般母语人尤其是新派母语人所知晓，是地道、鲜活的阿昌语语料，这些材料应予及时回馈到语言社区中去，使之重新进入梁河阿昌语的话语交际。待到反映调查记录的成果正式出版后，语言学者还要及时将出版物赠予相关人员，并诚恳、虚心地听取母语社区回馈的意见和要求。

第四，要尽力帮助创制拼写符号并予以必要的解释和说明。拼写符号是保存、记录民族语言不可或缺的工具，对于没有文字的濒危语言或者濒临危险的语言更是如此。拼写符号可以用来记录散落在民间村落的故事、歌谣和谚语等，这些材料的记录不仅有利于民族自信心与凝聚力的提升，对于语言的保护、传承以及语言活力的保持等都有毋庸置疑的价值。如果梁河阿昌族能够使用规范性的拼写符号，梁河阿昌族的口传文学就可以借助这些符号记录下来，从而得到更好的保护，也更有利于传承。若是能够再辅之以大数据和人工智能，将会给梁河阿昌语提供一个与当今信息时代比肩共进的可能。

拼写符号的创制要注重准确性、简明性与可操作性。准确性主要指的是拼写符号应基于精准、规范的记音，要与国际音标一一对应，不能有任何差池，对于音系中无法纳入的音位，还要专门指出并予说明。简明性指的是拼写符号要尽量简明。可操作性指的是拼写符号应便于识记、运用。在本书中，我们尝试以拉丁字母为基础，结合与汉语相同或相近的音，采用音节末尾加上数字来表示声调的方法，草拟了一套《梁河阿昌语的拼写符号》（详见本书附录五）。

在梁河阿昌语拼写符号的推广方面，语言学者可以结合当地的母语教学工作，对拼写符号的使用规则予以解释和说明，同时，还要密切关注拼写符号的应用效果，发现问题，及时解决。事实上，语言拼写符号的创制相对容易，但要做到实用、有效，真正能为本民族的语言社团所广泛使用，能够在语言文化的传承与保护中发挥应有的作用，则往往还需要一个反复核准音系，逐步完善的漫长过程。

第四节　民间组织的沟通与引领

民间组织是地方政府及相关部门与语言社区之间的有效沟通者，是语言社区语言保护与传承工作的引领者。民间组织在协助地方政府及相关部门，联络语言社区，做好语言的保护与传承等方面大有可为。

一　做好地方政府与语言社区的沟通桥梁

民间组织源于语言社区，又服务于语言社区，能够起到有效沟通政府部门与语言社区的桥梁及纽带的作用。以阿昌族研究会为例。阿昌族研究会隶属于云南省民族学会，成立于2005年。自成立以来，阿昌族研究会积极协助地方政府及相关部门，密切联系语言社区，在弘扬民族文化、传承民族语言等方面做出了诸多贡献。阿昌族研究会协助地方政府及相关部门，助推本民族创始史诗《遮帕麻和遮米麻》成功申遗与保护传承。阿昌族研究会积极与地方政府及相关部门沟通，广泛联系语言社区，多次成功地举办了本民族最盛大的节日庆典——阿露窝罗节，社会反响热烈。阿昌族研究会还积极配合当地政府及相关部门的工作部署，致力于民族语言与文化的培训工作，2018 年 7 月，在腾冲市新华乡成功组织了首届阿昌语母语师资培训班，专门聘请梁河阿昌族母语使用者，向阿昌族传授母语知识，宣讲民族传统文化。2019 年 4 月，在腾冲市新华乡的中心小学，配合中央电视台电视纪录片《中国阿昌族》的摄录工作，阿昌族研究会成功地举办了第二届阿昌族母语师资培训班，大大激发了当地阿昌族抢救、传承母语的热情。

除上述工作以外，我们建议，作为一个民间团体，阿昌族研究会还可以考虑利用自身上通下联的优势，整理、编纂阿昌语文化读本，助推语言的保护与传承。在梁河阿昌族地区，自 20 世纪 80 年代以来，已陆续结集或正式出版了一批汉文版的阿昌族语言文化读本。这些结集的内部刊物或者公开发行的出版物对于阿昌族的文学、民俗以及历史等方面的研究大有裨益，但若从阿昌族母语的传承与保护角度而言，这些材料的用途则相对有限。迄今为止，在梁河阿昌族地区，"汉语—阿昌语"双语对照读物的数量仍旧偏少。我们的看法是，阿昌族研究会中既有本民族语言文化领域的权威人士，又有本民族的非物质文化传承人，还有大批热心民族语言保护与传承的同胞，理应承担起弘扬民族语言文化的重任，在地方政府及民族事务、教育文化等部门的统一领导及大力支持下，利用自身优势，深入语言社区，尽快整理出一批"汉语—阿昌语"双语对照的民族语言文化读本，大批量发放给本民族的同胞，作为业余读物或母语培训的读本，助力阿昌族母语及民族文化的保护与传承。

二 发挥自身语言传承与保护的引领作用

民间组织在民族语言文化的传承与保护方面能够发挥自身积极的引领作用。阿昌族研究会自成立以来，已成功推出"每日一句阿昌语"栏目。该栏目已有效运行多年，研究会专聘缅语支、彝语支、景颇语支等多位具有完全母语能力的使用者，每日提供一句包括阿昌语各方言在内的民族语言生活用语，截至目前已累计提供千余条。"每日一句阿昌语"致力于民族语言记忆的留存，极大地带动了本民族同胞积极学习、使用母语的热情。阿昌族研究会重视语言文化的研究工作，先后出版了《阿昌族文化大观》《阿昌族文化论集》《阿昌族民间故事集》《阿昌族文化论坛》《阿昌人家一堂灯》等著作，定期推出阿昌族内部刊物《阿昌学刊》，摄录出版《腊鹜崩》《阿昌欢歌》《今天好时光》等音乐专辑，专辑中收录了部分阿昌语歌曲和"阿昌语—汉语"双语歌曲。2016年11月，由国家"十二五"人口较少民族语言出版基金、国家民族文学出版专项资金资助出版的云南省八个人口较少民族双语"防艾"宣传片正式发行，其中的梁河阿昌语版本由阿昌族作家、文化学者曹先强先生参与录制完成。2018年4月，阿昌族研究会牵头，成功举办了"中国大理云龙阿昌族文化发展研究学术研讨会"，来自全国高等院校、文化研究机构的二十余位专家济济一堂，对民族起源、民族迁徙、经济发展、文化繁荣、语言传承与保护等多方面的议题进行了集中、深入的探讨。目前，反映研讨会成果的《阿昌族历史文化发展研究学术研讨会论文集》也拟结集出版。"春灯"文化属于滇西阿昌族重要的非物质文化遗产，在阿昌族文化娱乐生活中占据重要的地位。近年来，阿昌族研究会组织人员，翻山越岭，串乡走寨，积极推广传统"春灯"民俗活动，同时注重记录、整理有关"春灯"的文字材料，目前已汇集形成二十余万字的《阿昌族春灯文化实用手册》书稿。阿昌族研究会还率先在QQ、微信等社交平台上建立了弘扬民族文化的主题群组，广泛吸纳本民族同胞、语言学者、文化学者以及当地政府及教育文化部门的人员，经常性地对梁河阿昌族的文化建设、语言传承与保护等问题进行探讨。

除了以上工作以外，我们建议，阿昌族研究会还可以定期编辑有关语言保护与抢救方面的专门性指导手册，在语言社区内部广泛宣传。此外，随着当地教育水平的提升，现今有越来越多的阿昌族学子，远离家乡，进入高等院校学习深造，阿昌族研究会可以充分发挥自身沟通与组织方面的优势，在相关高校，借助高校团委、学生会等工作平台，有条件地进行阿昌语与阿昌族文化的推广活动，广泛、有序地开展阿昌语的语言与文化培训工作。

附 录 一

缩略用语

缩略语	英文	汉义
1sg	1st person singular	第一人称单数
2sg	2nd person singular	第二人称单数
3sg	3rd person singular	第三人称单数
1dl	1st person dual	第一人称双数
2dl	2nd person dual	第二人称双数
3dl	3rd person dual	第三人称双数
1pl	1st person plural	第一人称复数
2pl	2nd person plural	第二人称复数
3pl	3rd person plural	第三人称复数
ABL	ablative marker	从格标记
ACC	accusative marker	宾格标记
ADV	adverbial marker	状语标记
AGT	agentive marker	施事格标记
APPR	approximative	概数
AUG	augmentative	大称
AUX	modal auxiliary	情态助动词
BEN	benefactive marker	受益格标记
CSM	change of state maker	变化体标记
CL	classifier	量词
CLITIC	clitic	附缀①
COM	comitative marker	随同格标记

---

① 附缀与前面的语言单位中间使用"="。

续表

缩略语	英文	汉义
COMPR	comparative marker	比较标记
CONJ	conjunction	连词
COP	copula	系词
DAT	dative marker	与格标记
DEF	definite marker	定指标记
DIM	diminutive	小称
DIR	directional marking	趋向标记
EMPH	emphatical marking	强调标记
EVID	evidential	示证范畴
EXP	experiential marker	曾行体标记
FEM	feminine	雌性、阴性
GEN	genitive marker	领属格标记
HAB	habitual aspect marker	惯常体标记
IMP	imperative marker	命令式标记
INS	instrumental marker	工具格标记
INTER	interjection	感叹词
INTROG	interrogative	疑问式
LNK	clause linker	分句连接词语
LOC	locative	位格
M	masculine	雄性、阳性
NEG	negative	否定
NMLZ	nominalizer marker	名物化标记
PL	plural	复数
POSS	possesive	领有
POST	postposition	后置词
PRE	prefix	前缀
PREH	pre-head relative clause marker	中心词前关系小句标记
PROG	progressive marker	进行体标记
PROH	prohibitive marker	禁止式标记
PROS	prospective aspect	将行体标记
PRT	Particle	助词

续表

缩略语	英文	汉义
REC	reciprocal marker	互动态标记
SIM	simultaneous action	同时进行的动作
SUFF	suffix	后缀
TAM	tense, aspect and mood	时、体、语气
TOP	topic marker	话题标记
VCL	verb calssifier	动量词

附录二

梁河县阿昌族村寨一览表[1]

乡镇	村民委员会	自然村	
		阿昌族占50%以上	阿昌族占10%—49%
九保阿昌族乡	丙盖	丙盖、丙岗、永和、新城、联合村、那峦阿昌族寨、马脖子、永联	那峦傣族寨
	横路	横路、曹家寨、芒掌[2]、沙坡	
	勐科	勐科、龙塘、荒田、鸡头坡、羊叉田、麻栗山、运河山	
曩宋阿昌族乡	关璋	新关璋、老关璋、弄丘[3]、牛场地	
	马茂	大水平	大坪子
	瑞泉	张家寨、墩欠、户允	大芒丙
	弄别	上弄别、下弄别	南林
	河东		孙家寨、石碑
河西乡	勐来	勐来、护士坡、别董、小芒法、王家寨、帕街	
勐养镇	芒回	曩挤、英傣、芒棒、芒罕	那小
小厂乡	小厂	石岩脚、黑垴子	
杞木寨乡[4]	湾中	湾中上寨、湾中中寨、湾中下寨、大窝子、羊角酸	长坡

---

[1] 中国人民政治协商会议梁河县委员会编:《梁河阿昌族今昔》,云南民族出版社2003年版,第5页。

[2] 现写作"芒展"。

[3] 现写作"弄坵"。

[4] 2005年,杞木寨乡撤销,原杞木寨、平坝和湾中3个村并入芒东镇。

附录三

斯瓦迪士核心词对照表[①]

英语	汉语	梁河阿昌语
all	所有、一切、全部	tɕhuã³¹
and	和、并	ma̬⁵⁵/ta³¹
animal	动物	无
ashes	灰〔名词〕	xui³³
at	在	tə³¹
back	背、背后	nuŋ³³pjaʔ⁵⁵
bad	坏、糟	kaŋ³¹
bark	树皮、茎皮	ʂɯk³¹ɯ³³
because	因为、由于	无
belly	肚子、腹	uŋ³¹
big	大	kɯ³¹
bird	鸟	ŋaʔ⁵⁵
bite	咬	khəʔ³¹
black	黑	naʔ³¹
blood	血	sui³¹
blow	（风）吹	mət³¹
bone	骨头	a³¹ʐau³⁵
breast	乳房	n̥ɛ̃³¹
breathe	呼吸	ʂuʔ³¹
burn	烧	n̥ɛ³¹

---

① 该词表取自刘丹青编著《语法调查研究手册》（上海教育出版社 2008 年版，第 595—602 页），个别表述略有出入。

续表

英语	汉语	梁河阿昌语
child	小孩	$ɑ^{31}tsa^{35}$
claw	爪	$khɯ^{33}ʂɯŋ^{55}$
cloud	云	$ʑin^{31}$
cold	冷	$tʂhaŋ^{31}$
come	来	la^{255}
count	数[动词]	$ʑau^{33}$
cut	切、切开	$tsuɑi^{33}$
day	日、(一)天	nai^{33}
die	死	$ʂʅ^{33}$
dig	挖	tu^{31}
dirty	脏	$la^{ʔ31}thɑ^{33}$
dog	狗	$khui^{31}$
drink	喝	$ʂu^{ʔ31}$
dry	干	$kã^{31}$
dull	迟钝	$liɛ^{31}$
dust	尘土	$pha^{31}lau^{31}$
ear	耳朵	$nɑ^{31}kɯ^{31}$
earth	地、大地	$mɯŋ^{55}liɑ^{31}$
eat	吃	$tɕɑ^{31}$
egg	蛋	u^{31}
eye	眼睛	$ɲa^{ʔ31}tɕit^{31}$
fall	落下	$tɕit^{31}/ləu^{31}$
far	远	wai^{31}
fat/grease	脂肪、动物脂肪	$ʂa^{31}tɕhu^{35}$
father	父亲、爸爸	$ɑ^{31}pha^{31}$
fear	怕	$tʂu^{31}$
feather	羽毛	$ŋɑ^{ʔ31}mu^{35}$
few	少	$nɯŋ^{31}$
fight	斗、战斗、打架	$pa^{ʔ31}ka^{35}$
fire	火	mji^{31}
fish	鱼	$ŋɑ^{31}ʂɑ^{31}$

续表

英语	汉语	梁河阿昌语
five	五	ŋa^{31}/u^{31}
float	漂浮	phjau^{31}
flow	（水）流	ʐau$^{?55}$
flower	花	phjin^{31} taŋ^{31}/xuɑ^{33}
fly	飞	tsaŋ^{33}/xui^{33}
fog	雾	u^{33} lu^{33}
foot	脚	khɯ^{33}
four	四	mə$^{?31}$、sʅ^{35}
freeze	冻住、结冰	tʂhaŋ^{31}
fruit	水果	sʅ^{31}
full	满、饱	pəŋ^{31}
give	给［动词］	tɕi$^{?31}$
good	好	kə^{33}
grass	草	tɕhɛ^{33}
green	绿	ŋau^{33}
guts	内脏	ɑ^{31} khau^{31}
hair	头发	u^{31} phɛi^{31}
hand	手	lɑ$^{?31}$
he	他	ʂaŋ^{31}
head	头	u^{31} nuŋ^{31}
hear	听	tɕɑ$^{?31}$
heart	心	uŋ^{33}
heavy	重	lai^{31}
here	这里	xɑ^{33} thɑ$^{?55}$
hit	打、击	pa$^{?31}$
hold/take	拿	ʐu^{33}
horn	角	u^{33} tɕhau^{33}
how	怎样	kha^{55} su^{31}
hunt	打猎	tʂɯŋ^{31} tʂui^{31}
husband	丈夫	la^{31} ŋau^{33}
I	我	ŋa^{33}

续表

英语	汉语	梁河阿昌语
ice	冰	xã^{33}
if	如果	ʐau^{33}ʂʅ^{33}
in	在……里	tə^{33}
kill	杀、杀死	sat^{55}
knee	膝	ɕi^{33}
know	知道	ɕɛ^{31}
lake	湖	lɑ^{ʔ31}ʐaŋ^{31} uŋ^{33}
laugh	笑	ɯ^{33}
leaf	叶子	ɑ^{31}fɑ^{ʔ31}
leftside	左边	tso^{33}pjɛ̃^{33}
leg	腿	thui^{33}tsʅ^{55}
lie（in lying position）	躺	pjək^{31}
live	生活、过（日子）、住	nai^{33}
liver	肝	khau^{33}ʂɑ^{ʔ55}
long	长	sɯŋ^{33}
louse	虱子	ʂən^{31}
man/male	男人	ȵit^{31}kə^{33}tsu^{33}
many	许多	ȵa^{ʔ31}
meat/flesh	肉	ʂɑ^{31}
moon	月亮	phɑ^{31}lɑ^{31}
mother	母亲、妈妈	ɑ^{31}ȵit^{31}
mountain	山	tʂɯŋ^{31}
mouth	嘴	nut^{55}
name	名字	ɑ^{31}mjin^{33}/mjin^{31}tsʅ^{33}
narrow	狭窄	tsə^{31}
near	近	ɑi^{31}
neck	颈、脖子	luŋ^{33}tsɯŋ^{55}
new	新	ʂɯk^{55}
night	夜	khɛŋ^{33}
nose	鼻子	nɑ^{31}khaŋ^{33}
not	不	n^{31}/m^{31}

续表

英语	汉语	梁河阿昌语
old	旧、老	tʂhau^{33}
one	一	ta^{31}/ʑi^{31}
other	其他、别的	kɑ^{31}ʑin^{33}
person	人	tsu^{33}
play	玩	liɛ^{31}
pull	拉	ʐɛ^{31}
push	推	tun^{31}
rain	下雨、雨	mɑu^{31}wa^{33}、mɑu^{31}
red	红	ȵɛ^{33}
right/correct	对、正确	pjɛ̃^{31}
rightside	右边	ʐu^{33}pjɛ̃^{33}
river	河、江	tʂɿ^{33}mɑ^{55}
road	路	tʂhɿ^{33}mɑ^{55}/kuŋ^{33}lu^{33}
root	根	a^{31}mət^{31}
rope	绳子	tu^{31}
rotton	腐烂	pok^{55}
round	圆	thuɑ̃^{31}/ʐɛ̃^{31}
rub	擦、摩擦	sut^{31}
salt	盐	tɕha^{31}
sand	沙	sə^{ʔ31}tsa^{31}/sɑ^{33}tsə^{31}
say	说	kɑi^{33}/tɕuk^{55}
scratch	抓、挠	tɕha^{ʔ31}
sea	海	lɑ^{ʔ31}ʐaŋ^{31}
see	看见、见	mjaŋ^{33}
seed	种子	a^{31}ȵau^{35}
sew	缝	ʂok^{55}
sharp	快［锐利、锋利］	tha^{ʔ31}
short	短、矮	tu ɑ̃^{55}、mjin^{55}
sing	唱	khə^{33}
sit	坐	nɑi^{33}
skin	皮、皮肤	a^{31}ɯ^{55}

续表

英语	汉语	梁河阿昌语
sky	天、天空	mau^{31}
sleep	睡（觉）	z̻it^{31}
small	小	ŋə^{33}
smell	闻（味）、气味	naŋ^{31}、无
smoke	烟	mji^{31} tu^{ʔ31}
smooth	光滑	tɕui^{31}/phjin^{31}
snake	蛇	mjit̥^{55} laŋ^{33}/sə^{31}
snow	雪、下雪	xã^{33}
some	一些、有些	z̻i^{31} ɕɛ^{33}
spit	吐	tɕhu^{31}
split	裂开	xa^{31} khai^{31}/tʂa^{33} khai^{31}
squeeze	挤、榨	tɕi^{33}、tʂaŋ^{31}/tʂa^{33}
stab/pierce	刺	thau^{31}
stand	站	z̻ək^{55}
star	星	pha^{31} kɯ^{33}
stick	（树）枝	a^{31} kha^{35}
stone	石头	nɯŋ̊^{55} ka^{31}
straight	直	tʂɿ^{ʔ31}
suck	吸、吮	ʂu^{ʔ31}
sun	太阳	pɛi^{33} ma^{55}
swell	胀、肿、鼓	phau^{31}/tsən^{31}
swim	游泳	tʂɿ^{33} lu^{33}
tail	尾巴	ȵit̥^{31} tsha^{31}
that	那（个）	xəu^{55}（ku^{33}）
there	那里	xəu^{55} tha^{ʔ55}
they	他们、它们	ʂɿ^{31} tuŋ^{33}
thick	厚、粗	xo^{33}/kã^{31}
thin	薄、细	ʂaŋ^{31}、ŋə^{33}
think	想	ŋaŋ^{31}
this	这（个）	xai^{55}（ku^{33}）
thou	你	naŋ^{33}

续表

英语	汉语	梁河阿昌语
three	三	suŋ³¹/sã³³
throw	扔	liɑu³³
tie	结、系	phu³¹
tongue	舌头	nu̥t⁵⁵ tsha⁷⁵⁵
tooth	牙齿	tsui³³ luŋ⁵⁵/ʐa⁷³¹
tree	树	ʂɯk⁵⁵
turn	转	ʐɑu³³/tʂuã³³
two	二、两	sɿ⁵⁵/ə³⁵
vomit	呕吐	pha⁷³¹
walk	走	so³¹
warm	暖、温暖	ȵuɛ⁷³¹
wash	洗	tɕhi³¹
water	水	tʂɿ³³
we	我们	ŋo³¹ tuŋ³³
wet	湿	tɕuɛ⁷³¹
what	什么	khiɑŋ³³
when	什么时候、何时	khɑ⁵⁵ tɕhi³³
where	哪里	kə³³ tə³³
white	白	phu³³
who	谁	khɑ⁵⁵ ʐu⁷³¹
wide	宽	khuã³¹
wife	妻子	ȵit³¹ ȵa⁷³¹
wind	风	lɑi³³
wing	翅膀	ɑ³¹ tuŋ³³
wipe	揩、擦拭	sut³¹
with	用、与……一起	xɑ³³、tɑ⁷³¹
woman	女人	tsa³¹ ȵit³¹ tsu³³
woods	树林	ʂɯk³¹ liɑ⁷⁵⁵
worm	虫、蠕虫	pau³¹
ye	定冠词［（这/那）］	xɑi⁵⁵/xəu⁵⁵
year	年、岁	tshu⁷⁵⁵
yellow	黄	xə³³/xuɑŋ³¹

附录四

梁河阿昌族的汉语方言语音系统[①]

梁河阿昌族使用的汉语方言与当地汉族的汉语方言（西南官话云南片滇西小片）大同小异，其汉语方言语音系统分述如下：

一 声母

共有23个。按发音部分，可以分为双唇、唇齿、舌尖前、舌尖中、舌尖后、舌面以及舌根共七类。按发音方法，可以分为塞音、塞擦音、擦音、鼻音和边音共五类。声母表及例词如下：

声母表

发音方法		发音部位	双唇	唇齿	舌尖前	舌尖中	舌尖后	舌面音	舌根
塞音	清	不送气	p			t			k
		送气	ph			th			kh
塞擦音	清	不送气			ts		tʂ	tɕ	
		送气			tsh		tʂh	tɕh	
擦音	清音			f	s		ʂ	ɕ	x
	浊音						ʐ		
鼻音	浊音		m			n		ȵ	ŋ
边音	浊音					l			

[①] 中国人民政治协商会议梁河县委员会编：《梁河阿昌族今昔》，云南民族出版社2003年版，第5页。

例词

声母	例1	例2
p	pu³¹ 不	piɛ³¹ 别
ph	phiɛ⁵² 撇	phei³¹ 赔
m	mən³¹ 门	mã³¹ 慢
f	fu³¹ 扶	fa³¹ 发
t	tuã³⁵ 段	tu⁴⁴ 土
th	tha³¹ 塔	thiɛ³¹ 铁
n	na⁴⁴ 哪	na³¹ 拿
l	lai³¹ 来	lu³¹ 六
ts	tsoŋ⁵² 总	tsəu⁵² 走
tsh	tsha³¹ 擦	tshã³¹ 蚕
s	soŋ³⁵ 送	sui³¹ 随
tʂ	tʂu³⁵ 住	tʂau⁵² 找
tʂh	tʂha³¹ 茶	tʂhai³¹ 柴
ʂ	ʂʅ³¹ 是	ʂui⁵² 水
ʐ	ʐu³¹ 如	ʐə³¹ 热
tɕ	tɕaŋ⁵² 讲	tɕi⁴⁴ 机
tɕh	tɕhɛ³¹ 切	tɕhi⁴⁴ 起
ɕ	ɕaŋ⁵² 想	ɕi⁴⁴ 洗
ȵ	ȵaŋ⁴⁴ 娘	ȵɛ³¹ 年
k	kai⁵² 改	ka⁵² 坏
kh	khə³⁵ 去	khã⁵² 砍
x	xau⁵² 好	xuã³¹ 环
ŋ	ŋuo⁵² 我	ŋua⁴⁴ 我

说明：声母舌尖后 tʂ、tʂh、ʂ、ʐ 发音部位略靠后。

二 韵母

梁河方言有 30 个韵母。韵母按照结构可以分为单元音韵母、复元音韵母和带鼻音韵母三类。其中，单元音韵母 8 个，复元音韵母 14 个，带鼻音韵母 8 个。韵母表及例词如下：

韵母表

单元音韵母	口元音	ɿ i ɛ a u ə								
	鼻化元音	ɛ̃ ã								
复元音韵母	二合	iɛ	ia	iu	ei	ai	au	ui	ua	uo	əu iɛ̃ uã
	三合	iau	uai								
带鼻音韵母		in un ən aŋ oŋ iaŋ ioŋ uaŋ									

例词

韵母	例 1	例 2
ɿ	tsɿ^{44} 子	tʂhɿ^{31} 持
i	ɕi^{44} 西	tɕi^{44} 机
ɛ	tɕhɛ^{31} 切	pɛ^{31} 白
a	na^{31} 拿	tʂha^{44} 差
u	lu^{31} 六	khu^{52} 苦
ə	tʂə^{35} 这	pə^{31} 百
ã	pã^{31} 盘	nã^{31} 男
ɛ̃	tɕɛ̃^{44} 监	tɕhɛ̃^{31} 前
iɛ	tiɛ^{44} 爹	thiɛ^{31} 铁
ia	lia^{44} 俩	ia^{31} 压
iu	liu^{35} 榴	tiu^{44} 丢
ei	phei^{31} 赔	fei^{35} 费
ai	phai^{31} 牌	lai^{31} 来
au	mau^{35} 冒	tʂau^{52} 找
ui	tsui^{35} 最	tui^{35} 对
ua	xua^{44} 花	khua^{44} 夸
uo	kuo^{44} 锅	tuo^{44} 多
əu	ʂəu^{52} 手	tsəu^{52} 走
iɛ̃	phiɛ̃^{35} 片	tiɛ̃^{35} 电
uã	tʂhuã^{44} 穿	suã^{44} 酸

续表

韵母	例1	例2
iau	phiau³¹ 漂	tiau³⁵ 掉
uai	khuai²¹³ 筷	khuai³¹ 快
in	ɕin⁴⁴ 心	phin³¹ 瓶
un	tshun⁴⁴ 村	tʂun⁵² 准
ən	zˌən³¹ 人	xən⁵² 很
aŋ	ʂaŋ⁴⁴ 裳	tɕaŋ⁵² 讲
oŋ	toŋ⁴⁴ 东	soŋ³⁵ 送
iaŋ	iaŋ³⁵ 样	liaŋ⁴⁴ 亮
ioŋ	ioŋ³⁵ 用	ioŋ⁵² 勇
uaŋ	tʂuaŋ⁴⁴ 装	tʂhuaŋ³¹ 床

说明：1. a 与舌尖后音、舌根音拼读，接近后元音，与其他声母拼读，接近央元音；

2. in 的发音具有漂移性，大多数情况是前鼻音，有时是鼻化音，本音系记作前鼻音；

3. un 与舌面的 tɕ、tɕh、ɕ 韵母结合，u 实际读作〔y〕。例如：tɕun³⁵〔tɕyn³⁵〕"菌"；

4. 舌尖元音与舌尖前音（ts、tsh、s）、舌尖后音（tʂ、tʂh、ʂ、zˌ）拼读，均记作 ɿ。例如：tsɿ⁴⁴ "子"、tʂhɿ³¹ "持"；

5. 央元音 ə 与舌根音（k、kh、x）拼读，发音接近 ɤ。

三　声调

声调共 5 个，分为"次高平（44）""高降（52）""低降（31）""高升（35）"和"低降升（213）"，调型、调值及例词如下：

调型	调值	例词
次高平	44	tʂuaŋ⁴⁴ 装；toŋ⁴⁴ 东
低降	31	xuaŋ³¹ 黄；zˌən³¹ 人
高升	35	tun³⁵ 顿；kuaŋ³⁵ 逛
高降	52	liaŋ⁵² 两；tʂun⁵² 准
低降升	213	ʂɿ²¹³ 市；ʂu²¹³ 树

说明：1. 低降调（31）和高降调（52）有轻微的喉塞音；

2. 低降调（213）实际调值有游移性，有时是 214，本音系记作 213。

附录五

梁河阿昌语的拼写符号

本拼写符号以拉丁字母为基础，凡与汉语相同或相近的音，均使用汉语拼音方案里相同的字母来表示，与汉语不同的音，尽量使用单个拉丁字母来表示。若使用单个拉丁字母来表示存在困难，那么，则采用两个字母来表示的方式。梁河阿昌语共有五个声调，声调主要采用音节末尾加上数字的方式。

本节主要包括字母表、声母表、韵母表、声调表和拼写规则5个部分的内容。

（一）字母表①

Aɑ　Bb　Cc　Dd　Ee　Ff　Gg　Hh　Ii　Jj
Kk　Ll　Mm　Nn　Oo　Pp　Qq　Rr　Ss　Tt
Uu　Vv　Ww　Xx　Yy　Zz

（二）声母表

声母	声母国际音标	拼音	拼音国际音标	汉义
b	p	bɑ²	pɑ³³	有
p	ph	pe⁵	phə³¹	耙（田）
m	m	mɑ²	mɑ³³	妈妈
mh	m̥	mhu⁵	m̥u³¹	披
f	f	fen²	fən³³	肥料

---

① 字母的名称读音与《汉语拼音》一致，字母的手写字体与拉丁语的书写习惯一致。

续表

声母	声母国际音标	拼音	拼音国际音标	汉义
bi	pj	bia⁵	pja³¹	黄蜂
pi	phj	pia⁵	phja³¹	山崖
mi	mj	mia⁴	mja⁵¹	晚
mhi	m̥j	mhid⁵	m̥jit³¹	捏
d	t	dun⁵	tun³¹	推
t	th	tun⁵	thun³¹	关（上）
n	n	nud⁵	nut³¹	拔
nh	n̥	nhud¹	n̥ut⁵⁵	嘴
l	l	lia²	lia³³	土地
hl	l̥	hlɛ⁵	l̥ɛ³¹	嚼
z	ts	zau⁵	tsau³¹	官
c	tsh	cao²	tshau³³	骂
s	s	sui⁵	sui³¹	血
zh	tʂ	zha⁵	tʂa³¹	饱
ch	tʂh	chang⁵	tʂhaŋ³¹	冷
sh	ʂ	sha⁵	ʂa³¹	肉
r	ʐ	ren²	ʐən³³	忍
j	tɕ	ju⁵	tɕu³¹	刺［名词］
q	tɕh	qu⁵	tɕhu³¹	吐（出）
x	ɕ	xu⁵	ɕu³¹	修
y	ʑ	yu²	ʑu³³	拿
nn	ɲ	nnug⁵	ɲuk³¹	赶
nnh	ɲ̥	nnhɛ⁵	ɲ̥ɛ³¹	烧
g	k	guai²	kuai³³	热
k	kh	kuu⁵	khɯ³¹	屎
h	x	ha¹	xa⁵⁵	这
ng	ŋ	nga²	ŋa³³	我
ngh	ŋ̥	nghagn¹	ŋ̥aʔ⁵⁵	鱼
w	w	wa²	wa³³	寨子

（三）韵母表

韵母	国际音标（韵母）	拼音	国际音标（拼音）	汉义
i	ɿ	zhi²	tʂɿ³³	水
	i	xi²	ɕi³³	西
E	ɛ	miE⁵	mjɛ³¹	篾子
a	a	qa⁵	tɕha³¹	盐
ɑ	ɑ	ba²	pɑ³³	有
o	o	go²	ko³³	歌
u	u	du⁵	tu³¹	挖
uu	ɯ	kuu²	khɯ³³	脚
e	ə	ge²	kə³³	好
EE	ɛ̃	yEE⁵	zɛ̃³¹	烟
ɑɑ	ɑ̃	gɑɑ²	kɑ̃³³	冰
iE	iɛ	liE⁵	liɛ³¹	傻
iɑ	iɑ	liɑ²	liɑ³³	旱地
iu	iu	liu⁵	liu³¹	刘
Ei	ɛi	nE i³	nE i³⁵	呢
ɑɑi	ai	zɑɑi¹	tsai⁵⁵	哥哥
ɑi	ɑi	zɑi²	tsɑi³³	酒
ɑo	ɑu	mɑo⁵	mɑu³¹	天
ui	ui	sui⁵	sui³¹	血
uE	uɛ	luE²	luɛ³³	舀（水）
uɑ	uɑ	guɑ²	kuɑ³³	瓜
ou	əu	kou²	khəu³³	抠
i EE	iɛ̃	di EE⁵	tiɛ̃³¹	电
uɑɑ	uɑ̃	tuɑɑ⁵	thuɑ̃³¹	圆
iɑu	iɑu	liɑu²	liɑu³³	扔
uɑi	uɑi	zuɑi²	tsuɑi³³	切（菜）
in	in	yin²	ʑin³³	房子
En	ɛn	pEn⁵	phɛn³¹	桌子
ɑn	ɑn	san⁵	san³¹	撒（种子）
un	un	lun⁵	lun³¹	晃动

续表

韵母	国际音标（韵母）	拼音	国际音标（拼音）	汉义
en	ən	fen²	fən³³	肥料
Eng	ɛŋ	kEng²	khɛŋ³³	夜
ang	ɑŋ	gang⁵	kɑŋ³¹	很
ong	uŋ	cong⁵	tshuŋ³¹	葱
uung	ɯŋ	zhuung⁵	tʂɯŋ³¹	山
eng	əŋ	keng²	khəŋ³³	线
iang	iaŋ	kiang²	khiaŋ⁵⁵	什么
uang	uɑŋ	cuang²	tshuɑŋ³³	窗户
id	it	jid⁵	tɕit³¹	瞎
ad	at	dad¹	tat⁵⁵	活
ud	ut	sud⁵	sut³¹	擦
ed	ət	med⁵	mət³¹	吹（气）
uad	uat	nnhuat⁵	ȵuat³¹	点（头）
ag	ak	nhag¹	nak⁵⁵	鼻涕
og	ok	dog⁵	tok³¹	捣
ug	uk	nug⁵	nuk³¹	嫩
uug	ɯk	shuug¹	ʂɯk⁵⁵	树
eg	ək	beg⁵	pək³¹	弹（琴）
ign	ɿʔ	shign¹	ʂɿʔ²⁵⁵	滴
ign	iʔ	pign¹	phjiʔ³¹	先
Egn	ɛʔ	nnhEgn¹	ȵɛʔ²⁵⁵	是
agn	aʔ	bagn⁵	paʔ³¹	打
ɑgn	ɑʔ	bagn⁵	pɑʔ³¹	拔
ogn	oʔ	togn¹	thoʔ²⁵⁵	发（芽）
ugn	uʔ	cugn¹	tshuʔ²⁵⁵	年
egn	əʔ	begn⁵	pəʔ³¹	北
iagn	iaʔ	liagn¹	liaʔ³¹	舔
Eign	ɛiʔ	thEign¹	thɛiʔ²⁵⁵	只（有）
augn	auʔ	saugn¹	sauʔ²⁵⁵	藏
uign	uiʔ	kuign¹	khuiʔ²⁵⁵	应该
uEgn	uɛʔ	juE⁵	tɕuɛʔ³¹	湿
uagn	uɑʔ	juagn⁵	tɕuɑʔ³¹	烂（透）

（四）声调表

声调名称	声调符号	调值	拼音	国际音标	汉义
第一调	1	55	nhɑg¹	nɑk⁵⁵	有
第二调	2	33	kuu²	khɯ³³	我
第三调	3	35	yi³	ʐi³⁵	亿
第四调	4	51	zi⁴	tsɿ⁵¹	紫
第五调	5	31	bagn⁵	pa ʔ³¹	打

（五）拼写规则

在梁河阿昌语中，最小的拼写单位是词，人名、地名和专名等的拼写以及大写、移行等方面的要求与《汉语拼音正词法基本规则》保持一致。

参考文献

曹榕主编：《阿昌族民间故事集》，云南民族出版社 2007 年版。
曹先强主编：《阿昌族文化大观》，云南民族出版社 1999 年版。
曹先强主编：《阿昌族文化论集》，云南民族出版社 2011 年版。
陈松岑：《语言变异研究》，广西教育出版社 1999 年版。
戴庆厦、崔志超：《阿昌语简志》，民族出版社 1985 年版。
戴庆厦主编：《中国濒危语言个案研究》，民族出版社 2004 年版。
戴庆厦主编：《阿昌族语言的使用现状及其演变》，商务印书馆 2008 年版。
戴庆厦主编：《社会语言学教程》，中央民族大学出版社 1993 年版。
范俊军主编：《语言调查语料记录与立档规范》，暨南大学出版社 2011 年版。
黄成龙：《蒲溪羌语研究》，民族出版社 2006 年版。
江荻：《义都语研究》，民族出版社 2005 年版。
陇川县史志办、德宏州民族艺术研究所编：《阿昌族文化论坛》，云南民族出版社 2003 年版。
李大勤：《苏龙语研究》，民族出版社 2004 年版。
梁其仓主编：《神师古语》（内部资料），2014 年版。
刘丹青编著：《语法调查研究手册》，上海教育出版社 2008 年版。
时建：《梁河阿昌语参考语法》，中国社会科学出版社 2009 年版。
时建、蒋光友、赵燕珍：《云南芒市潞西阿昌语》，商务印书馆 2019 年版。
孙宏开：《中国少数民族语言活力排序研究》，《广西民族大学学报》（哲学社会科学版）2006 年第 5 期。
熊顺清编著：《中国阿昌族》，宁夏人民出版社 2011 年版。

徐烈炯、刘丹青：《话题的结构与功能》，上海教育出版社 1998 年版。

徐世璇：《语言濒危研究》，中央民族大学出版社 2001 年版。

尹可聪主编：《阿昌人家一堂灯》，云南民族出版社 2009 年版。

袁焱：《语言接触与语言演变——阿昌语个案调查研究》，民族出版社 2001 年版。

中国人民政治协商会议梁河县委员会编：《梁河阿昌族今昔》，云南民族出版社 2003 年版。

中国人民政治协商会议梁河县委员会编：《梁河阿昌语词汇》，云南民族出版社 2018 年版。

后　　记

　　本书是2017年度青岛市社会科学规划项目"语言濒危状态个案研究——以梁河阿昌语为例"（QDSKL1701052）的最终成果。

　　本书的撰写，缘起于十多年前笔者博士在读期间的田野调查。2006年10月中旬，为完成博士论文的撰写，笔者前往云南省德宏傣族景颇族自治州梁河县，对属于藏缅语族缅语支的梁河阿昌语进行调查。当时的调研任务主要针对的是语言的本体结构，对梁河阿昌语的使用状况等也略有涉及。2007年1月，笔者参加导师戴庆厦先生的"新时期中国少数民族语言使用情况"调研团队，随戴先生及同门师友对阿昌语的三个方言进行了为期一个月的调查，对梁河阿昌语的语言状况又有了进一步的认识。

　　博士毕业以后，笔者一直希望有机会对梁河阿昌语的语言状况再做一些补充性的调查，对语言本体结构的衰变以及语言功能的衰退情况进行梳理。2017年7月，笔者申报的青岛市社科规划项目获批，期间又适逢两次参与"中国语言资源保护工程"项目，所以，有机会再入滇西阿昌族地区，补充材料，复核语言事实，厘清写作思路，待成稿后，又经反复调整与打磨，最终形成这样一本小书。

　　感谢导师戴庆厦先生，没有戴先生的引领，今生也许无缘从事民族语言的调查与研究工作。戴先生当年带领我们多次深入民族地区，教我们整理音系、描写语言事实、提炼理论观点，这些都为我们将来能够从事民族语言的调研工作打下了良好的基础。

　　感谢中国社会科学院黄成龙研究员的学术推荐，感谢中国传媒大学李大勤教授的指导与鼓励，感谢重庆理工大学外国语学院蒋光友教授的热心相助。

后　记

感谢阿昌族作家、文化学者曹先强先生的无私帮助。调研期间，笔者与曹先强先生多次晤谈，受益良多。曹先强先生一路提携，不仅帮助联系调研，还不顾事务繁忙，协助核实语料与语言事实，整理相关音系，并拨冗通阅全稿，提出诸多颇有启发性的建议。

成书之际，笔者不禁又想起十多年前在阿昌山寨走访调查的场景。感谢两位主要发音合作者——梁其仁先生、梁其松先生。梁其仁先生乐天知命、古道热肠，为笔者提供了大量的语料。梁其松先生，宽容厚道、热诚待人，不仅在语料方面给予大力支持，还专门抽出时间带领笔者翻沟越坎，走访通晓母语的本族人。梁其松先生及家人在生活等方面也给予笔者许多帮助。感谢梁河县民宗局的领导以及曩宋阿昌族乡中心小学的领导、师友，调研期间，他们都尽其可能，为笔者提供了诸多便利。

感谢青岛大学人文社科处和笔者所在单位的领导及同事们的支持与帮助！青岛大学人文社会科学学术著作出版基金为本书提供了必要的资助，在此一并致谢！

感谢家人多年来的理解与支持！

感谢中国社会科学出版社责任编辑顾世宝老师为本书付梓刊印所付出的心血！

本书在学理及论述等方面多有不足，诚望方家学人惠心指正、不吝赐教。

时　建

2020 年 8 月